新时代高校辅导员胜任力评价研究

宗彩娥◎著

中国原子能出版社

图书在版编目（CIP）数据

新时代高校辅导员胜任力评价研究 / 宗彩娥著.
--北京：中国原子能出版社，2023.6
ISBN 978-7-5221-2756-9

Ⅰ. ①新… Ⅱ. ①宗… Ⅲ. ①高等学校–辅导员–工作–研究 Ⅳ. ①G645.1

中国国家版本馆 CIP 数据核字（2023）第 112342 号

新时代高校辅导员胜任力评价研究

出版发行 中国原子能出版社（北京市海淀区阜成路 43 号 100048）
责任编辑 白皎玮
责任印制 赵 明
印　　刷 北京天恒嘉业印刷有限公司
经　　销 全国新华书店
开　　本 787 mm×1092 mm 1/16
印　　张 13.5
字　　数 230 千字
版　　次 2023 年 6 月第 1 版 2023 年 6 月第 1 次印刷
书　　号 ISBN 978-7-5221-2756-9 **定 价** **76.00** 元

前言

辅导员是高等职业学校教师队伍和管理队伍的重要组成部分，是开展大学生思想政治教育的骨干力量，担负着对大学生进行思想引导、发展辅导、生活指导及组织管理的重任，是大学生健康成长的引路人和知心朋友。高校辅导员工作绩效评价体系研究是明确辅导员用色定位、工作职责、素质要求和发展方向的重要途径，是实现辅导员队伍“政治强、业务粘、纪律严、作风正”的重要保证。一方面，它将会延伸评价理论的研究视域，为评价理论拓展新的研究领域和研究内容；另一方面，它将为评价的实际操作提供重要的依据，对加强和改进高校辅导员工作绩效评价体系研究的现状、增强高校辅导员工作的实效性、提高辅导员队伍的整体素质及完善辅导员队伍长效机制建设等具有重要的意义。

目前，我国职业教育进入了改革深化期。辅导员是高等职业教育培养“德技并修型”人才的重要力量，在完成“立德树人”根本任务中发挥着不可替代的桥梁和堡垒作用。因此，开展关于“高等职业学校辅导员胜任力提升”的专门研究，将更有利于促进高等职业学校建立一支专业化、职业化的辅导员队伍，增强职业教育“三全育人”的育人力量，助力职业教育改革。

党的十九届五中全会通过了《中共中央关于制定国民经济和社会发展第十四个五年规划和二〇三五年远景目标的建议》，为中国擘画了一幅波澜壮阔的宏伟图景。2035年要实现社会主义现代化的远景目标，届时我国将建成社会主义文化强国，迈入教育强国行列，进入人才强国前列，这极大增强了教育工作者的信心，也为教育指明了发展方向。建设教育强国征程中民办高校不能联席，民办高校培养高素质人才，辅导员队伍责无旁贷。因此，民办高校辅导员职业化是一个亟待解决也应该引起高度关注的问题。本书力求为民办高校辅导员队伍建设尽一份绵薄之力，也期待更多人士关注关心民办高校辅导员这一群体。

因水平有限，书中很多地方难免还存在疏漏和不当之处，恳请专家学者和高校同行批评指正。

目录

第一章 研究综述

第一节 胜任力研究综述

自 1973 年美国心理学家 David C.McClelland 教授发表题名为“Testing for Competence Rather Than for Intelligence（对胜任力的测试而非智力测试）”的文章以来，关于胜任力的研究在全球的学术与管理领域引起人们的广泛关注。随着经济社会的日益发展、管理理念的不断更新，基于胜任力理论的人力资源管理、组织行为学、心理学和教育学等相关研究逐渐被人们所挖掘和重视。

一、国外研究

（一）胜任力研究的起源与发展

胜任力，英文为“competency”，基本含义是“资格、能力、素质”，其概念可以追溯到古罗马时代，当时人们通过构建胜任力剖面图（Competency Profiling）来说明“一名好的罗马战士”的属性。

McClelland 教授的文章指出：传统的智力、性向测验和能力倾向测验及等级分数不能准确地预测职业成功或生活中的其他重要成就，同时这些测验对少数民族、妇女和较低社会经济地位的人是不公平的，并且人们主观上认为能够决定工作成绩的智力的因素，在现实中并没有表现出预期的效果。因此，他强调回归现实，从第一手材料入手，发掘那些能真正影响工作绩效的个人、条件和行为特征，为提高组织效率和促进个人事业成功做出实质性的贡献。他把这种直接影响工作业绩的个人条件和行为特征称为胜任力。他在批判传统的智力、人格测评不能很好地预测复杂工作绩效的同时，对绩优者所具备的知识、技能、社会角色、自我概念、特质和动机等关键特征进行了建模与测评，并建立McBer公司，在实践中推广胜任力模型。McBer公司与美国管理学会（AMA）共同通过对比一流员工和完全成功的员工来分离出支持出色业绩的特征，针对1800多名管理者进行了为期五年的世界第一个界定胜任力的研究。AMA将胜任力界定为“与出色工作业绩必然相关的个人的知识、动机、特质、自我形象、社会角色或技能”（Hayes，1979），并识别了五个管理者工作成功的关键胜任力，即专业知识、心智成熟度、企业家精神成熟度、人际成熟度及工作上的成熟度。其中，只有“专业知识”这一关键胜任力是“完全成功的员工”和“一流员工”共同具有的胜任力。

McClelland提出胜任力之后，大量的学者对胜任力的研究进行了探讨。Patircia McLagan（1980）将胜任力模型界定为一个决策工具，指出胜任力是能够胜任主要工作的一连串知识、技术与能力，将胜任力模型视为计划、组织、整合及提高人力资源管理系统各个方面的中心。Boyatzis（1982）通过出版第一部基于实证的和全面研究胜任力模型开发的著作《胜任的经理：一个高效的绩效模型》推进了Patricia McLagan的胜任力研究。Boyatzis通过行为事件访谈法、图画—故事技术和学习风格问卷，得出管理人员的胜任力通用模型。该模型包括6个特征群及下属的19个胜任力，它们分别是：目标与行动管理群（效率导向、生产力、分析运用概念、关注影响）、领导群（自信、运用口头简报、逻辑的思考、概念化）、人力资源群（运用社会权力、正面思考、管理团队流程、精确的自我批评）、指导属下群（启发他人、运用单向权力、自发性）、专注他人群（自我控制、认知的客观性、精力与适应性、关注亲密关系）和专门知识群（记忆、专门知识）。

随后，国外研究胜任力影响比较大的学者还有前McBer公司总裁Spencer。他在1993年出版的著作《Competence at Work: Models for Superior Performance》中，对科技界、教育界、制造业、销售业、服务业、政府机构、军队、医疗保健及宗教等行业与组织中的200多工作进行了研究，最终分析出几百项与优秀绩效相关的工作行为，进而比较综合产生了760个独立的行为事件。其中，360个行为事件几乎在所有的研究中都被提及，他对这360项行为事件进行归类分析得出了21项基本的个人胜任力和胜任力字典。同时，总结了它们20年来关

于胜任力研究的结果，根据不同的工作类型，建立了包括专业技术人员、销售人员、社区服务人员、经理人员和企业家五大类行业的通用胜任力模型，每一个模型都由十多个不同的胜任力组成。这个胜任力模型及字典是目前所有胜任力著作中最具有研究导向且最为全面的著述，已经成为以后同类研究遵循的典范。

此外，Christine Reberta Dreyfus（1991）研究了科学家和工程师类型管理者的胜任力，Assoc 和 Waterloo（1993）研究得出管理人员的五项基本胜任力特征，Perdue 等（2000）对美国俱乐部经理的管理进行了胜任力特征研究，Douglas（2003）提出医疗机构领导者所需要的五大组群技能。

值得一提的是，Prahalad 和 Hamel（1990）等扩展了胜任力研究，将之从个体绩效领域发展到组织绩效领域。个体胜任力和组织核心竞争力存在差异。个体胜任力（individual competency）是产生有效绩效的个体特征（Boyatzia1982）。组织核心竞争力（organizational core competency），是指“组织中的集体学习（collective learning），特别是如何协调多样化的生产技能和整合多个技术流”（Rothwell & Lindholm，1999）。组织竞争力是战略优势，关键是如何实现组织的目的，并让组织具有竞争力。Nordhaug（1998）在深入研究胜任力后，提出了自己的分类学说，认为应从任务具体性、行业具体性和公司具体性三个维度来划分胜任力，进而得出 6 种不同类型的胜任力：元胜任力、行业通用胜任力、内部组织胜任力、标准技术胜任力、技术行业胜任力及特殊技术胜任力。

目前，国外的胜任力研究，特别是美国的胜任力研究和实践主要以 Hay-McBer 管理咨询公司为代表。该公司基于 30 多年的胜任力研究，利用遍布全球的公司力量，建立了丰富的胜任力模型库，开发了大量的胜任力评价问卷和量表，并且都配有评价反馈和配套的胜任力发展指导手册。另外，比较有影响力的公司和组织还有 Lominger International、美国国际人事决策中心（Personnel Decisions International，PDI）、Well International 等组织。

（二）胜任力研究和应用的领域

概括来说，国外的胜任力研究开始早、研究多、较深入、成体系，采用的方法类似，针对不同的个体或组织展开，包括个体层面和组织层面。个体层面主要是基于胜任力理论的胜任力建模研究，组织层面主要是以培训和组织竞争发展为目的的研究。两个层面的研究较为集中的应用领域有以下三个。

一是教育领域。国内外学者对此已进行了相当多的专项研究，在教育领域获得了相当多的成果，将在下一节详述。

二是医学领域。Norman（1985）采用模型建构的方法得出了外科医生胜任力的五大特征：临床技能、知识和理解、人际特质、问题解决和临床判断、专业技术技能。Maatsch（1990）采用心理测量的分析方法确定了外科医生胜任力中的关键因素并建立了一个可以用来预测工作绩效的胜任力模型。该模型由两个高度相关的结构组成：医学知识、临床问题解决胜任力及一般性的胜任力。

三是管理领域。该领域也是研究和应用胜任力最多的领域，尤其是人力资源管理领域。Klemp（1978）提出了确定胜任力的三个步骤：首先，要确定绩效考核的措施；其次，区分出绩效优秀者和绩效一般者，就可以发现高绩效胜任力，而高绩效胜任力能够把绩效优秀者和一般者区分出来。Schroder 和 Cockerill（1989）采用上述方法区分出 11 种经理人员的高绩效胜任力。

在人力资源管理领域中，研究者们更多的是建构胜任力模型。有代表性的模型有以下几种。

① McClelland 博士提出了胜任力“冰山模型”（The Iceberg Model），把胜任力特征分为技能、知识、社会角色和价值、自我概念、个性特质及动机六个层次。

② Boyatzis 提出了胜任力“洋葱模型”（The Onion Mode1），把胜任力分为核心层、中间层和外围层三个层次。越外层的胜任力要素，其胜任力特征越外显，越容易通过后天的培养和评价改变；而越内层的胜任力要素，其胜任力特征越内隐，越难以通过后天的手段重塑，但其对个体行为表现起着决定性的作用。

③ 国际人力资源研究会提出了胜任力“梯形模型”（The Echelon Model），把胜任力分为四个层次：第一层为行为层，第二层为知识、技能和态度层，第三层为思考方式和思维定式层，第四层为自我意识、内驱力和社会动机层。

麦克莱根（Mclagan）认为：胜任力模型主要是描述对于一项工作任务的完成，员工需要具备哪种关键性的能力的一种工具，相对于对工作本身的描述来说，胜任力模型能更好地解释为何员工之间的绩效存在差异性。美国学者博亚特兹（Richard Boyatzis）在此基础上进一步对麦克利兰的胜任力理论进行了深

入研究，提出了胜任力洋葱模型的概念，这种模型明确地说明了胜任力构成的基本要素，而且每一个构成要素都具有可见和可衡量的特点。将胜任力由内至外划分为像洋葱一样层层包裹的结构，经过后人的丰富和改革，形成了现在被广泛使用的包括动机（Motives）、个性（Traits）、自我形象（Self-image）、社会角色（Social roles）、价值观（Value）、态度（Attitude）、知识（Knowledge）和技能（Skills）要素的洋葱模型（Onion model）。在胜任力洋葱模型中，最核心的是动机，动机一种内在的驱动力，他促使一个人为了去实现目标而采取具体行为。个性则是一个人对外部环境和外界信息的反应的方式、呈现出来的倾向和展示出来的特性。自我形象是指一个人对自己的评价和看法；社会角色则是对基本行为准则的认知，而这个准则是一种群体所默认的。态度则是一个人的自身形象、基本价值取向及承担的社会角色外显化的结果；知识则是指一个人在某一特定领域所具备的经验型、事实型的信息体系；技能是指一个人利用知识完成某项具体任务的能力。可以清楚地看到，在洋葱模型的外层中，人的知识、技能这些要素很容易被衡量而且也容易培养提升，而那些内层的要素中比如个性、动机就难以评价。相对于冰山模型，洋葱模型时胜任力的构成要素表述得更加清晰准确，更加注重强调能力的层次性，但是其本质及基本内容与冰山模型其实是一样的。

综上所述，胜任力研究起源于美国，MCC 同 Iand 博士是这一研究运动的发起人。随后，20 世纪 80 年代，英国开始进行胜任力的研究和应用，并在 80 年代后在西方国家掀起了胜任力应用狂潮，其他国家也开始胜任力的研究和应用的探索，建立了一系列的胜任力模型库和测量量表。随着胜任力研究的不断发展，通用行业胜任力模型的应用性受到越来越多的质疑，因此后来的胜任力模型研究逐渐转向特定行业特定岗位，如企业管理者、教师和医生等，并通过案例研究将胜任力模型在实践中进行检验和改进，用来验证胜任力模型在人力资源管理、招聘、培训、绩效提升和考评等方面的作用。

二、国内研究

相比而言，国内对胜任力的研究和应用起步较晚，20 世纪 90 年代，胜任力理论在我国进入了人力资源管理领域研究者的研究视野，具代表性的是：1990 年，香港的三家私营企业（Hong Kong & Shanghai Banking Corporation、Royal

Hong Kong Jockey Club 和 Jardine Pacific Limited）率先运用胜任力方法提高它们的管理绩效。现在，关于“胜任力”的研究有很多，研究对象覆盖企业管理人员、企业员工、自主经营业主、政府公务员、基层党政干部、医护人员、幼儿教师、中小学老师、高校教师和研发人员等，研究领域亦是集中在管理、教育、医疗三大领域。

对于胜任力的定义，学者王重鸣（2002）提出，胜任力是指导致高管理绩效的知识、技能、能力、个性、动机，以及价值观等特征。学者仲理峰和时勘（2004）指出，胜任力是指某职位中表现优异者和表现平平者区别开的个体潜在的、较为持久的行为特征。彭剑锋（2003）提出，胜任力是驱动员工产生优秀工作绩效的各种个体特征的集合，即可以通过不同的方式表现出来的知识、技能、个性与内驱力。这是判断一个人能否胜任某项工作的起点，是驱动并区分绩效好坏差异的个人特征的综合。

同样地，国内学者们在管理领域的胜任力研究也是集中在人力资源管理领域。学者们将其作为人力资源各项管理职能的基础，用以推动各类人员的招聘、选拔、培训、绩效管理和薪酬管理等工作的开展，从而形成对组织发展具有战略意义的强大的人力资源系统，实现组织的目标，全面提升组织的竞争力。阎巩固（1997）从工作胜任力角度考察并解释了管理人员的基本特征。因为考虑东西方文化的差异性，王重鸣（1999）提出了跨文化背景下基于胜任力的管理发展模型的四个维度，即文化胜任力、成就胜任力、决策胜任力和团队胜任力。王晓军（1999）通过对国有企业、合资企业、乡镇企业和民营企业的 217 名管理人员进行问卷调查尝试构建我国企业管理人员的胜任力模型。陆武波（2001）采用类似的思路探讨网络经济背景下企业管理人员的管理胜任力维度。李虹（2001）对中层管理者胜任力进行了研究，并对其胜任力行为类型进行了分类和分析。时勘、王继承、李超平（2002）采用 BEI 行为事件访谈技术分析了关键职位管理人员的胜任力模型，指出管理人员的基本胜任力包括个人特征与工作组织两部分，验证了 Spencer 关于高层管理者胜任力模型的研究，初步揭示了我国企业高层管理者的胜任力模型。王垒、李林等（2002）编制了一个包含 325 项胜任力特征的调查问卷，得出了包括四因子的中国管理者胜任力模型。仲理峰（2002）研究了家族式企业高层管理胜任力模型及其影响作用。张震华（2008）通过半结构化访谈研究和实证分析，得出创业团队胜任力结构的八个维度分别

对创业绩效有正向影响作用、不同的创业环境（动态性、竞争性、异质性）和组织因素（企业规模、创业阶段、行业类型）对于创业团队胜任力与创业绩效之间的关系起到了不同的调节作用、创业导向和领导行为控制变量对创业绩效也具有显著影响等结论。

第二节　教育领域胜任力研究综述

在教育领域，胜任力一般用于研究教育系统人力资源管理，往往首先关注人，其次才是个体的产出或结果。胜任力是持久的，而工作活动与特殊工作是暂时的。胜任力模型能够弥补传统的岗位职责不足，成为整个教育系统人力资源系统的基础。这个基础一旦形成，教育部门就是在使用基于胜任力的人力资源管理（这个管理系统以人为导向而不是以职务为导向），并用这种观点来看待必要的结果与组织的工作角色和要求，使胜任力成为整个教育系统人力资源管理职能的基础。胜任力推动招聘、选拔、安置、引导、培训、绩效管理及薪酬设计等诸多方面。

一、国外研究

美国的教育领域，最有影响的是能力本位教师教育（Competency Based Teacher Education，CBTE）和人本教师教育（Human Based Teacher Education，HBTE）。20 世纪 70 年代在北美发起了一项基于胜任力的学校范围内的胜任力测评运动。Huston（1985）对 CBTE 胜任力的设计过程做了具体的研究。美国成人及经验学习委员会与 McClelland 的 Mcber 公司合作，着手研究如何改进选拔学生进入高等学府的标准，即不再运用传统的学业成绩，而是用学生是否具有在高等学府中取得成功的潜力来选拔学生。能力本位教师教育（CBTE）模式强调培养未来教师“能做什么？”“应做什么？”及“应具备什么样的能力？”由于这一观点与传统的观点具有明显的不同，在以前的基础上进行了很多的创新，很快便成为美国教师教育的主流模式。与能力本位教师教育模式相对的是以人为本的教师教育模式（HBTE），人本教师教育将关注点放在教师个体本身，它保留了人本主义“个人成长”的中心观点，把教师个体的尊严和独立性放在首位，强调教师要思考“作为一个教师我是谁？我拥有什么样的品质？”等问题，这种教育模式把注意力引向教师本身，为教师教育日后的发展起到了非常重要的作用。

在英国具有代表性的是着重技能与行为的模型。苏格兰职业资格模型，主要是从整个工作角色到具体的与职能有关的产品和工作出发而设计。而英国国家教育评估中心研究的模型则是注重素质，“教育价值观”被看成胜任力的一种重要因素。在澳大利亚，国家教学委员会为新教师开发设计了一个胜任力框架，此框架包括四个方面，分别为：使用和发展专业知识与价值；同学生和他人沟通互动，共同工作、计划和管理教学过程；监控评估学生的进步和学习成果；对连续性的进步进行反思评估和计划。此胜任力框架，代表了思考教学与教师教育的另外一个特别方式。澳大利亚维多利亚独立学校协会（AISV）（2003）调查认为，教师胜任力是一个多因素模型结构，由 15 个因素组成，即沟通能力、计划和组织、工作标准、适应性、人际关系建立、发展友谊、持续性学习、技术或专业知识、辅导、决策、以学习者为中心、质量关注、信息监控、创新和行动发起。

在国外的研究中，胜任力理论在教育领域强调胜任力模型的构建，胜任力被分解成很多个技能或素质，重在胜任力的应用性。国外研究对于国内研究具有一定的借鉴意义，但较多地呈现出西方文化与管理模式的特点，表达着西方管理语境下的相关胜任力特征。

二、国内研究

在国内，高校教师胜任力是教师胜任力研究领域的热点。对教师胜任力的研究主要侧重从教师素质和能力的角度，对优秀教师应该具备的品质进行研究。研究主要集中在两个方面：一个是对教师品质特性的研究，另一个是对优秀教师、班主任、高校辅导员等特定岗位的胜任力研究。

国内学者对高校教师胜任力的研究起步较晚，近十几年才开始，但研究比较多且取得了一系列成果。如邢强和孟卫青提出，高校教师胜任力是指高校教师个体所具备的、与实施成功教学有关的一种专业知识、专业技能和专业价值观。王昱等人（2006）通过 BEI 法测出 7 个高校教师的胜任力维度，包括：创新能力、获取信息能力、人际理解力、责任心、关系建立、思维能力和成就导向。宋倩（2008）建构了高校教师胜任力模型六因子结构，包括认知胜任力、

人际互动、成就特征、接纳特征、师德特征和知识技能。胡艳琴（2008）在研究中提出了 6 项关于教师的胜任力要求，主要包括看待工作和生活中的问题要有好的心态，在工作中要做到与他人共同分享成果和共同承担相应的责任，对相关领域的问题和学科面临的挑战能够积极思考，定期对自身工作和生活进行反思，处理好教学与行政事务的关系，多与学生进行交流沟通。姚蓉等人（2008）用问卷调查法和分析法得出高校教师胜任力的主要包括个性特征、发展特征、工作态度、教学技能、专业技能、关注学生及人际沟通 7 个维度，具体又可以划分为 33 个子维度。谢晔等人（2010）运用关键行为事件访谈法和问卷法提出民办高校教师胜任力包括知识素质、能力素质、服务素质、人格特质及情感特征 5 个维度，具体又可以划分为 15 个子指标。徐智华等人（2012）指出，高校教师胜任力是指能将高校教师岗位上有卓越成就与表现平平者区分开来的个人潜在的、深层次的特征，它包括动机、特质、自我形象、态度或价值观、某领域的知识、认知或行为技能——任何可以被可靠测量计数的并且能显著区分为优秀与一般绩效的个体的特征。黄艳认为，高校教师胜任力是将成功实施大学教育教学与科研服务等职业活动需要具备的专业知识、专业能力、专业价值观与个人特质等用行为方式描述出来，并且这些行为方式是可指导、可观察和可衡量的。牛端等人（2012）用 O*NET 即职业信息网站，英文全称为 Occupational Information Network，工作分析法提出了高校教师胜任特征包括 8 个指标：创新、批判性思维、教学策略、专注、社会服务意识、逻辑分析能力、成就欲和尊重他人。严尧（2013）用 BEI 法得出了高校教师胜任力包括 4 个维度：知识、教学技能、职业态度及动机，具体又可以划分为 19 项二级指标。李梦玲（2014）、楼红平等（2012）、张耕（2013）、何先应等（2014）分别从学生视阈、团体焦点访谈、创业型人才培养、校企合作视角对高职教师的胜任力进行了相关研究。

综上所述，虽然关于教师胜任力的研究不少，但是作为一个多角度、多层次、成长中的理论和研究，前面学者们的研究在思考路径、考察内容和处理方法等地方还留有一些不足，如研究内容的局限、研究想法缺乏连贯性、单独思考某一层面要素的为多，思量结构及其内在之间的相互联系较少。而且对于教师胜任力的研究局限于高校教师的管理要求，而关注其内在能力提升还显不足，实际应用模型分析问题的研究还大有空间。

三、关于高校辅导员胜任力的研究

2004 年，山西大学杨继平和顾倩发表了高校辅导员胜任力研究领域的第一篇论文《大学辅导员胜任力的初步研究》。现如今，高校辅导员胜任力研究的领域已经涉及对高校辅导员胜任力概念的界定，胜任力的识别，胜任力模型的建构，胜任力模型在辅导员队伍选拔、绩效评估和培训等方面的应用研究等方面。

根据目前的公开文献来看，既有宏观探讨胜任力与辅导员队伍建设的文章，也有不少将胜任力研究运用到高校辅导员队伍的选拔、培训的文章。近年来，国内一些研究者对高校辅导员胜任力模型进行了研究，他们通过采用问卷和访谈收集资料，采用调查问卷法、行为事件法等构建高校辅导员胜任力模型。如彭庆红（2006）通过调查问卷法提出辅导员胜任力的三维模型包含管理能力、专业知识、个人思想政治素质。郝英杰（2007）通过文献法总结的高校辅导员胜任力的 CCR 模型，也即能力、素质和人格魅力。又如陈岩松运用事件访谈、问卷调查和心理测量学技术等方法，自编了辅导员胜任力检测工具，采用模糊综合评价方法，完成了对辅导员评价体系的构建。王利以胜任力理论为切入点，在文献资料分析的基础上，建立了辅导员胜任力模型，该模型涉及 8 个维度和 45 项胜任力因素。一方面着手建立研究生辅导员专业学科培养体系，另一方面从招聘、考核、培训和激励等制度保障方面探讨了辅导员专业化建设。郑娟结合学生工作特点和辅导员队伍现状，构建出辅导员胜任力模型，进而设计出包含培训计划、培训过程、效果评价与反馈四个方面的培训体系。孙莉玲等（2016）通过对 81 名全国高校辅导员年度人物先进事迹进行质性研究，对研究对象胜任岗位所具有的潜在特质进行筛选、总结和提炼，发现辅导员胜任岗位需要具有四大方面的能力，分别是：职业动机、职业认知、职业技能和个性品格。王靖慧（2017）通过对某独立学院的辅导员进行深度访谈和问卷调查，对胜任特征进行内容分析，得出结果：辅导员胜任力包括思想政治素养和职业责任感、教育指导能力、继续学习和沟通指导能力三个维度。也有研究者将辅导员胜任力模型应用到辅导员培训实践中，陈勇等（2017）通过对陈建文、汪祝华（2009）提出的辅导员胜任力模型的分析构建了辅导员培训课程体系。吴立爽等（2018）通过对历史资料的分析，自编《高校辅导员胜任力问卷》收集数据，认为“辅

导员胜任力模型包括思想道德、业务水平、职业认知和师生关系四个维度”。姜锌（2018）从胜任力模型的界定、构建流程和构建方法出发，对高校辅导员胜任力模型的相关研究进行了回顾和分析，并对未来研究方向进行了展望。

由于《能力标准》的出台，《能力标准》的指标性导向使得研究辅导员胜任力模式意义并不很突出，更多需根据《能力标准》探讨如何运用胜任力理论在实践方面开展探索。如张琴等将胜任力理论运用于高校的人力资源管理，研究基于胜任力的辅导员队伍规划与招聘、培训开发、绩效与薪酬管理；蔡颖提出了基于胜任力的高校辅导员培训方案等。庞坤（2010）认为：“柯氏模式（由威斯康星大学柯当纳教授提出）比较适合基于胜任力的高校辅导员培训体系。”范晓云、许佳跃（2015）认为：“提升高校辅导员胜任力培训效果应对一般绩效的辅导员开展培训，使其向优秀绩效辅导员发展。根据不同培训对象制定相宜的培训内容，创建资格认证平台，评估培训效果，以便对培训计划及培训内容进行改进。”但此类研究提出的对策比较广泛，细化略显不足，辅导员胜任力研究归根结底要为高校辅导员队伍建设提供切实可行的操作方案才能显示其意义。

第三节　高校辅导员职业能力发展研究综述

一、国外研究

在国外高校没有“辅导员”这个概念，能与高校辅导员对等的一个岗位便是“学生事务管理”它作为一种综合性、专业性较强的职业已经有较长的时间。因此，国外对高校辅导员职业能力提升的研究则是对学生事务管理队伍建设的研究。美国对学生事务研究最早。如罗宾的《现代大学的形成》，记录当时斯坦福大学对辅导员的批判性，该文章认为导师与学生的关系情况无论是对于学生学习情况还是人格的发展都有着十分重要的影响。欧美、日本等教育发达国家，学生事务管理有完整的体系，各个组织机构和人员职责分明，各司其职。美国高校生管理以 SLI（Student Learning Imperative）理论为基础，强调“学生为本，以服务促进发展”辅导员被定义为心理辅导师、职业辅导师和社会化辅导师，专业性较强的辅导事务上要求相关辅导员具备相关的职业资格证书。美国“学生事务管理”制度，具体是指在与学术性事务相对的非学术性事务，或者是涉及学生课外活动的所有事项及活动的总称。美国高校对学生事务管理人员实行非常严格的准入制度、注重对在职人员的职业培训、具有明确的职业发展方向，且有详细的从业人员评价标准。英国高校施行导师制，专门从事牛津大学历史的研究者迈力特（Charles E.Mallet）断言英国的导师制度始于牛津大学的早期历史时期。英国强调学生事务管理的“一站式服务”学校注重队伍的专业化培养，并建立了一套科学的考核制度。而日本高校看重学生事务管理工作的专业化发展，在选拔、流动及培训环节都建立了专门的工作流程和规范。德国的学生事务工作是与学术事务相分离的，因此其学生事务管理工作一般由校外专门机构来承担，其学生事务管理人员的培养也是由校外专业机构运行的。国外高校事务管理机构有数量多、分工细和服务精的特点，专业化程度较高。张德华总结国外高校学生事务管理有管理理念成熟、管理模式多样、管理法制健全、管理遵循以学生为本、管理专业化水平高、学生事务管理趋于常态化和有一定的隐蔽性的特点。郑姨等人以实例分析的方法介绍了国外高校学生事务选聘机制、培养机制、管理机制和考核机制，指出国外高校在开展学生事务管理者的选聘、培训与绩效管理等工作上主要借鉴了企业管理的胜任素质理论。还指出国外高校非常重视学生事务管理队伍的建设，资源配置、政策配给和制度约束三管齐下，打造了一支业务精湛的“高精尖”辅导员队伍。这些先进的、优良的做法值得我国高校学习。

二、国内研究

目前，国内关于高校辅导员研究很多，内容和形式多种多样，与本研究相关的研究也很多。这些研究的研究内容多集中在高校辅导员的职业能力的构成要素、职业能力现状及提升策略、职业能力的培养和培训等。如张宏如提出了“思想政治标准、人格动机系统和工作业务能力”的三维职业能力体系。殷现元通过调查发现，造成辅导员职业能力不足的原因有：一是入职条件偏颇；二是培养培训不规范；三是考评导向不全面；四是重角色、轻职责的倾向；五是自我完善意识淡薄；六是没有充分发挥辅导员培训基地的作用等。费萍认为应从外部培养和内部培养两种不同模式出发，完善我国高校辅导员培养制度。展伟从组织管理、控制实施、项目课程、组织保障四个方面提出了培训构建方式。研究角度方面，有基于《能力标准》的角度，有胜任力角度，有新媒体互联网+角

度，有基于辅导员职业能力大赛角度等。如李永山认为应以职业能力为切入点，来推进高校辅导员培养的规范化和系统化。王利以胜任力理论为切入点，建立了涉及8个维度和45项胜任力因素的辅导员胜任力模型。陈岩松运用事件访谈、问卷调查、心理测量学技术等方法，自编了辅导员胜任力检测工具，采用模糊综合评价方法，完成了对辅导员评价体系的构建。岳甜等认为培养一批能够符合新媒体时代要求的辅导员的任务迫在眉睫，并着重从沟通能力、传播主流价值观能力和问题调查实践能力等方面构建职业能力体系。李莉深入研究了辅导员职业能力竞赛。不难看出，这些研究对于完善辅导员职业能力知识结构体系、创新辅导员工作方法有很大的借鉴意义，为促进高校辅导员走向职业化、专业化和专家化发展做出了一定的贡献。

除此之外，还有大量的硕博论文及学者著作，直接以“辅导员职业能力”为题名的书籍有《高校辅导员职业能力提升指导手册》《高校辅导员职业能力协同开发研究》等。研究“辅导员职业能力”“辅导员职业发展”等相关内容的著作有：《高校辅导员职业化发展研究》《高校辅导员职业化研究》《“三化”高校辅导员队伍建设研究与实践》《高校辅导员队伍专业化发展研究》《高校辅导员专业成长研究：基于思想政治教育学科的视野》及《职业化背景下高校辅导员的专业化发展》等。还有一些高校、教育部门组织编的论文合集，如《西南财经大学辅导员职业能力专题研究论文集》《新时期高校辅导员队伍建设的研究与思考》及《高校学生工作思考与探索》等，为后续进一步研究高校辅导员职业能力培养积累了丰富的经验和研究成果。但纵观这些研究可知，我国高校辅导员的职业能力培养，辅导员职业化、专业化、专家化建设仍处于探索和发展阶段。

第四节　高校优秀辅导员研究综述

一、关于高校优秀辅导员的研究

通过查阅文献，对高校优秀辅导员的研究随着全国高校辅导员年度人物等评奖评优平台的出现而逐渐热起来，优秀辅导员研究的相关文献自2002年后陆续出现，近几年全国层面的高校优秀辅导员群体数量不断增加，逐渐成了研究者们的关注点。但高校优秀辅导员的相关研究还处于起步阶段，查阅相关研究，截至目前（2018 年 9 月）主要是从以下几个方面对高校优秀辅导员进行了探讨。

一是对高校优秀辅导员的内在特质进行研究。关于优秀辅导员内在特质的研究主要集中在基本特质和人格特质的研究。研究者有的从近年“全国高校辅导员年度人物”的事迹材料和有关报道角度，有的采用卡特尔 16 种人格因素心理测验量表、大五人格调查问卷等从心理学角度，对“高校优秀辅导员具有哪些人格特质、优秀辅导员特质的影响因素”等进行了研究。如任杭璐等认为优秀辅导员在工作理念、服务理念、成长观念和融入理念等方面，具有“深厚的思想政治理论素养与创新创意、锐意进取；全心全意的服务意识和以学生为本；管理个人职业生涯和引领余生成长同频共振；较强的心理素质和良好的人际沟通能力”等基本特质。赵国新认为，高校优秀辅导员与一般全国成人常模相比，有恒性、幻想性、独立性、敏感性和紧张性这 5 个人格因素差异不显著，而其余 12 个人格因素差异均显著。黄洁等认为高校优秀辅导员“具有高成就动机、归属动机、偏低的权力动机。”程青也认为，优秀辅导员在工作中需要较强的责任心和适应能力，以及对事物的应变能力和反应能力；要富有爱心，乐于助人；能够具有较大的包容心，并且敢于接受新鲜事物的挑战。谢小芬认为，优秀特质的形成受到内部和外部因素的影响，内部因素包括主观上自身对辅导员的角色认知和职业认同，在工作中的关键事件和实践反思，以及客观上自身的教育背景、经历、遗传和生理条件等；外部环境因素包括政策环境、社会环境、工作环境、网络环境和家庭环境等因素。

二、是对高校优秀辅导员的素质能力进行研究

研究者从思想政治素质、道德素质、业务素质、心理素质及能力等方面分析认为，优秀辅导员的素质特征包括“坚定清晰的目标要求、开阔广博的理论学识、科学实效的工作方式、细腻宽厚的情感魅力、敢于实践的创新精神”五个方面。任江林认为，高校优秀辅导员的五大成功素质是“坚定的政治立场和过硬的思想素质、对学生真挚而热烈的爱、强烈的事业心和责任感、强烈的探索和创新精神、良好的心理素质和人际关系”。王祥等认为，优秀辅导员与普通辅导员之间的差别，主要表现为：辅导员对本职工作和学生热爱的程度；辅导员的责任心及自信心的不同；对工作的投入及追求精神和工作中反思与执着。赵艳丽认为“优秀辅导员比非优秀辅导员更加自立自强、当机果断、独立、有

气魄，具有较强的创造力”。说明了优秀辅导员与普通辅导员的差距主要不在于聪明才智，而在于可以改变的非智力因素。但是，新时代要求的高校优秀辅导员应具有的价值引领能力、思想分析能力、时间管理能力和科学研究能力等能力明显不足。

对高校优秀辅导员的工作特征的研究，比较有代表性的观点有角色形象论、群体特征论和工作特点论三种。周谷平等通过对全国高校辅导员年度人物评选事迹的文本分析，认为高校辅导员基本角色形象是“爱的守护者、专业引导者、舞台搭建者及理论探索者”。王胡英通过比较分析不同群体对全国高校辅导员年度人物评选活动的关注度、认可度及影响度，提出高校优秀辅导员角色形象塑造需要由传统形象向现代形象转变，需要从“感动的空间”向“认同的力量”转变，需将典型的“榜样性”与“发展性”相结合。李明忠从人口统计学、教育背景和任职情况等方面分析认为，高校优秀辅导员成长与发展具有需要组织环境和政策支持、具有显著的双性化人格特质、整体趋于年轻化，初入职的 3～5 年是关键成长期、学历较高，但专业背景分散等特征。而杜华认为高校优秀辅导员共性的工作特征，即都能注重思想引领的高度、辅导行为的亲和、工作方式的创新、职业规划的指导、以身作则的示范作用。

对高校优秀辅导员的专业成长的研究主要有以下几种。第一种是专业成长特征的分析。张洁从专业权威、社会认可、伦理守则及专业文化等方面分析认为，优秀辅导员专业成长呈现出“在学生事务方面有一定的话语权、促进了学生成长、具有强烈的责任心、构筑了亲情式的专业关系等特征。在推进辅导员专业化的过程中，关键是要着力处理好技术型的事务管理与反思型的思想教育、个体内在的自我发展与整体外在的体制推动、专业形象的权威性与专业关系的情感性三对关系”。第二种是专业成长阶段的分析。陈文海等从整体、个体角度分析认为，“在整体上，高校优秀辅导员的概念、评价标准具有发展性。在个体上，高校优秀辅导员作为个体具有发展性，一般经历共性专业化、个性专业化、专业个性化三个阶段”。要根据各个阶段的特点和要求，从组织培养（外塑）和自我培养（内塑）两方面，促进高校优秀辅导员的专业成长。第三种是成长规律的分析。任江林把优秀辅导员成长规律概括为“内在素质提升规律、外部环境优化规律、潜能开发规律、生涯规划和成长设计规律；成长过程分为智力萌芽期、素质优化期、创造期和后续发展期四个阶段”。他认为，高校优秀辅导员的成长是个体素质、组织培养和环境综合塑造的结果，内外条件的优化组合和互动程度，决定辅导员成长的速度和质量。由此不难看出，优秀辅导员成长的规律都是内外作用、综合互动的结果。杨熙从本质内涵和结构外延的视角，把其本质内涵概括为成长本质说、综合效应说、过程周期说、黄金时段说、时势英雄说及社会网络说六个“优秀”的内在机理。把其结构外延提炼为“找准职业定位、坚定角色身份认同、练就过硬素养、把控成长周期律、树立担当精神、调处和谐的社会关系”。他针对各机理，从完善科学选拔机制、创设合理使用机制、完善教育培养机制、建立激励保障机制及创新出口推送机制等提出了优秀辅导员培育机制的建议。

很多学者从不同角度对高校优秀辅导员的评价标准进行研究。有学者从辅导员角色定位角度来分析，比较有代表性的有：张棣从辅导员扮演的角色角度提出了优秀辅导员的五大标准，即要成为优秀的思想政治工作者、扎实的教育管理者、称职的心理健康引导者、合格的职业生涯规划者及有高度责任心的深刻思想者。有学者从实证研究方面来研究，虞晓东等通过实证调研得出优秀辅导员的评价标准共有 10 个结构，即从贡献率大小排前五位的分别是：责任感、知识结构、心理素质、善导能力、民主平等，国际视野、个性魅力和心理素质成为新时期的最新标准；所以，他们认为在选拔和培养优秀辅导员中应特别重视责任意识和创新意识的培养，并以责任心与道德建设为核心进行师德培养，在实际工作中要特别关注辅导员善导能力的培养。刘海春等认为，优秀辅导员需具备以下 5 个方面的评选条件：安心担任专职辅导员工作时间较长，能创造性地开展工作，学生认可高，工作业绩突出（所带学生表现优秀），注重研究成果丰硕。杨熙认为，辅导员的“优秀”主要体现在以下 6 个方面：政治素养高、创新意识强、奉献投入多、理论科研精、实践历练多和师生群众基础好。还有学者从评选制度的设计理念出发，找出评选制度中存在的实际问题，并提出相应对策和建议。李和民等针对考核与评优相分离、定性评价与定量评价的实施范围不明确、实施过程不结合和考评与晋升互不关联等问题，建议要科学选择考评主体、优化考评指标的设计、加强考评过程的动态管理和注重考评结果的反馈与使用等。

由查阅文献可知，目前高校优秀辅导员的研究在方法上主要采取问卷调查法（特别是借助心理学的测量法）、访谈法和个案法等；在研究对象上，选取了

校优、省优和部分年度人物作为优秀辅导员的代表；在研究结果上，高校优秀辅导员具有一定的共性，优秀辅导员的成长有一定的规律可循，并对优秀辅导员的内在特质、素质能力、专业成长及评价标准等进行了有益的探索，为本研究的分析方法、对象选择、研究设计提供了很好的借鉴。

现有研究成果已具备了一定的学术效应，为进一步开展高校优秀辅导员研究奠定了良好的基础。但是，从文献的数量和文献发表的期刊看，对高校优秀辅导员的研究还处在起步阶段，有待进一步深入，也为本研究留下了拓展的空间。

三、关于高校优秀辅导员培养的研究

辅导员职业化、专业化和专家化是辅导员发展的趋势，因此，国内专家学者及广大辅导员都对辅导员的职业发展与培养进行了广泛研究。但由于我国对辅导员发展的研究还处于经验总结为主的阶段，在研究对象上，是把辅导员整体作为研究对象，分层、分类研究较少；在研究理论上，多为借用心理学、管理学等其他学科理论，将其移至辅导员发展研究上，使得相关研究略显分散，缺乏整体性、系统性。

以“优秀辅导员发展”为篇名的研究，目前中国知网还搜索不到，改以讨论关于优秀辅导员培养的研究，在中国知网以“优秀辅导员培养”为题进行查询，专门论述问题的论文较少，且主要集中在两个方面。

一是自我培养。高校优秀辅导员职业生涯的自我培养是一种内源性的自我发展，建议通过“愿景性策略、主体性策略、方法性策略、情感性策略、个性化策略”实现自我培养。二是组织培养。主要从完善选聘机制、培训机制、培养机制、激励机制及考核机制等方面，提出培养对策。焦艳提出“优秀辅导员的培育机制主要包含科学合理的选聘机制、实战训练的培训机制、全面有效的培养机制、人性化的激励机制、多措并举的考核机制”。

基于《能力标准》下优秀辅导员培养的研究就更少了。现有研究多是对《能力标准》的初步解读，如西安财经学院高远飞泛谈《能力标准》对辅导员职业发展的影响。现仅北京工商大学许峰等提出构建辅导员胜任特征模型，但与《能力标准》贴合度并不高。而根据《能力标准》就优秀辅导员培养进行研究的成果尚未发现。

综上所述，专家学者更多是关注整个辅导员群体的职业发展和培养机制研究，即使是分类研究，也多是以辅导员所需职业技能类别进行辅导员职业发展和培养研究。其他更多关于“辅导员培养”的研究是将职业化辅导员、专家化辅导员等同于优秀辅导员，此种研究在优秀辅导员概念上就已产生了偏差，更遑论对优秀辅导员培养机制的研究。而根据《能力标准》的精神，其更提倡对辅导员职业发展与培养进行分层分类研究。

第五节　相关概念界定

一、高校辅导员

高校辅导员是“高等学校辅导员”的简称，这一职业由早期的政治指导员、政治辅导员演变而来。我国高校辅导员起源于 20 世纪 30 年代的军队政治指导员。新中国成立后，1952 年国家提出要在高校设立政治辅导员，1953 年清华大学率先设立了政治辅导员制度。此后，不少高校实施高校辅导员制度。高校辅导员制度是目前我国高等学校普遍采取的一种大学生管理制度。武增勇（2007）将辅导员制度发展总结为五个阶段，分别是：政治指导员制度（1949 年以前），政治辅导员制度（1949—1965 年），偏重学生事务管理的辅导员制度（1977—2000 年），专兼职结合、以专职为主的辅导员制度和专职辅导员制度（2004 年至今）。高校辅导员在高校人才培养中已发挥着越来越重要的作用。

自辅导员这一职业诞生以来，对辅导员这一概念的解释和阐述众说纷纭，经过多年的演变和拓展，其内涵不断完善，内容不断丰富。《中国大百科全书（教育卷）》将“学生辅导员”定义为：“高校基层政工干部，其基本任务是在校、系（科）中国共产党组织的领导下，全面关心学生成长，对学生进行思想政治教育。”2004 年，中共中央、国务院颁发的《关于进一步加强和改进大学生思想政治教育的意见》（中发〔2004〕16 号）中强调：“辅导员是高等学校教师队伍的重要组成部分，是高等学校从事德育工作，开展大学生思想政治教育工作的骨干力量，是大学生健康成长的指导者和引路人。”2006 年，教育部出台《普通高等学校辅导员队伍建设规定》，进一步明确高校辅导员概念：“辅导员具有教师和干部的双重身份。辅导员是大学生日常思想政治教育和管理工作的组织

者、实施者和指导者。”既明晰了高校辅导员的身份定位，也极大地丰富了高校辅导员的内涵，拓展了高校辅导员的外延。2014 年 3 月，教育部下发的《高等学校辅导员职业能力标准（暂行）》（以下简称《能力标准》）指出：“高校辅导员是履行高等学校学生工作职责的专业人员，要经过系统的培养与培训，具有良好的职业道德，掌握系统的专业知识和专业技能。”《能力标准》将辅导员职业等级分为初级、中级、高级，指出了辅导员九大职业功能，即：思想政治教育、党团和班集体建设、学业指导、日常事务管理、心理健康教育与咨询、网络思想政治教育、危机事件应对、职业规划与就业指导和理论与实践研究；指明了辅导员可成长为七大专家，即：思想政治教育专家、党建专家、学生事务管理专家、心理健康教育专家、网络思想政治教育专家、校园公共危机管理专家和职业规划与就业指导专家。《能力标准》进一步规范了辅导员的职业功能和职业能力，为其职业发展指明了专业化发展的方向。

在国外，由于政治体制等因素，并没有“辅导员”的称呼。在许多西方发达国家办学历史悠久的大学中，高校学生工作源于学生生活事务管理的需要。国外高校中与我国辅导员工作职能比较接近，从事学生工作的人员英语里一般称作“Counselor”“Student Affairs Stuff”或“Student Affairs Administrators”，他们主要从事学生事务性工作，帮助学生解决学生组织、课外活动、生活住宿和个人就业等方方面面的辅导咨询工作。由于起步较早，美国高校有着一整套理论基础和较为详细的学生事务工作手册，如《学生人事宣言》（The Student Personnel Point of View）及法律文本文件，以支撑实际工作的开展，“Counselor”已经进入专业化、职业化阶段。同时美国有健全的学生工作体系和相应配套的行业协会，如美国大学人事协会（ACPA）和美国国家学生人事管理协会（NASPA）。这些协会在学生事务工作者专业化发展过程中起着重要作用，为学生事务工作者交流与提升提供了有效平台。每个协会都有属于自己的主办刊物，以便于开展经常性交流与学术探讨，促进学生事务工作者专业化的实现。

由上述可知，我国高校辅导员工作具有学生教育、管理和服务的功能，工作内容笼统又繁多，其工作形式也不断在扩展，其工作核心职能是学生思想政治教育、管理工作和做好大学生的人生导师及健康成长的知心朋友。而国外的学生事务管理者更注重学生事务性工作和服务功能，学生事务工作相对专业化。

二、高校优秀辅导员

高校优秀辅导员是一个群体概念，顾名思义是高校辅导员中优秀的一个群体，在研究中如何界定现实的研究对象呢？刚开始笔者认为要对“优秀辅导员”的内涵或维度进行探讨，随着调研的深入，发现其实在现实社会生活中“高校优秀辅导员”的评价标准因人而异，即人人都有自己心目中的“优秀辅导员”的标准，《能力标准》将辅导员分为初级辅导员、中级辅导员和高级辅导员，那么，高级辅导员是不是可以说是“优秀辅导员”呢？如果说满足条件的高级辅导员是“优秀辅导员”的话，那么又忽略了初级、中级辅导员两个层级里优秀的辅导员，所以按这个标准去寻找具体的研究群体也不是很合适。哪个群体是比较公认又具典型的可以代表高校优秀辅导员？

陈文海认为，高校“优秀辅导员”应是一个动态地不断自我完善、自我发展的特殊品质，而不是一个静态的称号。笔者对此观点表示赞同。近年来，各高校内部、各级省市、教育部举行“全国高校辅导员年度人物”（以下简称“年度人物”）、“优多辅导员”评选，还有各高校、省市、赛区乃至全国的辅导员职业能力大赛及优秀博文、博客大赛等，在这些评选和比赛中涌现出来的优秀代表也应是“优秀辅导员”。另外，在某类工作和事务中表现突出的辅导员，即使是初入职的辅导员，也应视为“优秀辅导员”。所以，“优秀辅导员”是个动态称号，是在初中高级辅导员中均可产生的自我完善和发展的特殊的优秀的品质。但却难以量化衡量，且难以用具体的界限界定。2008—2018 年，教育部经过层层推选和评定，每年均 10 名，共评出 103 名“年度人物”从学术研究角度来说，“年度人物”这个群体作为高校优秀辅导员的典型代表具有代表性，且对于“优秀辅导员”的特质把握、培养规律探寻具有现实性和可操作性。

第二章 胜任力概述

第一节　胜任力定义

胜任力，这个概念人们至今已讨论了 100 多年了，在相关的文献当中有许多不同的含义，它来自拉丁语 Competere，意为“适当的”。在较近的年代里，由心理学继续发展了这个概念，意思是个人的能力与要求他们的环境相对应，而教育家通过创造知识和技能来指导课程发展；在更近一些的年代里，与工作有关的胜任力这个概念则被用来描述高绩效的个人性格特征。但是与国外的称谓不同，在我国人力资源管理界，competence 通常被译为胜任特征、胜任力、胜任能力、胜任素质及才能等，也有直接翻译成能力、素质、特征、才能及受雇佣能力等。在此需要对胜任力与素质之间的差异做一下分析。素质虽然在内涵方面和胜任力有相同或相似的地方，但是胜任力强调的是与组织成员的职务、组织、工作彼此之间的协调，并且是一个能区分绩效一般者和绩效优秀者的特征，而素质则不具备此特征。

“胜任力”这个概念起初被运用在教育领域中，并广泛使用于管理领域，这一时间点可以从麦克利兰的同事与合作者博亚特兹在 1982 年出版的专著《胜任的经理人：有效绩效模型》计起。

西方学者在研究胜任力时，英文文献中有的使用 competence，有的使用 competency 或 competencies（复数），也有人将二者等同使用。麦克利兰在 Testing for competence rather than for “intelligence” 一文中用的是 competence，但在该文的后半部分，开始使用 competency（competencies），这说明麦克利兰是将二者等同使用的。不过二者之间的内在含义还是不同的，体现了对胜任力研究的阶段性变化和视角的不同。competence 往往是从个人的角度进行解释，是指那些能够取得优异绩效的行为维度或行为特征，是人们在履职时的具体行为表现，包括清楚需要做的事情（如企业经营知识、战略能力和批判性推理）、完成的工作任务（如适应、控制、自信、成就驱动和关注效果）及与别人共同工作（如人际技能、激励、说服、影响和关注产出）等。competence 主要被用来说明组织的特点、工作的特性，与职业资格、国家标准及管理章程联系在一起，指“胜任的条件或状态”，它描述的是为了做好工作，人们必须做的事情，完成的工作任务（如适应、自信、控制、成就动机和关注目标）、同他人一起工作（如人际技能、激励、说服、影响和关注产出）等。具体包括两个基本方面：必须做的事情及其标准。competency 在具体内容上又有两种不同看法。一是以伍德拉夫（Woodruffe）为代表的学者认为，“能证明一个人成功地完成某项工作的一系列明显的或表现的行为”可见，这种观点认为“能力（competency）即行为”，是为完成任务而采取的行动。这种观点与坎贝尔（Camben）将绩效视作行为一样，“只不过是一种替代”。二是以麦克利兰为代表的学者认为，“能区分在特定的工作岗位和组织环境中绩效水平的个人特征”，是个人的一种“潜在特质”，它与“工作绩效表现”具有“因果”关系。

莱尔·M·斯潘塞和塞尼·M·斯潘塞指出其实质是决定绩效的因素或绩效产生的原因，而不是绩效（结果/产出）本身。在此基础上，McBer Competence Dictionary 一书由斯潘塞兄弟于 1993 年总结出版，提出了适用于几百种工作、职业岗位的 21 项一般性能力。

正如让·詹姆克（Ron Zemke）主张胜任力、胜任力模型、胜任资质及以胜任力为基础的培训等都是一些比较难界定的词组，仁者见仁，个体的看法都各不相同，这个问题来自于哲学及基本程序上的差异，而非其他方面。

由麦克利兰教授负责的哈佛大学的研究小组，经过深入研究，得出结论：传统的知识技能和学术能力的测评并不能代表个人生涯是否成功、不能判断出是否取得优秀的工作绩效，并且此类测评的方法往往对妇女、社会较低阶层人士和少数民族不太公平，他们找到了从根本上对个人的工作绩效发挥影响力的东西，例如，“人际理解”“团队影响力”和“成就动机”等，后来小组又将其定义为：“能区分在特定的工作岗位和组织环境中绩效水平的个人特征。”

麦克利兰教授在 1973 年发表了一篇著名的文章，题目是《测量胜任力而非

智力》，文中明确提出了用胜任力代替传统智力的测量，将单一的以智力为标准转变为以一个人的综合素质为标准，将人的素质特征与实际岗位特点联系起来，突出了实际工作中解决问题的能力，由此麦克利兰为胜任力理论的诞生奠定了坚实的基础。

麦克利兰主张，胜任力指的是优秀绩效者所具有的能力、知识、技能和特质。在《美国传统词典》中，能力也可以等同于胜任力，主要有两层内涵，其一是指具备某种技能或品质，其二是指具有某种条件或资格。阿姆斯特朗（Armstrong）认为，胜任力是一项被认可的标准，它可以用来测量个人特征，包括个人知识、分析技能、技能、领导力和成就取向等。博亚特兹在 1982 年指出，胜任力是个体稳定的、内在的特征。个体在工作中所产生的高绩效都是由胜任力特征所致。同时，这些特征还能够对个体的知识、态度和技能等多方面的内在品质产生影响。

斯潘塞在他的著作《工作中的胜任力：高绩效模型》中提出了一个相对完整的胜任力定义，即“胜任力是能将工作岗位上表现优秀者和表现一般者区分开的个体潜在特征，它可以是动机、特质、自我形象、态度或价值观、某领域知识、认知或行为技能，即任何可以被可靠测量或计数的并且能显著区分优秀与一般绩效的个体的特征”。胜任力能够对一个人在重要的职位上及复杂的工作场景中的行为表现做出精准预测。

莱德福德（Ledford）认为胜任力是可以验证的特征，包括了可能产生的绩效所具备的技能、知识与行为。1995 年，在南非约翰内斯堡召开了胜任力会议。在这次会议上，胜任力被定义为影响个体工作的技能、知识与态度，并且它和绩效有紧密的内在联系。胜任力可用公认的标准测量，而且可通过培训来完善与提升。

美国合益公司（HAY）将胜任力定义为一个在既定的任务、工作、文化或组织中区分绩效水平高低的个性特征的集合。它决定了一个人是否能很好地完成某项任务或胜任某项工作，它是一个驱使个体表现优秀的个人特征的集合。美国薪酬协会认为胜任力是一种个体行为，这些行为是为了达到高绩效水平而表现出来的工作行为，而且这些工作行为能够被测量、被观察、被分级。

与西方比较，我国对于胜任力研究的起步比较晚。从 20 世纪 80 年代起，中国科学院心理研究所开始对管理者素质的相关指标和相应的测评工具与方法进行探索，用于对员工素质的培训和评价。以徐联仓为代表的学者率先将领导行为的 PM 评价模式引入到我国管理者素质评估领域，考察了人际关系和工作绩效两个维度与情境因素之间的关联性。自那之后，有关传统职务分析的最大挑战是对于关键素质分析的胜任特征评估不断被强调与确认。随着国外关于胜任力研究的不断平稳上升及 2001 年中国加入 WTO，我国的企业、管理人员、高校学者及其他研究人员对胜任力问题的重视程度不断提高。中科院时勘教授所领导的关于“企业高层管理者胜任特征模型研究”引人注目，并获得了国家自然科学基金委员会的支持。国内许多研究者（如王重鸣、时勘、彭剑锋）都一致认为胜任力特征就是那些能够区分出高绩效者与一般绩效者的能力特征，这些特征包括能力、知识、技能、自我认知、特质和动机等。

综上而言，不同的胜任力的定义反映出不同研究者的侧重点不一样，这也正说明了胜任力本质上存在复杂的一面，说明胜任力具有多层次、多维度和多样性的特点。但是对于胜任力所包含的内容并没有统一的界定标准。有的是从个人、团队和组织三个不同的层级上来评定，也有的是从分析对象（员工或工作）方面对其进行分析。

胜任力定义的不一致其实反映的是不同研究者在研究侧重点、研究理念、研究程序上的差异，并不是胜任力本质内涵的不一致。实际上，综观中外专家、研究人员关于胜任力的研究，基本上都是以斯潘塞关于胜任力（competency）的定义为基础。总体而言，中外学者公认的胜任力具备四项相同的特征：① 和工作岗位绩效紧密相连；② 包含了个体潜在的较深层次的独特性特点；③ 和特定的工作情境有关联，呈现出动态性；④ 能够对业绩优秀者与一般者进行区分。围绕这四项共同特征，学者们针对不同行业、不同类型、不同层次的胜任力进行了研究，并相继提出不同的胜任力模型。

第二节　胜任力模型理论

一、胜任力模型的界定

Competency model，存在不同的翻译名称，被广泛使用的有素质模型、能力模型、胜任特征模型。为避免引起歧义，本书将其译为胜任力模型。关于胜

任力模型的研究来自两个层面：一是个人层面的心理学理论、人力资源管理理论；二是企业层面的管理学理论与战略理论。

胜任力模型可依据行为观、特征观及综合观进行区分，每种观点都从不同角度界定了胜任力模型。持行为观的研究人员认为，胜任力模型可以通过对不同层面的工作能力、知识及技能的定义和相应层面的具体行为，确定核心能力的组合。持特征观的研究人员将胜任力模型认定为一个能力集，这个能力集是完成特定工作所需要的知识、技能及特征的集合，并且与工作绩效相关。综合观是对以上两种观点的整合，认为胜任力模型是一组能够有效地区分绩效的行为特征，这组行为特征涵盖了技能、特质、动机及特定工作层次或岗位所需的特征。

胜任力模型作为人力资源管理领域的一个重要工具，常见的胜任力模型一般包括胜任力要素名称、定义和行为指标等级三方面。以下是各学者界定的具有代表性的胜任力模型（见表 2-1）。

表 2-1　胜任力模型的界定

学者	胜任力模型的定义
麦克利兰（McClelland）（1973）	胜任力模型是一组相关的知识、态度和技能，它们影响一个人工作的主要部分，与工作绩效相关、能够用可靠标准测量并能够通过培训和开发进行改善
吉尔福特（Guilford）（1956）	胜任力模型描述了能够鉴别绩效优异者与绩效一般者的动机、特质、技能和能力，以及特定工作岗位或层级所要求的一组行为特征
安托内特·路希亚和理查德·莱普辛格（Antoinette Lucia & Richard Lepsinger）（1999）	胜任力模型主要回答了两个问题，即：完成工作所需要的技能、知识和个性特征是什么，以及哪些行为对于工作绩效和获取工作成功来说具有最直接的影响
莱尔·M·斯潘塞和塞尼·M·斯潘塞（Lyle M·Spencer & Signe M·Spencer）（1993）	在对许多工作表现出高绩效的员工进行行为事件访谈后，通过归纳这些人共同成功关键的特征，进而将这些特征建立成一个胜任力模型
威廉姆斯（Williams）（1997）	胜任力是由特定职位要求的优异表现组合起来的、包含多种胜任力要素的结构，包括知识、技能、行为与个人特质所组成的模型

胜任力模型应该具有五方面特征：① 能够区分工作绩效，分出一般和优秀；② 胜任力模型既包括知识、技能等表层的因素，也包括如职业素养这类可以决定绩效的深层次的因素，而具有决定性作用往往是深层次因素；③ 胜任力模型和行业二者有着紧密的联系，不同的专业领域对应不同的胜任力要素意义；

④ 胜任力模型构建的方法具备一致性，偏差很小；⑤ 呈现出阶段性的特征，并且岗位要求的胜任力要素会随着环境、时间和工作要求的变化而变化。

总而言之，胜任力模型是担当某一特定的角色或岗位的表现优异者所应具备的胜任力要素的总和，它综合表现出与高绩效相关的自我形象、特质、知识、技能、社会角色和动机等胜任力要素，这些胜任力要素能被测量出来，对绩效优异者及绩效一般者具有明显的区分度。

二、胜任力理论模型

20 世纪 70 年代早期，麦克利兰首先用胜任力模型尝试为美国国务院选拔外交官。他运用自己所开发的关键行为事件访谈法（Behavioral Event Interview，BED）建立了当时世界上第一个相关的胜任力模型。20 世纪 70 年代初期，麦克利兰在波士顿创立麦克伯咨询公司（McBer），为企业、政府机构和其他专业组织提供胜任力模型在人力资源方面的实践应用和服务，麦克伯咨询公司是国际公认的在胜任力模型方法应用方面真正的权威代表。20 世纪 80 年代中期其与合益咨询公司（HayGroup）合并，胜任力模型成为合益咨询公司支柱性的服务内容之一。

20 世纪 70 年代末，麦克利兰分析研究了 200 多项工作所涉及的胜任力特征，最终提炼出 21 项具有普适性的胜任力特征指标，主要包括 6 个基本的胜任力特征群，每个群中又包含 2～5 个具体的胜任特征，形成了胜任力词典。具体内容如表 2-2 所示。

表 2-2　麦克利兰胜任力词典

胜任力	胜任力要素
成就与行动	成就导向，重视秩序、品质与精确，主动性，信息收集
协助与服务	人际理解，顾客服务导向
冲击与影响	冲击与影响，组织直觉力，关系建立
管理	培养他人，果断与职位权力的运用，团队合作，团队领导
认知	分析式思考，概念式思考，技术/专业/管理的专业知识
个人效能	自我控制，自信，灵活性，组织承诺
其他个人特色和能力	职业偏好，准确的自我评估，喜欢与人相处，写作技巧，远见，与上级沟通的能力，扎实的学习与沟通方式，恐惧被拒绝的程度较低，工作上的完整性，法律意识，安全意识，与独立伙伴/配偶/朋友保持稳定关系，幽默感，尊重个人资料的机密性等

当前国际上提出的胜任力理论经典模型以洋葱模型和冰山模型为主要代表。1973 年，麦克利兰提出了冰山模型，而莱尔·M·斯潘塞和塞尼·M·斯潘塞则从特征的角度提出了胜任力的“冰山模型”。

冰山模型包括自我概念、特质、动机、知识及技能等内容，认为水上冰山部分较容易通过培训教育来发展，水下冰山的部分在短时间内很难改变，是区分表现平平者和表现优异者的关键的核心构成因素。洋葱模型展示了由内至外的核心要素构成，分别是动机、个性、自我形象与价值观、社会角色、态度、知识和技能等。洋葱模型和冰山模型二者的核心本质是一致的，都强调基本素质或核心素质。只不过洋葱模型更突显层次性，由表及里，层层深入，最里层、最核心的是特质和动机，是个体的最深层次的胜任特征，往往不易改变和发展。两者对比，洋葱模型更突出潜在素质与显现素质的层次关系，也可以说是从另一个角度对冰山模型的解释。

另一种是 KSAOs 模型，它可以说是对冰山模型的深化。该模型是莫尔（Mauer）于 2003 年在人力资源管理中基于对员工职业岗位资质（包括个体的知识、技能、能力和个性等）多元性维度进行研究而描述出的一种胜任力模型。KSAOs 是一组英文单词首字母的缩写，其中 K 代表知识（Knowledge）、S 代表技能（Ski11）、A 代表能力（Ability）、O 代表其他性格特点（Other characteristics）。知识是指对客观的、程序性的事物所呈现出的信息本质的理解，这种理解能够帮助个体顺利地完成工作任务。技能是指执行具体任务过程中个体所表现出来的技艺熟练性和资质级别。能力是指在开始完成一项任务时所体现的持久的特性或工作能力，是一个通用的概念。可以说 KSAOs 模型为冰山模型进一步提供了有力的依据和支撑。

根据洋葱模型和冰山模型，国外的相关机构和人员构建了许多胜任力模型，并且往往与职业有关联性。如博亚特兹通过实证分析私营企业、公共部门中数量高达 2000 多名管理人员的胜任特征，提出了经营者应该具备的十九项胜任特征，后来这项研究成果针对企业经营者的测评方面被大量采用。莱尔·M·斯潘塞和塞尼·M·斯潘塞出版了《麦克伯咨询公司胜任力词典》（McBer Competence Dictionary），针对 5 类不同的人员（社区服务人员、销售人员、管理人员、专业技术人员和企业家）分别提出了相应的胜任力模型，每一个模型又都由十多个胜任特征构成。以企业家的胜任特征模型为例，具体包括以下六方面：① 成就，信息搜寻、关注质量、关注效率、守信、捕捉机遇、坚持性、主动性；② 思维和问题解决，系统计划、问题解决；③ 个人成熟，自学、自信、具有专长；④ 影响力，运用影响策略、说服力；⑤ 控制和指导，监控、果断；⑥ 体贴他人，关注员工福利、关系建立、发展员工、诚实。

莱尔·M·斯潘塞研究了 200 多个工种，对 360 种行为事件进行了综合，建立了胜任力辞典。这个辞典中包含了七个方面的胜任力，分别是：个人效能、认知、其他个人特色与能力、管理、协助与服务、成就与行动和冲击与影响。

合益咨询公司通过相应的研究总结，把自我意识、沟通、多视角、影响力、预见性、责任感、应变力和概念化等作为胜任力核心能力的特征构成。

麦克利兰认为管理者的胜任力模型应该由两部分构成：一部分是内部特征，如成就动机、主动性创造性思维；另一部分是外部特征，是个体对工作群体的组织，如影响他人使其接受自己的观点，或者是使其理解组织的目标或促进团队领导。

1996 年，澳大利亚国家教学委员会开发构建了教师胜任力框架标准。这一标准中明确规定了教师的胜任力包括以下内容：同学生和他人沟通互动，共同工作；计划和管理教学过程；监控评估学生的进步和学习成果；对连续性的进步进行反思评估和计划及使用、发展专业知识与价值等。但是这个标准更多的是一种框架性的内容，比较抽象，没有办法告诉人们具体怎么去实施。

2000 年 6 月，合益和麦克伯公司联合向美国教育与就业部提交一份“高绩效教师模型”报告。在这份报告中，确认了高校教师的几个胜任特征群，分别是思维、设定期望、计划、与他人关系、领导和专业化。

美国劳动部所属的标准职业分类系统在 2010 年用 O*NET 工作分析法将美国的 970 多个细类职业都进行了详细的职业分析，其内容模型是 O*NET 系统的核心，包括特定职业信息、职业要求、工作者要求、经验要求、工作者特征和劳动力特征六大领域。对每个职业均进行了职业描述、职业定义、工作任务、知识、技能与工作能力、对具有相近工作职责所需要的具体活动、工作内容和薪水水平等详细说明描述。美国对能源行业提出了八个层面的明确的能源行业胜任力模型，每个层面包括具体的核心构成要素，如第一层面的个人效能胜任力就要求人际沟通能力、诚信、专业、声望、积极性、可靠性、自我发展、灵活适应性和学习能力。并且每一层面都有清晰的能力模型要求和职业发展路径。

以机械工程技术员为例，明确要求具备阅读理解、积极倾听、与人协调、判断和决策、数学应用、解决复杂问题、时间管理、主动学习、疑难解决和设备选型这10方面的技能和口语理解、演绎推理、发现问题、敏感性、仔细观察、口头表达、书面理解、归纳推理、信息订制、事件分类和精确控制这11种能力，以及机械和工具设计使用、维修和维护知识等8项知识要求和工作可靠、注意细节、与人合作、工作适应能力和分析思维等10项性格方面的要求。O*NET系统已成为目前美国广泛应用的“人职匹配”的分析工具。

国内学者和研究人员也是依据冰山模型和洋葱模型，以国外的管理胜任力模型为参照，构建了不少新的管理胜任力模型。具体来说，我国胜任力模型研究概括地可以用三个阶段来划分。

第一阶段：奠基阶段，时间从1998年到2002年。这一阶段是胜任力研究的开始阶段，国内的研究者不仅引入了胜任力的概念与理论，还围绕管理者的胜任力结构开展相应实证研究。例如，王鹏、时勘最早对胜任力理论进行了介绍，并且提出胜任力分析方法。北京大学的王垒等人将中国管理者的特质结构分解成为23个因子，概括为认知、动机、人格、社会等级及情绪等几方面。同时还发现一部分因子是与中国政治经济体制、文化传统密切相关，如家庭责任感、良好的生活作风等。最终得出四因子的中国管理者胜任力模型，分别是能力因子（睿智而有影响力）、社交性因子（人际技巧）、动机个性因子（勤勉而有人格魅力）及情绪因子（淡漠、达观）。

王重鸣提出在跨文化的背景下基于胜任力管理发展模型的四个维度（决策胜任力、团队胜任力、文化胜任力、成就胜任力）及经营管理者的胜任力模型的三维结构（基本要素、核心要素、辅助要素）。他提出管理胜任力特征包括管理技能和管理素质两个维度，而且不同层次管理者具有不同的结构要素。顾琴轩等以人力资源专业人员为研究对象，分析了他们的胜任力构成，为人力资源专业人员的选拔和培训提供了标准。

这一时期，众多研究者的研究成果为日后的胜任力研究奠定了坚实的基础。

第二阶段：扩张阶段，时间从2003年至2004年。在此阶段，关注胜任力研究的学者数量明显增加，研究对象、内容涉及的范围也呈明显上升趋势。在实证研究这一方面，研究对象从广泛的管理者转为特定行业及岗位，如高科技企业创业人员、企业中的高层管理者等。

时勘和其课题小组运用 BEI 技术对通信行业的高层管理者的胜任特征进行研究之后，获得了通信业的高层管理者胜任特征模型，包括 10 项因素，分别是团队领导、影响力、组织承诺、人际洞察力、客户服务意识、信息寻求、主动性、成就欲、自信和发展他人。这与西方所提示的高层管理者的胜任特征模型相一致。安鸿章根据组织内部岗位的工作性质和目标的差别，将一个组织内的胜任特征模型区分为岗位性胜任特征模型、功能性胜任特征模型、角色性胜任特征模型和组织性胜任特征模型 4 种类型。徐芳研究知识密集型的高科技企业，分别提出了研发经理的胜任力模型及研究人员的胜任力模型，每个模型都包括 11 项因素。优秀管理人员的胜任力模型应包括影响力、成就导向、团队合作与协作、分析性思维、主动性、开发他人能力、自信心、支配性/专断性、信息搜寻、团队领导和概念性思维。研究人员的胜任力模型包括成就导向、影响力、概念性思维和分析性思维、自信心、主动性、专业知识、人际理解、信息搜索、注重次序和质量、团队合作和协作和客户服务导向。

第三阶段：深化阶段，时间从 2005 年至今。此阶段在理论研究上体现出胜任力研究的本土化，逐渐形成了新的研究视角和研究方法。对胜任力建模对象进行了细化，开始把多种建模方法综合应用（如 O*NET 工作分析、关键行为事件访谈法等）为不同的岗位建造相关的胜任力模型，展示出百家争鸣的崭新气象。

陈万思在递进式的纵向职业生涯拓展的基础上，提出了一个新概念，并定义为自我概念、知识、技能、特质、动机、态度、价值观和社会角色等有助于特定工作或职位的高绩效者向上发展成为更高层级工作或职位的高绩效者所必备的相应条件。张婉构建了中层管理者的胜任特征结构，确立了含有成就特征、品格、影响力、个人效能、服务意识、大局观和执行力 7 个因子的结构。王莉针对我国国有制造业的中层管理人员进行了研究，构建的胜任力模型具体包括个人特质、控制能力和管理能力等 7 个维度，以及灵活性、正直诚信和思考能力等 17 个因子。

陈万思、赵曙明为中国最佳雇主人力资源总监构建了二阶一因子、一阶四因子的胜任力模型，囊括了职能管理、战略管理、员工关系管理和变革管理 4 个维度及 18 个因子。

吴巧慧提出高校辅导员素质包括政治素质、道德素质、专业知识素质、专

业能力素质和心理健康素质 5 个维度，并将之细分 16 个指标，分别是政治原则、政治立场、政治使命、政治方向，以德为先、爱生爱岗、为人师表、职业理想，通识性知识、专业知识、个人实践知识、教育引导能力、语言文字表达能力、心理素质能力和科学研究能力。

总体而言，研究者将胜任力的表现形式共分为三种。其一是知识与技能。它们虽然较易判断，而且可以通过培训的方式来改进提高，但对优秀的绩效不好预测，更体现在中高层管理人员身上。其二是行为习惯。这一表现形式不仅可观察，而且能够通过行之有效的方式方法进行甄别、评估，并引导其发展，与高绩效有着较高的正相关。其三是价值观、动机与个人特质。它与优秀的绩效有相关性，可以通过个人的行为习惯反映出来，具有隐蔽性和权变性的特点。当然行为习惯在其中扮演的角色至为关键。

第三节 胜任力模型建构方法

一、构建胜任力模型的途径

胜任力模型的构建是一个针对在特定岗位或职业上能够取得高绩效所必需的个体胜任素质及其结构的过程。胜任力模型构建的路径或方式主要有以下三种。

一是归纳法。归纳法是通过探究优秀绩效者与绩效平平者的差异构建胜任力模型。因为有具体的行为作为参照和基础，所以开发出的模型最贴近企业的现况，应用的效果更好。缺点就是开发过程中耗费时间长、精力多，而且需要特别的关键行为事件访谈能力，所以操作难度较大。归纳法更适用于稳定的和成熟的企业。

二是推导法。推导法是根据企业的战略实施对单位能力的要求及价值观推导从而构建模型。其本质上就是逻辑推导过程，大致分为 3 个具体步骤：第一步是对组织的目标、使命、战略方法和核心价值观进行详细的阐述；第二步是具体明晰岗位角色和相应的职责；第三步是推导出相应的胜任力。其优点是企业战略及其价值观与胜任力模型紧密相连，且逻辑一目了然。不足是缺乏具体的行为做支撑，表达模型方面太空泛且抽象，容易与现实脱离。

三是引用修订法。该方法是根据企业自身情况修订世界上或同行企业之前拥有的通用胜任力特征模型来构建本企业模型。它是一种构建简易的方式方法，往往是专业顾问进行前期的情况了解，然后把了解结果与原有通用胜任力相结合，形成调查项目，并列出相当数量的胜任力项目。组织人员进行筛选，凭筛选频率确立最后的胜任力模型。此法节省时间和精力，适用于初次引进胜任力并在开发模型上投资较少的企业，但问题是包含的通用成分会相对较多，且与实际拥有的企业文化和发展战略联系不够密切。

模型构建的路径有很多，一般是彼此之间相互独立。但其实都是实践路径和研究路径的不同，依据需要选择研究的路径和方式，当然要确保研究的模型的效度，并能够经受住检验。

二、收集数据的具体方法

收集数据是胜任力建模的基础步骤。在胜任力模型构建中，经常使用的获取相关数据的具体方法有许多种。

（一）关键行为事件访谈法

该方法是美国哈佛大学心理学教授麦克利兰提出来的，被弗拉纳根（Flanagan）继续拓展，由博亚特兹于1982年在实际中运用，是目前被世界公认为最广泛、最有效的开发胜任力模型的方法。关键行为事件访谈是“开放式的行为回顾性调查技术”，被当作主要工具来揭示胜任力，它是结合主题统觉测验（Thematic Apperception Test，TAT）和弗拉纳根关键事件法（Critical Incident Technique，CIT）的访谈方式，类似于绩效卡中的关键事件法。它采用“开放式的行为回顾性调查技术”，请被访谈者回顾他们自身在工作当中最成功及最遗憾或失败的三个事例，访谈人员则根据STAR原则让被访者尽量全面讲述事件的起因、经过、结果和时间、人物及影响范围。同时，被访者描绘当时自己的感受，在访谈结束时，邀请被访谈者反省事件成功或失败的原因。通过对访谈内容的分析，再加上通过与成绩优异者的对比，发现绩效平平者的特征的差异性，从而构建该任务角色的胜任特征模型。关键行为事件访谈既有面对面的访谈，经由访谈人员手握提纲向被访谈者提问，以此来把握面谈的节奏与方向；也包括问卷调查，让被访谈者勾选固定问题。访谈者在访谈前并不知道访谈对

象属于一般组还是优秀组，避免先入为主，以免造成很大的误差。关键行为事件访谈法是工作胜任力评估法的核心，该方法关注的是优秀绩效，强调成功履行职业岗位职责所需要具备的个人特质，被公认为是建立胜任特征模型最经典的方法之一。但是使用关键行为事件访谈有明显的不足，如花费时间较长、支出经费较多，对访谈人员的培训也有很高的要求。现实中以关键行为事件访谈简化模式并结合其他的方法使用为多。

麦克利兰于 1998 年采用关键行为事件访谈法为两个跨国公司的高层管理者构建任力模型的研究工作，运用了关键行为事件访谈技术研讨建立我国通信行业高层管理者的胜任力模型。

（二）职能分析法

流行了 20 年，对现实的工作产出是其关注点，工作本身是焦点。该方法以分析过程为基础，辨别出一个职能或工作所要求具备的产出能力。职能分析法要求必须了解清楚某一职位的角色、工作任务、承担的责任和义务及工作环境，对该职位的关键角色和工作职责进行抽取然后进行分析；详细阐述接纳的标准和工作绩效，并把工作职责和扮演的关键作为依据来确定胜任力单元；最终确定胜任力。这种方法比较利于揭示“冰山模型”中的深层胜任力要素，更多地把胜任力建模目标聚焦在如何甄别、如何培养与组织文化相匹配或适应的员工上。阿姆斯特朗认为研究胜任力已经不用依靠动作和时间分析，而是依赖相应的工作分析，并应用理性方法来科学地分析胜任力。

（三）情景法

博亚特兹认为工作要求与组织环境及由胜任力导致的工作绩效之间能够彼此影响。无论在何组织中，相似或相同岗位上的员工的胜任力特征有所差异。诺德豪格认为，由于不同的公司有着不同的文化、特点，因此，公司情景会对管理胜任特征结构产生影响。情景法所关注的就是那些影响工作、团队、职位和专业未来的发展趋向的环境因素，强调组织成员需要了解那些与变化的环境和需要相对应的胜任力。因此，汤普森提出了与之相对应的胜任力框架，首先需要做的就是要分离出影响工作、组织、职位或专业的紧要的变化及发展趋势；其次结合组织的现实，有针对性地确定适用于当时环境变化的组织胜任力；最后依据组织的胜任力来确定胜任力域、胜任力及相应的胜任力要素。在组织环境中，汤普森认为对胜任力发挥起决定性作用的是组织文化。组织文化赋予胜任力要素、胜任力和胜任力域的含义与结构相应的意义；反之，胜任力也能够反映出组织文化。按照汤普森的胜任力观点，胜任力是一种综合的行为，可以使管理者在胜任力领域中取得更好的成绩；个人胜任力是胜任力要素的一个组成成分。

依据此逻辑，摩根在变换的环境中研发新的胜任特征。摩根召集了 6～10 名高层管理人员，通过结构化的方式进行研讨，询问他们认为未来组织可能面临的挑战有哪些，接下来进行的分析中摩根公开了应具备的能力，当然是必须满足相应的挑战规则。有学者比较研究了新加坡政府部门管理者和英国管理者在胜任力方面的差别，发现了在管理者的职业发展中，计划、激励他人和组织等胜任能力尤为重要，与他们的工作部门环境和国籍无关。

（四）专家评价法

专家评价法是一种出现比较早且应用比较广的评价方法。它在定性和定量分析的基础上，以打分等形式做出定量的评价，得到的结果具有数理统计特性。专家评价法是指通过召集对知识具有广度和深度及对目标岗位具有丰富经验的专家，来收集对目标岗位胜任力的核心要素的意见和建议过程。利用专家评价法研究胜任素质，就是由该领域的权威专家组成小组，通过分析和比较胜任素质项目，经过删减并获得胜任素质指标。要运用此法，必须先收集有关的胜任素质条目。可以利用文献法或采用开放式问卷采集数据，组织专家进行评定胜任力要素，最后以此编制成评价量表，实证调研和统计分析被测主体，最终获得胜任力模型。

专家评价法只花费较少的时间就可获得有效的胜任力要素，与关键行为事件访谈相比，在人财物等资源投入上较为节约。怎样选择专家并保证专家的权威性和专家小组组成的合理性，是一大难题和重点。另外，专家们在对胜任素质项目筛选时会受到个人主观倾向的影响，加之样本量有限，使其信度和效度要低于 BEI 法，会造成构建的胜任力模型与现实存在误差。在实践中往往是与简化了的 BEI 访谈法共同使用，确定各个胜任力要素的定义及相应的评价等级。

（五）问卷调查法

问卷调查法是以发放调查问卷的方式来调查某个岗位上被选取的对象所要求具备的胜任力，通过统计、处理和分析收集到的各种资料和数据，进而构建胜任力模型的一个方法。它主要运用量表的方式来确定评定，有时也会采用开放式的方式如提问，让调查群体做出书面回答，属于量化研究。应用问卷调查法以编制初始量表为前提。问卷设置为开放式或结构化、半结构化以方便对胜任力的要素及特征进行收集，以便得到较为全面并符合实际的胜任力项目。其次是筛查并选择所获得的胜任力要素。通过专家评价法或问卷试测进行，然后将保留的胜任力条目编制成为调查问卷，一般采用封闭式问卷，让调查对象对胜任力特征和要素的重要性程度进行选择，最终通过统计分析结果，以此为基础构建胜任力的模型。

问卷调查法的优点就是能够迅速地收集到大量的信息和丰富的数据，但局限性也很明显。如由于事先没有对高绩效和低绩效两个小组进行区分，所以很难保证所获取的胜任力要素、特征都和高绩效优秀组有关；问卷调查法发生相应的偏差是因为受到了研究群体的影响；由于调查问卷大多都采用了结构化设计的问题，无形中对调查意见的充分表达进行了限制；而且前期在问卷量表设计和编制上需要花费很多的心血与精力，模型构建的成功与否直接受到问卷设计的优劣和水平的影响；问卷调查法也需要专业人员对问卷结果进行科学的分析，从而更好地保证所构建模型的有效性。

（六）O*NET 工作分析方法

工作分析主要是为了系统地收集整理与工作有关的数据和信息，它在胜任力模型的构建中发挥着关键的基础作用，不可替代。O*NET 它是专业职业信息网站，受到美国劳工部的专门支持，就职业信息来讲它是美国最大的数据库，成果丰硕，国内外地位甚高。这项关于工作分析的系统，由美国劳工部组织开发，汲取了多项工作分析问卷，如 CMQ、PAQ 的长处，作为工作分析的工具被广泛采用。由于该问卷是通过关键事件访谈技术来获得有关的行为指标，从而锚定问卷评价的维度，所以在展现职位胜任特征方面具有崭新的作用，现实中得到了越来越多的应用。它描述了美国的所有相关职业，其职业分析数据的结果不仅仅适用于职业教育、职业培训中，对本科及研究生的教育也具有较大的参照作用，可全方位了解美国劳动力市场对于各种劳动人员的需求，包括对高中毕业生的就业选择和社区学院的课程的开发都是不可或缺的借鉴文本。一般企业也把其作为企业职员招聘、制定工作岗位的相关职业规范、人员培训的依据。除此以外还有面试法、评价中心法、全方位评估法和焦点访谈法等。

上述方法各有其优势与不足。不同方法适用的背景和条件不同，其操作流程也各有特点。这些方法有不同的应用背景及使用程序。方法或方法组合的恰当与否将关乎数据采集的质量和建模的效度。因此，针对特定职业或岗位，在胜任力建模的实践过程中，在选择数据采集方法、建模方法时，应对行业属性、特点、建模目的等因素进行综合考虑。如关键行为事件访谈法的可信性和有效性得到了研究结果的支持，但通过此法建立的胜任力主要是回顾过去，呈现静态的特征，不能体现以前的胜任力对未来的优秀绩效具有促进作用。而目前企业内部和外部的环境仍旧处于变化之中，必须动态性地调整胜任力，而依据BEI方法构建的模型有时对环境变化的反映是失效的。

第四节　胜任力评估方式与测评工具

在欧美等西方发达国家，胜任力测评研究在多个领域得到深入的开展和广泛的应用，并且出现了不同的研究学派。考虑到研究领域、研究对象、研究目的、性质及研究方法的不同，科汉斯基将早期胜任力测评研究分为三个不同的学派。

第一学派是出现在培训领域里的行为主义学派。该学派的出发点是测量个体的工作绩效，采用的方法是工作岗位分析法，以评价完成某一岗位的单一任务的方法、流程、结果为切入点，结合结构化的访谈、直观观察归纳出与个体绩效相关联的具体胜任特征。该方法适用于诸如专科医院这类专业性较强的单位、财务会计这类专业性岗位和拥有专业技能能力的员工。该学派的方式方法，在评价相应的专业人员必备何种任职能力的时候具有严谨性、客观性。

第二学派是出现在管理教育领域里的通用性学派。该学派深度分析经营者职称的要素，研究的过程重在目标设定。该研究超越了技能、专业、技术的限制，是行为主义学派的有益补充，该学派深入到了诸如动机、情商、自我效用、

智力及社会角色这些心理特质。该学派结合心理学研究，有了更加广阔的应用范围。现今，该学派的研究成果在人力资源开发和管理等领域得到了广泛应用，为单位和组织在招募人才、诊断人才、选拔人才和培养人才方面提供了依据。

第三学派是高教领域里的认知学派。无论是行为主义学派，还是通用性学派，大多是运用在具有营利性质的组织中，而且均强调通过绩效来研究是否胜任。而认知学派则广泛应用于教育领域，尤其是高等教育领域中，具有代表性的是语言学研究。该学派的主要观点是：教育能够实现在日常状态下培养人们的认知能力和构建知识的能力，能够改变人的行为。但是如果要提高工作绩效，必须具备复杂多变的环境系统。故而，要想成功地适应环境，需要具备一种特殊的能力，这种能力能够协调情感、内部认知和其他资源。该学派着重通过与行为主义学派的结构性整合，强调教育机构要注重培养受教育者的实践能力、应用能力，并认为其他组织也应重视继续教育、在职教育。目前，该理念在教育机构及人力资源开发方面得到认可。

胜任力的评估方式还有很多种类，根据评价者和评估方法使用数量的多少来分，胜任力的评估可以分为单人评定和多人评定。基于国家或行业对胜任力规定的标准来分，评价被称为基于标准的胜任力评估，如我国国家标准规定的理财师等就是如此。目前针对胜任力评估相关行业开发出了许多胜任力测评工具。比较经典著名的就是合益公司开发的胜任力测评工具集，包括《胜任力工具包》《领导胜任力调查表》等。我国如北京北森测评技术有限公司全面基于通用胜任力框架开发出了国内最完善、使用最广泛的本土化人才测评应用工具，涉及金融、计算机和房地产等多种行业，涵盖了招聘、选拔和培训等多个职业领域，包含10余种测评应用解决方案，每种解决方案都内嵌了许多层级。通常以上测评方式及工具各有优缺点，应该结合实际和需要综合性采取多手段多视角的测评方法。

综上所述，胜任力作为一个行为科学和心理科学的研究聚焦点，放眼国际和国内，都获得了不小的学术研究成绩。国外的学术研究成果多数以西方的管理模式和西方的传统文化作为基础，当然其对胜任力特征的研究亦是在欧美的管理模式之下进行的。这些研究结论并不完全适用于中国。

虽然目前我国学者关于这方面的研究刚起步，但参与研究的机构数量与人员数量并不少。从研究类型来看，不但有理论方面的研究，而且有应用实践的研究，还有测评方法的研究及关于模型体系的研究。研究的角度既包括人力资源管理也包括心理学；研究的被试群体包含教师、公务员、中高层管理人员和科学研究人员等，涵盖了学校、政府机关、企业、医院和通信等各个行业领域。有的研究是从个体的角度出发，研究个体绩效、个体胜任力；有的研究是从组织层面出发，研究组织绩效、组织胜任力，但如何更好地在“人—职—组织”的框架和视角下将个体胜任力与组织胜任力结合起来进行研究较少。当前，国内对于胜任力的研究重点已经发生转移，之前是重点研究通用胜任力建模，现在是重点研究特定岗位和行业的胜任力建模，主要以现有的胜任力模型为基础，通过修整经典的胜任力模型，构建并在实践中运用适合于本单位等符合组织自身实际的模型。关于胜任力的研究历经了从仅仅追求个体的工作绩效到提高组织绩效的过程，大多数胜任力研究的主体目标还是侧重强调高绩效人员的个性特征。

另外，我国学者关于胜任力模型的构建方法的研究存在不足。目前，国内主要是对西方发达国家研究的方法学习引进并积极进行本土化改进，进而构建胜任力模型，而我国缺乏自主的研究方法，对于国外研究方法引用后的适应性较低及比较研究较少。基于我们文化背景下的胜任力研究成果，不仅能够丰富符合我国文化特点的胜任力理论的研究，同时也能够进一步拓展国际胜任力的研究成果。此外，基于我国文化背景的胜任力研究，对于推动我国人力资源管理的实践具有重要的现实意义。

第五节　胜任力研究的发展趋势

对国内外胜任力研究加以梳理之后，胜任力研究的现状特点可以概述为以下四点。

一、研究数量呈逐年明显上升趋势

检索中国知网（北京师范大学结点，检索时间：2023 年 1 月），检索词：胜任力（全文），共涉及文献 21 792 篇。在检索到的文献中，研究的时间跨度为 22 年（2001—2022），研究的数量逐年上升。林颖（2010 年）在《我国胜任

力研究十年》一文中对我国10年来的胜任力研究进行了细致的梳理。她以研究的内容和研究数量两大方面的时间变化为线索，将我国自引进胜任力以来的胜任力研究划分为三个截然不同的阶段：1998—2002年为奠基阶段，2003—2004年为扩大阶段，2005年至今为深化阶段。可以说近20年来，从整体上看，我国胜任力研究从无到有，不论是在深度上，还是在广度上，皆取得了十分突出的进步和迅猛的发展，且展现出了良好的发展趋势。

二、研究内容涉猎广泛

自从20世纪90年代胜任力进入国人的视野，无论是学术界还是政府企业都非常关注和重视胜任力的研究与发展。从学术界的研究到企业、教育机构、党政机关的实践应用发展迅速。可以说在研究对象上，管理者和专业技术人员并重，研究涉及人力资源管理领域企业高层领导者、跨国企业负责人、政府领导干部、普通公务员、医学领域护士、院长及教育领域中小学校长、教师和高校辅导员等不同研究对象的胜任力研究等，研究对象更加多元化，研究内容涉及范围明显扩大。林颖（2010）综述多年来我国关于胜任力的研究总结认为：在研究内容上，胜任力模型和建模方法是重点，兼论对模型应用的思考。研究视角日趋立体化，包括了概念的拓展、个体层面的胜任力与工作绩效关系、组织竞争力、不同领域的建模和建模方法的研究及模型的具体应用研究。

三、研究方法中实证研究呈上升趋势

实证研究则包括了不同研究对象的胜任力概念、模型、内涵和应用领域的研究等。实证研究日渐偏多，有对国有企业中层管理者的研究，有对教师职业能力的研究等。研究方法也日益丰富多样，从问卷调查法、个别访谈法（顾琴轩、李剑、朱牧）到质性研究中检验编码者信度的众多方法（归类一致性指数、编码信度系数相关系数、概化系数等）（徐建平、张厚粲），再到层次分析法（黄岳钧、李树丞），直至职位分析方法（王重鸣、陈民科）。

四、借鉴国外成熟经验，本土化特色研究起步

我国近些年市面上所流通的胜任力书籍，更多的是这样几类：第一类是原版引进的有关胜任力的外文书籍，第二类是翻译西方胜任力书籍的译著，第三

类是总结胜任力相关西方理论的编著书籍。这几类书籍反映一个问题，那就是缺乏中国文化背景下的胜任力理论研究著作。虽然国内学者发表了许多不同领域的胜任力相关的研究论文、测试评定量表，但鲜有成体系、有本土文化特点的著作。

第三章
高校辅导员胜任力理论

第一节　高校辅导员胜任力研究的理论基础

一、马克思主义的相关理论

（一）人全面发展的理论

马克思在《1884年经济学哲学手稿》中论证了人的全面发展。马克思在批判吸收了黑格尔“感性直观的现实的人”和“绝对观念”等主体概念之后，发现感性活动着的“现实的个人”是自己的理论出发点。马克思主义关于人与社会发展的理论是在分析现代资本主义社会存在的根本矛盾及洞悉社会发展历史趋势的基础上，从哲学、政治学、经济学与科学社会主义等多角度深入剖析了人的全面发展问题。马克思一生关注的重要问题是“人的发展”，他预言了在生产高度发展的基础之上，在消灭了阶级压迫和阶级对立的社会制度中人的全面发展的必要性和现实性。

马克思主义对于人的全面发展观需要从三方面理解。首先，要认识到劳动是人与动物的本质区别，它是人类的特殊属性。劳动能力的发展促进人的发展，它们是二位一体的关系。其次，人具有社会属性，说明了人的发展是与之交往的社会关系的发展。最后，人是自然、社会及精神的统一体，是人类与个体、社会与个人的统一。马克思认为人真正的发展是全社会每个人的发展。因为“一个人的发展取决于和他直接或间接进行交往的其他一切人的发展。”马克思所提到的“人的全面发展”里面的人，是指现实的、具体的、社会里的个人，不是孤立的、抽象的人，不是指“某一个人”，而是指“每一个人”。人的全面发展就是说“人用一种全面的方式，即作为一个完整的人，拥有属于自己的全面的本质”。

马克思主义在有关人的全面发展理论中所谈到的人的全面发展，就是指由资本主义生产提供物质基础，人有目的地联合起来发展和控制这一物质基础，并消除历史造成的盲目性和自发性，克服和消除人在发展中的矛盾，从而达到人的体力和智力的统一，物质劳动、精神劳动和享受的统一，生存和发展的统一，并且使人的天资和潜能、才能和兴趣得到前所未有的充分发展，使人的才能、个性、身心、精神（道德）丰富而全面地发展。这也就是说，“一切人自由全面地发展”指人的智力和体力、志趣和能力、审美情趣和道德精神等多方面的发展。任何人如果不同时为了自己的某种需要和为了这种需要的器官而做事，他就什么也不能做。一个人的能力是实现需要的手段，是主客体对象性关系得以建立的必要条件之一。人需要的广泛发展意味着人需要随着活动的广泛发展来形成包括生存、发展和享受等层次的递进的丰富体系，个人需要按照自己的活动来发展合理的需要，并把较低层次的需要当成是直接满足发展“自由个性”最高层次需要的条件和前提。全面发展、自由发展、和谐发展与充分发展等在“每一个人的发展”内部呈现一种相互联系而且难以分割的关系。

马克思主义的全面发展理论为研究高校辅导员胜任力提供了理论指导。就目标而言，学生的全面发展与辅导员的专业化、职业化的发展是一致的。辅导员胜任力的研究源于辅导员专业化素质的全面发展和提升，它属于全面素质管理模式的研究范围，而马克思主义关于人和社会的全面发展理论恰恰是全面素质管理模式的源泉与重要基础。个人素质的提升、实现人的自由全面的发展和促进社会的全面发展，这三者是同一个问题的三个不同方面，彼此之间联系紧密，构成一个统一的整体，其中关键是提高个人的全面素质。而提升辅导员的专业素质就是构建高校辅导员胜任力的核心目标之一，进而更好地实现每一位辅导员的专业化与每一位学生的发展。马克思关于人的全面发展理论已经成为高校辅导员胜任力的重要理论基础。

（二）社会分工理论

社会分工是社会生产活动的基本组织形式，同时也是马克思唯物史观的一

个重要范畴。亚当·斯密（Adam Smith）是一位最早对分工进行系统化、理论化解释的学者，他的观点都展现于其著作《国民财富的性质和原因的研究》中。而马克思对社会分工也同样进行了深刻的研究，其理论主要集成于《资本论》中。马克思主义的观点认为分工并非一开始就存在的，分工是社会发展到特定阶段的产物。马克思主义的观点认为分工不仅需要有人的生理前提，还必须包括生产力的发展，生产工具的积累和分工是彼此不可分割的。在《德意志意识形态》一书中，马克思和恩格斯认为职业分工也是一个非常重要的范畴。职业分工是指在教育、医疗等许多不同行业或同一行业内的不同部门之间的分工。马克思在形态中注重自然分工和社会分工的区别，脑体分工和城乡分工都是属于社会分工。而且职业分工不仅存在于过去、现在，在共产主义社会中同样存在。马克思主义的社会分工理论对我们客观理解高校辅导员的职业发展具有重要的指导作用。

在《德意志意识形态》一书中，马克思和恩格斯认为分工有两个层级。第一层级为比较低的层级，属于自然分工，主要形成于原始社会的公社初期，可以说这是历史上人类最早的分工方式。这一层级的分工主要以自然环境为基础，根据对体力的要求不同作出分工的选择，男人因体力充沛而从事狩猎工作，女人因体力弱小而从事采集工作。第二层级为高一级的分工，这一层级的分工离不开社会行业的发展，分工致使在人类历史上产生了职业，如手工业者、农民和商人等最初的职业。

马克思的分工理论体系是比较复杂的。马克思主义的社会分工理论是一个具有多层内涵的理论复合体，主要包括两大分工理论体系，分别是：分工专业化理论、地域分工理论。地域分工理论的内涵是指“一切发达的、以商品交换为媒介的分工的基础，都是城乡的分离。可以说，社会的全部经济史，都概括为这种对立的运动”。从本质上讲，经济发展的实质就是专业化和分工。专业化的不断加深、分工越来越精细化，其结果必然是促进人类生产的进步。

在文明社会初期，人类大致经历了三次社会分工。第一次分工导致了农业的形成，是由于农业和畜牧业与狩猎、采集的分离；第二次分工导致了城乡的分离，是由于手工业与农业和畜牧业的分离；第三次分工即商业的独立出现，是由于商人的出现，商业与畜牧业、农业、手工业相分离。到了工业社会，分工更为专业，水平更高。到了当今的信息化社会，分工变得更为精细化。

三次社会大分工奠定了社会分工的基本格局，而与其相伴相随的还有脑力劳动和体力劳动（脑体分工，当生产力的提高使得一部分人专门从事生产，提供除了满足自身需求之外的剩余产品，而另一部分人则是凭借增加拥有的权力、地位等来占有、剥削他人的剩余产品）及城市分工和乡村分工（城乡分工），无论是脑体分工还是城乡分工，都是马克思分工理论的重要组成部分，然而马克思说“分工只是从物质劳动和精神劳动分离的时候才真正成为分工”。

马克思主义的社会分工理论对技术分工和社会分工之间的区别与联系进行了清晰地解释。马克思说过：“社会分工使商品所有者的劳动成为单方面的，又使他的需要成为多方面的。正因如此，其产品对他来说就只是交换价值。商品生产是以分工为前提条件的。”

以马克思主义社会分工理论的视角来看，高校辅导员作为一种职业出现，离不开高等教育的发展，高等教育工作不断深入细化的发展促进了高校辅导员这一职业的出现。因此，高校辅导员是高等教育细化发展的一种必然的结果，高校辅导员的专业化和职业化体现在用专门的知识和相关的技能等为高校学生的成长发展与成才服务。

（三）现代管理学理论

1. 激励理论

自20世纪二三十年代以来，以美国为代表的国际上的管理学家、社会学家和心理学家等从不同的视角研究如何通过预测并激发人的动机、满足其需要来更好地调动人的积极性的问题。在此背景之下，西方产生了各式各样的激励理论并迅速发展壮大。激励理论是指通过特定的方法与管理体系，将员工对组织及工作的承诺最大化的过程。管理学、管理心理学、组织经济学和组织行为学等方面都有比较系统的介绍。

行为科学理论认为，人的动机主要来自需要，由需要来认定人们的行为目标，激励则作用于人的内心活动，驱动、激发及强化人的行为。激励理论用作业绩评价理论的重要依据，它阐明了业绩评价促进组织业绩提高的原因，以及建立何种业绩评价机制才能更好地促进工作成绩的提升。通过分析激励理论的研究，有管理学者依据激励侧面的不同及与行为的关系不同，把激励理论划分为内容型、过程型、状态型和综合型四种类型。

内容型激励理论重点关注的是激励过程的起点——“需要”，它着重对激励的原因与其发挥激励作用的因素的具体内容进行研究。内容型激励理论主要是从静态的角度探讨激励问题，其所关注的是个体的各种需要到底是什么，这些需要的等级、结构、顺序是什么，满足哪一种需要能够获得更大的激励。其主要包括赫茨伯格（Fredrick Herzberg）的双因素理论、马斯洛（Maslow）的需要层次理论及奥尔德弗（Clayton Alderfer）的 ERG 理论、麦克利兰的成就需要理论等。马斯洛的需要层次理论最具代表性，此理论提出人类的需要是有等级层次之分的，呈现递进式发展，从最低级的需要向最高级的需要依次进行发展。需要按重要性排序为：生理的需要、安全的需要、社会的需要、尊重的需要及自我实现的需要。并且此理论提出，人每一时期有一个优势需要，其他需要则处于从属地位，人在一定的时期内，其行为受到优势需要的支配和调节。

美国学者奥尔德弗对马斯洛的需要层次论加以改进，将五种需要压缩为三种，即生存（existence）、关系（relatedness）及成长（growth）需要，这就是闻名于世的 ERG 理论，是一种新的人本主义需要理论。这一理论认为需要有两种趋势：一种是需要层次的“满足—上升”趋势，另一种是需要层次的“挫折—倒退”趋势。20 世纪 50 年代，美国心理学家麦克利兰提出了成就需要理论，他认为人的生存需要满足后，基本需要有三种：成就需要、合群需要和权力需要，其中成就需要是麦克利兰理论的核心概念，它对个人、企业的发展与成长发挥极其重要的作用。1959 年，美国心理学者赫茨伯格提出激励—保健因素理论，即双因素理论。该理论认为，两种不同类型的因素彼此独立并以不同的方式影响人们的行为。赫茨伯格认为调动员工的积极性主要从激励因素即工作内部、工作本身来调动人的内在积极性，使员工对工作产生感情，而改善保健因素不能直接对人产生有效激励，哪怕有作用也是暂时的。

过程型激励理论，是在内容型激励理论的基础上发展的，不仅关注需求，更关注激励过程。所以，这一理论的研究包括动机的形成、行为目标的选择、具体行动的心理过程。弗鲁姆的期望理论、德鲁克的目标管理理论、洛克的目标设置理论及斯金纳的强化理论等可以说是其代表性理论。过程型激励理论基本都采用动态系统的分析方法研究激励，试图弄清人们对付出的劳动、功效和奖励之间的认识，以便能够更好地起到激励的作用。过程型激励理论主要聚焦于找出对激励行动起决定作用的那些关键因素，并厘清这些因素之间的关系，以此达到对个体的行为进行预测或控制的目的。弗鲁姆提出的期望理论认为，人只有在预期他们的行动有助于达到某个目标的情形下，才可能被激励起来去做某些事情以达到目标。个人从事行动的动力，取决于其行动全部结果的期望值乘以其预期此结果将会达到所要求目标的程度，或者说激励水平取决于期望值和效价的乘积。当目标价值高，而且估计实现的可能性大时，才能对人产生最大可能的激励力量。

美国学者洛克的目标设置理论认为，目标是引起行为的最直接的动机，只要能够设置出合理的目标，就能够激发个体产生想要实现该目标的成就动机，因而对个人具有强烈的激励作用。合适的目标或者说具体的、难度较大而又能为人们所接受的目标具有的激励作用最大。德鲁克的目标管理理论是 20 世纪 50 年代出现于美国的管理制度，也是一种管理上的激励技术。它是参与管理上的一种形式，强调组织成员的自我管理，重视成果。它把目标的制定和个人的激励联系起来，有助于增进组织成员的凝聚力和团结合作。

斯金纳的强化理论强调行为的结果，认为当行为的结果有利于个体时，这种行为会反复出现，若对个人不利，这种行为就会减弱甚至消失。运用负强化应慎重，强化手段要因人而异，正强化和负强化相结合，以奖为主，以罚为辅。

状态型激励理论研究的关注点不在激励的起始点或是激励的过程，而是聚焦于激励的终点——需要是否被满足或需要的状态。需要的满足方式分为公平和不公平，需要没有被满足将给人带来挫折。状态型激励理论的研究重点是搞清公平或不公平和挫折对人的行为所产生的影响，目的是发现那些能够消除不公平的策略、措施，找到那些能够避免个体产生挫折感的举措、手段，将对个体的消极影响降到最低，为发挥个体的积极性提供最大限度的保证。其主要代表是亚当斯（J.S.Adams）的公平理论和挫折理论。公平理论的研究侧重于薪酬分配的合理性、公平性对员工积极性的影响。员工对报酬的公平程度的判断，主要是通过社会比较得出的。员工能否被激励，不仅受所得的绝对报酬的影响，而且受相对报酬的影响，通过纵向和横向比较，若两种比较比值相当，个人会认为公平，工作积极性较高；如果比值不相当，会认为自己比同类人收入低或比自己过去收入低，就会产生不公平感，影响工作积极性。

综合型激励理论以波特（Lyman Porter）和劳勒（Edward E.Lawler）的综合激励模式为代表，是将行为主义激励理论的外在激励和认知派的内在激励综合

起来的模式，是外部刺激、个人外部条件、行为表现和行为结果相互作用的统一过程。

激励理论能够为高校辅导员胜任力特征中涉及的考核、激励方面内容提供方向性的指导。激励方式一般分为外在、内在激励两种。外在的激励形式包括口头与书面表扬、职务晋升、嘉奖证书和福利奖励等。内在的激励主要是激发个体的成就感、责任感和荣誉感等。通常认为，外在激励短时效果明显却不易形成持久的内在动机，内在激励更能激发长久的内在动机。个体存在多种需求并且程度不一，在特定的时间里，只有那些个体最迫切的需求才能有效地激发出内在动机，造成对个体行为的影响。因此，对于辅导员的激励研究应该关注辅导员的具体需求是什么，哪些激励措施能够有效地影响辅导员的工作行为。

受激励理论的启发，在高校辅导员队伍的建设与管理上要考虑个体差异，激励的手段应该多种多样并且具备一定的灵活性，要依据人的不同、工作的不同、类型的不同和情况的不同来拟定相对应的制度。既要保证每一位辅导员的物质需求获得满足，如维持基本生活所需要的薪资、补贴和津贴等；另外，也要提供一些培训、进修、访学及挂职等职业发展上的外在激励。通过综合制定内在、外在的激励措施以确保激发、增强辅导员的成就感、责任感和使命感。

2. 人职匹配理论

人职匹配理论是一种关于人的个性特征与职业性质一致的理论。这一理论的基本观点是，个体之间普遍存在差异，每个个体都拥有区别于他人的个性特征。每一种职业受到工作条件、工作性质及工作环境等方面的限制，对于个体的知识、能力、技能、心理素质等方面有着不同的要求。在进行像职业指导、选拔安置这些职业决策时，需要将每个人的个性特征与职业种类进行匹配、对应，即进行人职匹配。该理论最具代表性的是以美国心理学家霍兰德为代表的人职匹配——人格类型理论。

霍兰德的理论认为每个人的兴趣、人格类型和取得联系紧密，个体有其独特的人格特征与能力模式，都能够挑选出适合自己的职业，当个人的兴趣、人格特征与职业相符的时候，可以调动每一位成员的工作热情并激发他们的潜力，进而提高组织成员对工作的满意度。如果有较好的匹配度，那么个人的特征与职业环境能够协调一致，工作的效率和取得成功的概率就能够得到提高。与此相反的话，工作的效率及其取得成功的概率就不高。所以，对于个体和组织来说，实施合适的人职匹配有十分深远的意义和价值。进行人职匹配的前提是充分了解并且掌握人的个体特性，而人才测评恰恰就是这样一种最有效的方法。

霍兰德围绕职业与人格的关系提出了四种假设。第一，在现实文化中，可以将人的人格分为研究型、艺术型、社会型、传统型、实际型和企业型六种类型。每一个特定类型人格的人，会对相应职业类型的学习或工作十分感兴趣。第二，环境也能够划分为上述六种类型。第三，人们寻找能够充分展现其能力与价值观的职业环境。第四，一个人的行为主要取决于个人的人格与所处的环境特征之间的相互作用。

霍兰德在这四种理论假设框架下，提出了人格类型与职业类型模式。霍兰德认为人格类型不同的人所需要的工作环境和生活也是不同的。例如，与“实际型”个体相匹配的职业或环境应该也是实际型的，因为实际型的职业或环境能够带给他们所需要的奖励与机会，当两者一致时，就称为“和谐”。当类型与环境不和谐，那就意味着环境或职业无法满足个人所需要的奖励与机会。霍兰德在其所著的《职业决策》一书中详细描述了六种不同的人格类型和与之相应的职业。在职业决策当中个体寻求到与其人格类型相重合的职业环境是最理想的状况。

人职匹配理论可以说为现代人才测评奠定了扎实的理论基础。从人职匹配视角来看，其对辅导员的选拔、培养和专业素养的提升等方面具有重要的指导和实践意义。

二、胜任力模型理论

（一）冰山模型理论

美国学者莱尔·M·斯潘塞和塞尼·M·斯潘塞则从特征的角度提出了胜任力的“冰山模型”。他们通过对许多高绩效的工作表现者进行行为事件调查，找到这些人能够取得成功的一系列关键行为特征，从特征的角度建立一个不同层次的模型，该模型被称为“冰山模型”，具体包括知识、技能、社会角色、自我概念、特质和动机。该理论认为水上冰山部分即较容易通过培训、教育来发展的知识和技能是基准性胜任力，是对胜任者基础素质的明确要求，它不能将表现优异的人与表现平平的人精准区别开来；水下冰山部分在

较短时间内比较难以改变，而发展的动机、自我概念、态度、特质及价值观等高绩效者在其职位上获得成功一定要具备的某种条件概括称为鉴别性胜任力，是区分优异者和平平者的关键因素。但不同层次的个人特质之间存在相互作用的关系。

（二）洋葱模型理论

素质“洋葱模型”是由冰山模型演变而来的，由美国学者博亚特兹在 1982 年提出，这一模型展示了构成素质的核心要素或指标，阐述了各要素之间可被观察和衡量的特点。素质的核心要素由内至外分别是个性/动机、自我形象与价值观、态度、知识及技能等。洋葱模型与冰山模型从本质上讲是一致的。共同点在于两者皆围绕基本素质或核心素质展开，相异之处在于洋葱模型要比冰山模型更能够区分潜在素质与显现素质之间的层次关系。

鉴于洋葱模型理论与冰山模型理论二者在本质上是相同的，但从核心素质的层次显现上也有些差异，本书所要构建的高校辅导员胜任力模型主要以冰山模型为理论指导，并在其理论框架内进行构建。

第二节　高校辅导员胜任力模型

国内一些学者近年来对高校辅导员的素质结构模型从知识结构和能力结构两方面做出了探索。表 3-1 是一些学者的代表性观点。

表 3-1　高校辅导员素质模型研究关于知识结构和能力结构代表性观点

学者	知识结构	能力结构
王文华	基础知识、应用知识、本体知识及其他相关学科知识和背景学科知识	语言文字表达与信息获取能力（理论灌输、演讲鼓励、心理咨询、职业指导、处理各种矛盾）、组织协调能力、调查研究能力、创造能力
单慧慧	思想政治教育学的知识辅导员专业的辅助知识	教育能力、组织协调能力、调查研究能力和沟通能力
陈建文、汪祝华	政策性知识：思政知识、法律知识、党团知识； 专业知识：心理知识、教育知识、管理知识	一般能力：观察、思维、学习、有主见； 专业技能：心理辅导、就业指导、工作执行力、写作能力； 人际沟通能力：移情体谅、口头表达、沟通说服、组织协调、指挥调度、激励学生、应变能力

续表

学者	知识结构	能力结构
梁慧超	思想政治教育学、管理学、心理学	教育能力、组织协调能力、信息表达能力、创造能力
彭庆红	专业知识素质：思想政治教育专业知识、科学研究能力、创新能力、法律素质、身体素质、综合性知识； 思想政治素质：道德素质、政治素质和思想素质	管理能力素质：主要由组织管理能力、表达能力、沟通能力、分析判断能力、自我控制能力、应变能力及心理素质构成
祁明、江网波	基础性知识、思想政治教育学知识（党史、党的理论、党员制度、学生工作实务、政策文件等）、教力学知识和管理学知识	交流能力、应变能力、思维能力和学习能力
陈华、江泗波	基础知识、专业知识（思想政治教育、教育学及管理学等相关学科知识）和专项知识（有赖于专门学科知识的工作领域，如心理健康咨询、职业发展咨询等）	思维能力、学习能力、人际交流能力、应变能力、学习管理能力、协调能力、团队协作能力、跨文化交流能力、团队建设能力、理论研究能力、重大事件处置能力

国内学术界在高校辅导员队伍领域运用胜任力理论相对于其他人力资源管理的领域开始时间相对较晚。统观国内有关辅导员胜任力的研究，研究数量一直在不断增长，研究热点主要在三个方面，分别是：胜任力维度的划分、胜任力理论的运用和胜任力模型的构建。通过对知网进行文献搜索，以“辅导员胜任力”为关键词进行全文搜索：期刊和博硕士论文近 20 年来呈明显上升趋势，从 2004 年的 2 篇上升到 2006 年的 17 篇，2013 年的 162 篇，再到 2022 年的 755 篇呈现密集增多趋势。

顾倩印研究指出大学辅导员的胜任力由 12 个维度组成，分别是：思想道德修养水平、原则性、言语表达能力、沟通能力、理解尊重学生程度、观察能力、应变能力、职业忠诚感、个人魅力、参与能力、心理辅导能力和创新能力。同时还指出像性别、学历和年龄等个人因素也会对辅导员的胜任力产生影响。

张丽瑛专门研究了带班辅导员的胜任力特征，认为能够对绩效是否优秀做出区分的特征从高到低的排序为：引导与影响、人际洞察力、学生需求导向、分析式思维、主动性、信息搜集、培养他人。郝英杰威在借鉴高校辅导员胜任力的有关简化模型的基础上，运用量化研究的方法，在调查分析的基础上从素质、能力、人格魅力等方面形成了高校辅导员胜任力的 13 个胜任因子，并指出在辅导员量化考核中人格魅力的权重最大，能力、素质的考核权重最小。

韩英通过分析 100 份调查问卷、访谈 25 名高校辅导员，得出高校辅导员通

用胜任力的胜任特征群有 6 个，分别是：管理特征、个性特征、心理管理、学生意识、政治意识和文化认同，其中管理特征包括沟通能力、组织协调、执行力和信息分析 4 个二级指标；学生意识包括关爱学生、促进学生发展；心理管理包括自我控制、观察力和心理辅导 3 个二级指标，为高校绩效管理、辅导员选聘提供了值得参考的胜任力模型。

邵凤雨以人力资源管理的基本过程为依据，结合高校中辅导员不可替代的作用，分别通过问卷调查、专家论证等方式得出结论，认为高校辅导员的胜任力包括工作态度、工作能力、价值观和个人魅力四个维度，并把这四个维度细分成 18 个子项目，它们一起组成高校辅导员稳定的个人特质结构，同时这四个维度在高校人力资源管理领域体现的是同一个因素绩效水平。

吴喜涛对广东省某高校的 11 名优秀辅导员进行 BEI 事件访谈，采用自上而下的思路，从原始访谈资料中归纳出有价值的要素，得到 6 个辅导员胜任力核心维度，分别为政治素养、个性特质、认知能力、遵纪自律能力、人际关系和组织管理能力。杨继平通过研究发现，大学辅导员的胜任力由 12 个维度和 48 个项目组成，其中 12 个维度为思想道德修养、个人魅力、沟通能力、参与能力、言语表达能力、观察能力、应变能力、理解尊重学生、心理辅导能力、职业忠诚感、原则性和创新能力。张光权发现理工类高校高绩效者和一般者在胜任特征方面出现的频次有差异，12 项差异显著的特征包括责任感、学习能力、个人魅力、沟通能力、言语表达能力、理解和尊重学生、人际洞察能力、关爱学生、职业忠诚感和创新能力等。

张放研究指出，高校辅导员的胜任力结构包含道德品质胜任力、心理品质胜任力、组织管理胜任力、关系管理胜任力、决策管理胜任力和成就管理胜任力 6 个维度。组织管理胜任力包含观察分析能力和组织管理能力两个指标；决策管理胜任力由应变决策能力和学习创新能力构成；关系管理胜任力分为理解和尊重学生、沟通协调能力和沟通表达能力三个指标；成就管理胜任力包括学生生涯规划和心理辅导能力两部分；道德品质胜任力的两个衡量指标是思想道德修养和职业认同感；一般心理品质和职业心理品质共同构成辅导员的心理品质胜任力。

尉庆国认为高校辅导员的胜任力包含 6 个维度，即：认知特征、个人效能特征、管理特征、影响特征、服务特征和成就特征，每个维度又包括了若干项胜任力要素，合计 27 项。

综上可以看出，构建辅导员素质的结构和模型已成为当前我国高校辅导员研究的主要方向和趋势，但上述研究成果对辅导员胜任特征的概念界定差异不大，模型构建采用方法较多，很多是归纳总结，采用实证研究并进行验证分析的相对较少，在调查研究中采用科学规范的研究方法和采用相关的胜任力理论模型分析高校辅导员胜任特征的成分不够，富有代表性的成果有限，其对高校辅导员胜任力模型构建的结果的普适推广意义和通用价值有限。对辅导员相关的专业知识和技能等胜任要素或特征的专属性的提炼和总结不够，要从理论思辨型向实用型转变，需要深入研究模型结构内容的科学性和实效性评价。

此外，对高校辅导员这一特定群体的研究深度还有待挖掘，研究方法不够科学规范，在已有的研究文献里，对于高校辅导员的胜任模型的构建，在访谈样本对象的选择上哪些是高绩效优秀组、哪些是绩效一般组，其选择和测量标准、构成要素等也不够清晰。另外，由于此前研究所选择样本的数量和高校取样数量不够，从统计学意义上来看，高绩效优秀辅导员的选择可能不够代表性，也会影响到模型的构建信度。

第三节　高校辅导员胜任力评价概述

国内研究者也编制了一些相应的测评工具。如苏文明构建的辅导员胜任力模型是根据自编的辅导员绩效自陈量表效标，以任务绩效、人际促进、工作奉献及适应绩效四个维度开发了《基于高校辅导员胜任特征模型公文筐测验题本》。

顾倩、杨继平依据调查自编了《大学辅导员胜任力问卷》（自陈部分）、《大学辅导员胜任力问卷》（理想部分）和《大学辅导员胜任力问卷》（评定部分）。

陈岩松编制了《辅导员胜任力测验》，构造了一套评价指标体系，并采用模糊综合评价法来评价高校辅导员的绩效。

国内学者开展的关于高校辅导员胜任力的研究，从 1999 年以来，大多数都停留在如何加强关于辅导员各方面的工作的重要性认识这一方面。2000 年以后，深化了高校辅导员的问题研究，涉及辅导员的选拔、管理等问题。希里通过科学的选拔、管理辅导员来促进对大学生的管理，提升大学生的素质和能

力。以 2005 年为明显的时间节点划分，对辅导员胜任力的研究开始逐步深入，数量逐渐多了起来并呈现密集的趋势。

可以说国内已经存在的关于高校辅导员的胜任力模型的构建及应用两方面的研究为本书提供一些思路和基础依据，不过还存在辅导员队伍建设和高等教育新形势视野上的变化诸多问题，如教育部 2014 年上半年公布的辅导员职业能力标准并没有充分反映出来；另外，对当前高校辅导员胜任力现状和特点的研究尤其以北京高校为例的研究不多、不够深入，没有根据现实需要得出最新的高校辅导员胜任力模型，对当前高校辅导员胜任力研究整体重视程度远远不够，特别是针对高校辅导员胜任力的有关研究成果还没有更多运用到高校的辅导员队伍的管理之中，无论是理论研究还是实践研究都有待进一步充实提高。

在今后的研究方法上，对高校辅导员胜任力的研究应当注意测评对象与测评方法的统、如以往单一针对辅导员的测评较多，往往忽视甚至缺失了高校辅导员教育服务的主体对象——学生的评价和多种测评方法的饱合运用。

第四章 胜任力视阈的高校辅导员职业化的理论基础

无论是辅导员职业化的工作主体还是工作客体，都离不开活生生的人。人，对于研究辅导员职业化具有重要的哲学价值和蕴涵。远在古希腊，普罗泰戈拉、苏格拉底等哲学家就已经提出了“人是万物的尺度”“认识你自己”等人学命题。古今中外，对于人的理论研究从来都没有停止过，马克思主义人学理论更是不断以显性的状态呈现在世人面前，在解释世界和改造世界方面发挥着重要的作用。马克思主义人学是时代的哲学。马克思主义人学研究能够积极回应时代的关键问题，更直观地解读社会主义社会发展的理想价值目标，具有重要的社会意义和时代价值。对应于辅导员职业化显著的实践性特征，马克思主义人学研究成果无疑为其提供了强大的直接化的理论支撑。马克思主义人学是开展辅导员职业化研究的哲学基础。在马克思主义人学理论视阈中，人的全面发展理论关注于培育人的科学素质、文化素质、思想素质和道德素质等素质，关注于人的思想、文化、社会关系和个性能力的充分发展，阐明了社会主义教育的根本目标。“育人为本，德育为先”理论作为加强和改进大学生思想政治教育工作的基本原则，关注于“立德”和“树人”在学校人才培养实践和学生全面发展中的内在统一性，是开展辅导员职业化研究的直接指导。

第一节　马克思主义人学理论

从 20 世纪 80 年代之前的避而不谈，到 20 世纪 80 年代的人道主义讨论和

研究，直至 20 世纪 90 年代的人学理论构建，中国对于马克思主义人学理论的研究不断深入。自 1985 年至 2001 年，我国发表的相关人学文章有 2900 多篇，相关专著 300 多部。马克思主义人学理论针对人的本质、存在和发展的规律进行了科学的总结，对于全面科学理解马克思主义具有重要的基础价值，对于丰富和发展中国特色社会主义理论具有重要的指导价值，对于“人的科学”相关的学科发展也具有哲学世界观和方法论的重要意义。在全面建设有中国特色的社会主义进程中，马克思主义人学理论有助于培养人与社会主义市场经济体制相适应的价值观念，培养人的独立性、自主性，促使个人自由而全面的发展。具体到辅导员的职业化，无论从工作主体辅导员的角度，还是从工作客体大学生的角度，都离不开马克思人学视阈中的“现实的人”，都离不开马克思人学理论的思想指导和价值引领。

一、马克思主义人学理论的基本内容

在对待哲学和人学的关系上，学界的主要理论有三个，第一种是认为哲学包含人学，人学研究只是哲学研究的一个分支，第二种是认为哲学就是人学，第三种是认为哲学在当代的主要形态就是人学。无论是哪种观点，对于古往今来的哲学成果，人学更关注的是以一种人学的视角进行理论分析和实践考察。在人学概念方面，多数学者认为，人学不同于人的科学，后者是研究人的某一侧面而形成的一个学科群，人学则是在综合各门有关人的科学提供的关于人的知识的基础上，对完整的人进行综合研究，并提升出关于完整的人的本质、存在和发展规律的一般理论。

20 世纪 80 年代以来，马克思主义人学作为一门新兴学科，不断总结历史上关于人的问题的研究成果、经验和教训，深刻认识到对人的理解和对社会、历史、文化、哲学和科学的理解是不能够割裂的，关注于对人的完整性的研究。在中国当代的社会实践中，“以人为本”观念深入人心，关注人、尊重人和塑造人的马克思主义人学思潮风起云涌，在思想政治教育，特别是大学生思想政治教育工作中发挥着重要的哲学世界观的作用。在教科书中和人们的惯性认识中，马克思主义思想体系主要包括马克思主义哲学、政治经济学和科学社会主义三个组成部分，马克思的人学研究并没有形成独立的理论体系。但是，在马克思的主要著述和深层次的理论结构中，人学理论体系已经成为了研究的前提。马克思主义人学，用马克思的话来说，是“研究在实践基础上人的本质及其自我实现的历史的科学”。

马克思对于人的认识一直是其进行社会、历史研究的基本前提。从马克思的种种论述中，可以看出马克思一直是在“关系”中进行人的研究。在研究人和自然的关系的基础上，马克思进一步论述了人和劳动的关系，明确指出自由自觉的劳动体现了人的本质力量，并使人的本质力量外化于自然，这一部分的内容构成了马克思人学的本体论。在现实社会中，人的劳动不是孤立的，而是在丰富的社会关系中展开。因此，按照内在的逻辑联系，研究人和社会的关系也成为马克思人学理论关于社会观的重要内容。马克思认为，人的本质就其现实性是一切社会关系的总和。从人和社会的关系出发，马克思进一步阐释了马克思人学的历史观。“人既是历史的前提，又是历史的结果，既是剧作者，又是剧中人，历史是人的真正的自然史，是自然界生成为人这一过程的一个现实部分，是人的活动创造的产物，因而社会历史规律也即人的活动的规律”。

马克思人学一直强调从“人的角度”来分析理解有关人的问题，并能够透过“物”的表象，不断揭示其背后的“人”的本质规律。比如在理解共产主义社会的实现条件时，马克思强调其前提条件就是每个人的自由而全面的发展。在资本主义的生产关系中揭示出资本家剥削工人剩余价值的关系。

因此，从马克思的思想体系中，我们可以看出，除研究自然界的自然观、研究社会发展的社会观、研究经济关系的政治经济学、研究历史的历史观及研究人类社会发展前途的科学社会主义之外，马克思人学思想占据着非常重要的位置，并成为全面科学理解马克思主义的重要基础和分析视角。

二、马克思主义人学理论的理论价值

马克思主义人学理论如同散落在马克思诸多著述中的颗颗珍珠，当将它们串联起来之后，就将发出夺目的光辉。

首先，马克思主义人学理论对于全面科学理解马克思主义思想具有重要的基础价值。可以说，如果忽略了甚至排斥了马克思主义人学理论的重要影响，那么对于马克思主义思想的科学内涵的把握就会出现偏差甚至背离。马克思指出，“全部人类历史的第一个前提无疑是有生命力的个人的存在……任何历史记载都应当从这些自然基础以及它们在历史进程中由于人们的活动而发生的变更

出发。我们首先应当确定一切人类生活的第一个前提，也就是一切历史的第一个前提，这个前提是：人们为了能够‘创造历史'，必须能够生活”。马克思正是基于对于人的本质的科学认识和探索，通过对于人的实际活动发展的研究，才发现了人类社会历史发展的一般规律，即唯物史观。

其次，马克思主义人学理论对于丰富和发展中国特色社会主义理论具有重要的指导价值。中国特色社会主义理论是马克思主义中国化的理论成果，是指导中国社会建设和发展的指导思想。而在当代中国社会的建设和发展过程中，在市场经济转型期和国际形势复杂多变的形势下，利益关系不断调整，很多表面是“物”的问题从深层次来说都是人的问题。人的生存和发展、人的价值实现、人性的充实丰富都深刻关系着当代中国的可持续发展。因此，中国特色社会主义理论一脉相承，重视人的生存和发展，并将“以人为本”作为施政的重要核心。马克思人学理论已经成为中国特色社会主义理论创新发展的理论源泉。

同时，马克思主义人学理论对于关于“人的科学”的学科发展也有着哲学世界观和方法论的重要意义。在人学兴起发展的过程中，关于人的各种具体的科学首先得到发展并且积累了比较丰富的实证知识。然而，这种具体的科学只是从人的不同侧面对人进行研究，如心理学、伦理学和人类学等，人的完整性变得支离破碎。随着近代哲学的发展，从文艺复兴时期的人的发现，到现代西方哲学逐渐回归人的世界，人逐渐从自然、社会和宗教等的依附和从属关系中脱离出来，成为自觉的主体，人学也日益成为研究的前沿。在当今时代，人在历史发展中的主体地位越来越突出，而把人作为统一的完整的研究对象的呼声也是越来越高。在现代的中国，马克思主义人学理论作为研究人的完整性的学说，作为研究人的本质、生存和发展的学说，克服并超越“人的科学”的片面研究的制约和限制，并为各种具体的“人的科学”的发展提供了新的理论基础。

三、马克思主义人学理论的现实意义

人学是时代的呼声和产物。从关于“人是什么”的追问和反思开始，古往今来的哲学家一直在探索着人的本质、存在和发展。在众多的哲学流派中，作为科学理论的马克思主义人学为解决与人有关的重大理论和现实问题，提供了科学的理论基础和方法论。

中国的马克思主义人学研究不仅仅重视理论上的解读论证，更重视在实践上理解人、塑造人和发展人。人学研究的实践特性和时代回应客观上体现了我国改革开放时期的时代精神，人的价值在国家政策层面得到了充分的肯定。2001年江泽民同志在“七一”讲话中，将“人的全面发展”作为建设中国特色社会主义的本质要求和重要目标。2003年胡锦涛同志在党的十六届三中全会上提出了“以人为本”的重要命题，将人民的利益作为科学发展的出发点和立足点。

在现代中国的社会主义经济运行和发展过程中，发展生产力是永恒的话题。马克思主义理论认为，通过个人的全面而充分的发展，从而以个人的方式推动生产力的发展，是发展社会生产力的基本方式之一。科学理解马克思主义人学理论，对于人的全面发展和社会生产力的发展均具有重要的现实意义。

在建设中国特色社会主义的历史进程中，人民群众是国家的主人，人的主体性的发挥、潜能的发展和价值的实现，不仅仅关乎社会的物质财富创造，更关乎社会的精神财富创造。当今中国，人的本质、生存和发展状态，既是马克思人学研究的对象，也是社会主义社会时代特征的重要体现。在社会主义现代化建设时期，特别是在社会转型、利益矛盾凸显的时期，更要深入领会马克思主义人学理论的重要意义，培养人与社会主义市场经济体制相适应的价值观念，培养人的独立性、自主性，促使个人自由而全面的发展，从而为社会主义和谐社会的建立打造良好的社会基础，营造和谐的文化氛围。

第二节　人的全面发展理论

人的全面发展理论在马克思主义人学理论和中国教育实践中占据重要地位。马克思、恩格斯曾在大量著作中对于人的全面发展命题做出重要论述。人的全面发展理论对于我国教育实现“面向现代化、面向世界、面向未来”的战略指导方针具有重大指导意义。人的全面发展在现阶段就是人的现代化。实现人的现代化过程，实质上就是实现人的全面发展过程，这一过程，是与我国的社会主义现代化建设相一致的，是社会主义现代化的重要组成部分。作为社会主义教育的根本目标，“人的全面发展”以培育人的科学素质、文化素质、思想素质、道德素质等素质为载体，以人的思想、文化、社会关系和个性能力的充分发展为表现。具体到辅导员职业化，其发展的根源和动力正是大学生全面发展的需要。

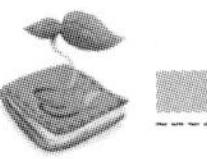

一、人的全面发展是马克思主义的重要命题

人的全面发展是马克思主义科学社会主义理论中的重要命题。马克思、恩格斯在《德意志意识形态》等著述中论述了人的全面而自由的发展，并提出“人以一种全面的方式，也就是说，作为一个完整的人，占有自己的全面的本质”。“代替那存在着阶级和阶级对立的资产阶级旧社会的，将是这样一个联合体，在那里，每个人的自由发展是一切人的自由发展的条件”。

在马克思主义理论中，人的全面发展首先意味着个人劳动能力的充分发展。劳动作为人的本质力量的确证，在改造自然的同时，也在改造劳动者本身，使劳动者产生新的观念、新的需要，锻炼出新的品质。其次，人的全面发展意味着人的社会关系的丰富。人的社会关系即人的现实关系和观念关系，人的物质关系、法律关系、政治关系、道德关系和文化关系等充分体现了人的本质特征，即“人的本质不是单个人所固有的抽象物，在其现实性上，它是一切社会关系的总和”。最后，人的全面发展意味着人的需要的充分满足和人的能力的全面发展。人不仅能够在人与社会、人与自然的关系中体现他的全面自由发展，同时能够将这种对于社会和自然的外部自由转化为人的主体自由，人可以充分发挥自己的潜能和个性，从而达到自由发展的最高境界。在科学社会主义理论中，人的全面发展是共产主义社会的基本特征。

人的全面发展是一个历史的实践过程。在人类社会的不同历史发展阶段，对于人的全面发展都赋予了不同的阶段性内涵。《周礼》记载的六艺，即礼、乐、射、御、书、数，正是从全面发展的角度提出的教育要求。人的全面发展也是一个不断超越的过程，是理想和现实的统一。一方面，人的全面发展的诉求在社会中不断实现；另一方面，随着社会的发展，人的全面发展的诉求也在不断变化。正是在这种互动的关系中，社会在向共产主义社会形态迈进，而人的全面发展得以更加丰富和深刻地展开。

二、人的全面发展是社会主义教育的根本目标

按照马克思主义基本理论，根据社会主义社会的发展目标和根本任务，社会主义教育始终将促进“人的全面发展”作为根本目标。2005 年 1 月，胡锦涛同志在全国加强和改进大学生思想政治教育工作会议讲话中指出：“培养什么

人、如何培养人，是我国社会主义教育事业发展中必须解决好的根本问题。正确认识和切实解决好这个问题，事关党和国家的长治久安，事关中华民族的前途命运。”社会主义教育作为有目的的社会实践活动，其根本目标就是通过培育人的科学素质、文化素质、思想素质和道德素质等素质，通过人的思想、文化、社会关系和个性能力的充分发展，推动“人的全面发展”的具体落实。

社会主义大学作为社会主义教育事业的中坚力量，在为社会主义事业培养合格建设者和可靠接班人方面发挥着不可替代的作用。而只有坚持全面发展的社会主义人才培养目标，才能够充分实现社会主义大学的本质要求。社会主义大学“全面发展”的育人目标客观上要求教育引导大学生能够正确认识个人发展和社会发展的统一，帮助大学生充分理解“全面发展”不是以个人为中心的发展，而是与社会发展互相依存、共生共荣的发展；教育引导大学生树立正确的价值取向，自觉抵制拜金主义、享乐主义和极端个人主义的不良倾向，正确处理追求物质利益和丰富精神生活的辩证关系：教育引导大学生在充分发挥主体性的同时，自觉克服发展过程出现的片面倾向，不断实现从自发发展向自觉发展的转化。

三、人的全面发展是辅导员职业化的发展依据

从辅导员职业发展的历程及辅导员的工作定位和职能的转换中，辅导员职业化已经成为辅导员队伍建设的发展趋势和思想政治教育学科的前沿课题，然而，真正推动辅导员职业化发展的力量来自实践的需要，来自大学生德育工作的需要，来自大学生全面发展的需要。从根本意义上讲，辅导员职业化是实现社会主义大学“全面发展”育人目标的客观要求，促进大学生的“全面发展”正是发展辅导员职业化的逻辑前提。

人的全面发展，既包含智力因素，也包含非智力因素的全面发展。然而在高考、教育体制等因素的影响下，片面追求智育教育、忽视德育教育的情况普遍存在，甚至许多高校教育者和大学生本身，也没有对德育工作的价值予以充分的认识和肯定。如果说在改革开放初期，“学好数理化，走遍天下都不怕”还有其现实的社会基础，毕竟那时候人才匮乏是不争的事实，那么时至今日，在全球化和信息化的时代背景下，在知识不断更新、竞争日益激烈的社会条件下，大学生的全面发展正是凝练和提高核心竞争力的基础。而在大学生的全面发展

过程中，德育因素发挥着重要的价值引领、精神支持的作用。大学生的德育素养可以帮助个体最大程度地发挥潜能，消除思想困惑，解决实际困扰，充分地释放个体的聪明才智，充分调动个体的有机要素并使其紧密配合，使得科学文化素质、思想政治素质、道德文化素质、个性心理素质能够协同发展，共同构建个体良好的知识结构与素质结构。在智力因素和非智力因素的教育分工中，高校具有明确的工作体制和基本要求。智育教育一般是在课堂教学中进行，是显性的课程；而非智育教育主要包括社会实践教育、班团建设教育、党支部活动教育、学习发展教育、心理健康教育和职业发展教育等，是隐性的课程。隐性课程对于大学生全面发展的意义虽然重大，但是由于各方面的影响，高校隐性课程普遍缺乏专业性的学科支撑。对于隐性课程这样一个外延较大的领域，一般是由辅导员统筹管理，在具体工作的层面上，更多的是呈现事务型而非专业型。面对辅导员的应然状态和实际境遇之间的矛盾，辅导员职业化发展可以说是破解的金钥匙。而以大学生的全面发展理论为指导，以促进大学生的全面发展为准绳，将是辅导员职业化发展的理论依据和实践标准。

第三节　“育人为本，德育为先”思想

“育人为本，德育为先”是党和国家一直贯彻的教育思想。1936 年，毛泽东同志就已经将“坚定正确的政治方向”确定为中国抗日军政大学的教育方针。1978 年 7 月，邓小平提出“学校应该永远把坚定正确的政治方向放在第一位”。

1989 年，江泽民在庆祝中华人民共和国成立 40 周年讲话中，指出“各级各类学校不仅要建立完备的文化知识传授体系，而且要把德育放在首位，确立正确的政治方向”。2006 年 8 月 29 日，在中共中央政治局第三十四次集体学习会上，胡锦涛同志明确提出素质教育的核心问题，指出教育的根本任务就是“育人为本，德育为先”。“育人为本，德育为先”既是加强和改进大学生思想政治教育的基本原则，也是辅导员职业化发展的价值依托。

一、高校教育的根本任务——立德树人

“育人为本，德育为先”是加强和改进大学生思想政治教育的基本原则。其中，育人体现了学校教育的本质功能，而德育则体现了育人功能的核心。大学

的基本职能是人才培养、教学科研、社会服务和文化传承。其中，人才培养是教育的根本目标，学校的各项工作都要紧紧围绕人才培养展开。专职教师在教书的同时，传授的不仅仅是知识，更是师德品格的展示；其他管理岗位、教辅岗位、服务岗位的教育领域工作者也在各自的工作领域中开展具有独特个性和独特方式的教育影响活动。因此，在高校工作系统中，人才培养，人人有责。只有构建全方位的教育、管理和服务体系，使高校的各种教育影响力量发挥积极的同向作用，才能够为高校的人才培养、大学生的全面发展提供工作体制上的重要保障。

“立德”“树人”作为高等教育根本任务不可偏废的两个方面，具有内在的统一性，统一于学校人才培养的具体实践中、统一于学生全面发展的成长过程中。其中，“立德”是“树人”的必然要求，“树人”是“立德”的根本目标。德育教育只有融入到人才全面发展的视野中，才能够充分发挥德育在“树人”工作上的主导作用，而高校人才培养只有重视德育工作，才能够充分发掘人才的发展潜能，为社会主义建设培养合格的建设者和可靠的接班人。邓小平指出：“对又红又专要有正确的理解，合理的要求。”“专不等于红，但是红一定要专。不管你搞哪一行，你不专你不懂，你去瞎指挥，损害了人民的利益，耽误了生产建设的发展，就谈不上红。”

二、德育教育在育人过程中的重要功能

高校德育工作或者说高校思想政治教育工作，其基本内涵主要包括思想教育、政治教育、道德教育和心理健康教育。从德育工作的内涵推演德育工作的基本功能，主要体现在以下几个方面。

第一，帮助大学生树立科学的社会理想信念。

高校德育工作要从历史唯物主义出发，按照社会发展的基本规律，根据受教育者的思想状态和主要问题，通过教育引导受教育对象的思想行为符合客观规律，为其成长成才提供社会理想的引领。

第二，帮助大学生塑造良好的个人品格。

个人是否成才，个人的价值是否得到实现，不能够离开社会化的环境和社会化的评价。个人的优秀品格在其自我实现和社会评价过程中发挥着至关重要的作用。德育工作在培养大学生良好的心理品质、高尚的道德情操和合理的价

值准则方面发挥重要功能。

第三，帮助培养大学生的主体性和创造性。

德育工作的载体丰富多样，特别是和社会实践紧密联系的特点使德育工作更能够触动大学生的内心深处，从而有效激发大学生的社会责任感和使命感，增进自身发展的主体性，提升工作开展的创造性。

第四，帮助规范养成良好的行为习惯。

行为养成是一个长期的过程。良好的行为塑造良好的习惯，良好的习惯培养良好的个性。德育教育不仅是思想理论认识方面的答疑解惑，更重视知行统一的教育价值。特别是基层的德育工作在教育指导、监督落实及反馈评价教育对象的过程中发挥着重要的引导和规范作用。

德育工作的基本功能充分体现了德育教育在育人过程中的主导作用。“德育为先”并不意味着对其他教育要素的替代，而是充分认可和特别强调德育工作在人才培养目标方面的规定性，在人才培养过程方面的推动性及在人才培养效果方面的保障性。只有以“德育为先”，德、智、体、美、劳各方面教育要素互相作用、互相制约，才能够形成科学的合力共同促进人才的全面发展。

三、辅导员职业化发展的价值依托

在中国高校的实践中，大学生思想政治教育工作和大学生德育工作具有相同的内涵，已经成为相同的指称。辅导员作为从事大学生日常思想政治教育工作的教师和管理者，承担着大学生德育教育的重要职责。

“育人为本，德育为先”教育思想赋予辅导员职业厚重的历史使命和教育责任。在国际和国内形势深刻变化的时代背景下，面对高校德育教育的现实矛盾和问题，只有实现辅导员的职业化发展、完善辅导员工作体制机制并提高辅导员专业化水平，才能够使辅导员积极适应各方面的形势变化，深入细致了解大学生的发展需求并给予及时有效的教育指导，才能够使辅导员真正成为大学生的人生导师和知心朋友，有力地承担起辅导员的工作职责和使命。“育人为本，德育为先”教育思想已经成为辅导员职业化发展的价值依托。

一方面，“育人为本，德育为先”教育思想是辅导员职业化发展的理论依据之一。“育人为本，德育为先”确认了德育在高校教育和人才培养中的主导地位，客观上要求高校德育工作者加强职业能力建设，推进职业化发展。虽然德育工作在高校人才培养中发挥着重要的作用，但是由于多方面的原因，德育工作的现实发展面临着严峻的挑战。其中，制约高校德育工作健康持续发展的一个关键要素就是辅导员队伍建设的问题。辅导员队伍建设经历了社会主义革命和建设时期的发展历程，伴随着高校思想政治教育工作的不断推进，虽然积累了丰富的理论发展和实践探索的宝贵财富，但也出现了队伍建设发展路径上的一些分歧。《关于进一步加强和改进大学生思想政治教育的意见》（以下简称《16 号令》）在总结历史经验的前提下，根据国家教育战略和方针的基本要求，从人才培养和民族复兴的战略角度，将大学生思想政治教育工作提升到战略地位，明确了辅导员职业化的发展路径，解决了辅导员队伍建设的方向问题，为辅导员专业化和职业化发展奠定了政策基础。

另一方面，“育人为本，德育为先”教育思想是辅导员职业化发展的实践指南。在“育人为本，德育为先”教育思想的指导下，辅导员职业化发展不仅在认识层面达成了普遍的共识，在高校实践中也出现了很多具有代表性的做法和模式。这些措施，一方面极大鼓舞了辅导员群体的职业发展动力和工作积极性；另一方面也积累了相当多的高校德育工作创新素材。可以说，在高校德育工作领域，呈现了发现问题—探索研究—提升能力的良性工作循环，辅导员职业化发展在“育人为本，德育为先”教育思想指导下，在《16 号令》的政策鼓舞和激励下，进入了良性发展的轨道。

辅导员职业化的科学发展，不能够离开“德育为先”，“德育为先”为其提供了发展动力和价值旨归，也不能够离开“育人为本”，德育的全部目的和价值归宿在于促进学生的全面发展。如果偏离了“育人为本”的目标，那么德育就缺失了发挥主导性的对象，主导性也就无从谈起。在辅导员职业化的发展进程中，既要强调德育工作的意义和价值，也要强调德育工作与其他教育工作的密切配合，将德育的引领、塑造、培养和规范等功能和智育等其他育人工作有机结合，坚持“育人为本，德育为先”，才能真正实现大学生的全面发展。

第五章 基于胜任力的高校辅导员职业化解析

在复杂多变的国际国内形势下，思想政治教育工作日益综合化和复杂化，单一的学科理论和方法很难解决复杂的思想政治教育工作问题和难题。在自然科学和社会科学互相交叉渗透的学科发展趋势下，交叉学科的研究视野逐渐成为思想政治教育学科的新的成长点，也是开展辅导员职业化研究的重要视角。辅导员作为高等学校教师队伍和管理队伍的重要组成部分，具有教师和干部的双重身份。辅导员的双重身份并不是简单的职业标签，而是进行辅导员职业化发展分析的重要逻辑起点之一。辅导员专业性不强是制约辅导员职业发展的软肋，而专业性的提升首先需要对专业要素进行合理的界定。本章通过对教育学学科的教师专业化及教师专业要素理论的解析，根据辅导员的具体情况，逐步明确辅导员职业化所需要具备的专业要素，为辅导员的专业能力发展划定版图。辅导员素质建设是辅导员职业化的基础。传统的辅导员素质理论内容全面却缺乏针对性，具有普遍指导意义却缺乏情境适应性。本章在系统描述辅导员素质的基础上，通过对管理学学科的管理者职业化及胜任素质模型理论的解析，模拟描述辅导员的胜任素质模型，进一步提高辅导员素质理论的针对性和适应性。无论是辅导员的专业要素分析，抑或是辅导员的胜任素质模型描述，均旨在发现影响辅导员职业化进程的关键要素和主要问题。

第一节　交叉学科的理论方法

人们在对某一客体进行研究时，经常会运用不同学科的知识、思想、方法和手段，而逐渐形成一门前所未有的新学科，这种新学科就是“交叉学科”。当代自然科学迅速向社会科学渗透，传统意义上自然科学定量研究的方法也出现在新型的社会科学研究中，学科之间渗透交融的状态日益普遍，交叉学科的研究理念和方法日益得到推广。

交叉学科的研究方法在现代科学发展研究领域中具有重要意义。《国家中长期科学和技术发展规划纲要（2006—2020 年）》指出多学科的交叉渗透正在不断创造新的知识领域，成为科学突破性发展的重要动力，需要给予高度的关注。伴随着全球化的发展趋势和现代化的构建，现代社会中的重大问题常常呈现复杂综合的形态，单凭一个学科的力量很难科学地进行描述阐释和有效地解决问题。

大学生思想政治教育研究作为社会科学的一个分支领域，其研究对象和问题都带着极大的综合性质，具有相当复杂的形态，客观上要求使用多学科交叉研究的理论和方法进行研究。思想政治教育学界的专家学者也明确指出交叉研究对于学科发展的重要意义。《现代思想政治教育学》一书指出：“科学发展到今天，既深度分化，又高度综合，这一学科发展的客观趋势表明，任何一门现代科学（包括现代社会科学）都是在综合应用多学科知识基础上发展起来的横向学科。”冯刚指出：“学科的交叉融合，是学科发展成熟到一定程度后的必然要求和表现，只有以不同学科的视角来审视本学科的发展，本学科才能不断获得新的生长点，这是学科发展的客观规律。而且，学科的交叉融合、不同思想理论之间的相互借鉴与相互渗透，也是促进学科发展、推进理论创新的必由之路。”骆郁廷指出：“德育问题的多维性、多样性和单一学科的独特性、专门性，产生了巨大的差距和矛盾。单一学科难以解决复杂多维的德育问题，解决客观存在的复杂多维的德育问题往往需要多学科、跨学科的共同合作，需要不同学科之间的相互交叉与融合。唯此，才能集众多学科之长解多维德育问题之难，满足高校德育创新之需。”

一、辅导员职业化发展的需要

创新是高校思想政治教育工作发展的动力之源。辅导员职业化作为高校思想政治教育工作的重要课题，需要遵循创新的基本规律，积极吸纳多学科的研究成果，将交叉学科的研究方法作为创新的科学方法论。虽然说无论在自然科学还是社会科学领域，交叉学科的蓬勃发展已经成为显性的重要特征，但是从交叉学科的角度解析大学生思想政治教育的研究在国内还属于起步阶段。

目前国际环境复杂多变，国内经济转型调整，利益格局深刻变化，大学生思想政治教育工作承载了更多的社会期待。传统的大学生思想政治教育理念、方法、手段客观上需要不断创新。而遵循科学发展规律，借鉴共享其他学科的研究成果，是增强大学生思想政治教育生命力、创造力的重要源泉，也是发现思想政治教育学科生长点的重要渠道。辅导员职业化发展一方面要立足于思想政治教育的基本理论和方法，另一方面也要根据科学发展的规律和要求不断创新，交叉学科的研究方法在现阶段呈现了突出的意义和价值。在应用交叉学科研究方法研究辅导员职业化发展的过程中，需要将立足思想政治教育学科和借鉴多学科理论成果相结合，需要将理论分析与解决实践问题相结合，更需要以问题意识为导向拓展和深化辅导员职业化发展研究。

第一，立足思想政治教育，借鉴多学科成果。

以交叉学科为研究方法开展辅导员职业化发展研究，必须要处理好“立足”和“借鉴”的辩证关系。辅导员职业化发展问题作为思想政治教育学科的特定研究问题，具有特定的内涵和外延。辅导员职业化发展研究是在如何促进大学生思想政治教育工作科学有效开展的维度上展开的分析研究，是为了探索新时期思想政治教育工作规律和方法进行的分析研究，是为了提高辅导员队伍日常思想政治教育管理水平的分析研究。辅导员职业化发展研究无论借鉴何种学科的理论、方法或技术手段，归根到底都是要为大学生思想政治教育工作服务，绝对不能“种别人的田，荒了自己的地”，要正确处理好“立足”和“借鉴”的辩证关系，以“立足”为根本，凭“借鉴”求创新。

作为新兴学科，思想政治教育学科的建设发展工作非常艰巨，甚至在其他学科中还存在着该学科“非学术化”“意识形态化”的偏见误解，但是面对着复杂多变的国际国内形势，面对亟须解决的大学生发展诸多问题，从事大学生思

想政治教育理论和实践活动的工作者更多的是要树立学科意识和学科自信。冯刚指出:“思想政治教育队伍的学科意识和学科自信是事关思想政治教育学科创新发展的一个关键性问题，要不断提升思想政治教育队伍的学科自信。”从事辅导员职业化发展研究，特别是以交叉学科的研究方法研究辅导员的职业化发展，更需要有这样的学科自信。只有这样才能够更加从容、更加合理地借鉴其他相关学科的研究成果，更好地服务于大学生的全面发展。

第二，理论与实践相结合，科学开展交叉研究。

思想政治教育学科的理论基础是马克思主义。只有以马克思主义科学体系为指导，坚持马克思主义科学体系与时俱进的理论品质，才能够保障思想政治教育学科的科学健康发展。理论与实践相结合作为马克思主义科学体系中认识论的重要原则，在思想政治教育的具体领域研究中，发挥着重要的指导作用。

思想政治教育学科是综合性很强的应用学科，在学科内部，大学生日常思想政治教育工作及与其密切相关的辅导员职业化发展问题更是体现着鲜明的实践性特征。然而，在现实生活中，大学生日常思想政治教育工作经常呈现着经验性的总结状态，那就是，辅导员对于大学生中普遍存在的问题有一定的认识和了解，但对于问题的本质分析得不透彻，对于问题的规律不能够全面科学地认知。其重要原因就是辅导员工作的实践性要求解构了辅导员工作的理论性要求，纷繁琐碎的事务性工作消耗了辅导员的大部分工作时间和工作精力，再加上辅导员学科背景差异、辅导员职业化发展路径不明确等因素的影响，辅导员在大学生日常思想政治教育工作中很难将理论和实践有机结合，对经验进行总结验证和理论提升。

以交叉学科的视野创新性地开展辅导员职业化研究，必须坚持理论和实践相结合的道路，自觉地避免辅导员职业化研究中的实务化倾向，一切从实际出发，以促进大学生全面发展为根本目标，将交叉学科的理论和大学生日常思想政治教育工作密切结合，借鉴多学科的理论、方法，不断激发辅导员职业化研究中的新思路、新方法，真正做到“他山之石，可以攻玉”。

第三，以问题意识为导向，自觉开展交叉研究。

改革开放以来，马克思主义哲学的发展，从初期关于真理标准、人道主义和异化问题的讨论，一直到现阶段领域哲学的蓬勃兴起，无不彰显了问题意识的导向。时代和发展带来的现实问题，社会和公众对于问题的呼应，客观上要

求当代的社会科学研究要以问题意识为导向，积极回应各种思潮和诉求。无论是理论上的前沿问题，还是实践中的重大问题，都蕴含着科学发展的要素。从问题出发，并不意味着所有大大小小的问题一把抓，不分主次，不论层次。问题意识要求研究者能够运用智慧和理论思维，透过现象把握本质，在众多纷繁复杂的问题中找出重点问题和关键问题，从而形成一系列的理论和实践问题的突破。

马克思曾经说过："问题就是公开的、无畏的、左右一切个人的时代声音。问题就是时代的口号，是他表现自己精神状态的最实际的呼声。"现阶段，大学生思想政治教育状况不容乐观，思想政治教育工作的队伍建设也有待进一步加强。而在大学生思想政治教育工作队伍建设中，辅导员队伍建设更是机遇和挑战并存。虽然在国家政策、学科建设和职业发展等方面能够普遍认同辅导员职业化发展的基本取向，但是在现实中，辅导员职业化发展仍旧面临着诸多的瓶颈问题。无论是从社会科学研究总体趋势出发，还是从辅导员职业化发展的现实困境出发，辅导员职业化发展研究都要坚持问题意识的基本导向，在发现重要问题、解决关键问题的过程中逐渐改变辅导员职业化发展的现实困境。而在这一过程中，需要自觉运用交叉学科的知识、思想、方法和手段，更好地服务于大学生思想政治教育的创新研究。

第四，以辅导员职业双重身份为起点，开展相关领域的交叉研究。

从辅导员职业发展的历史进行考察，我们可以发现，辅导员双重身份的规定既是历史发展的结果，也是新时期职业发展的一个逻辑起点。辅导员的双重身份既是大学生日常思想政治教育工作的实践需要，同时也标示着辅导员由于专业化程度较低还不能形成独立的职业。在明确辅导员职业化发展目标，确定基本发展思路的情况下，需要审时度势，解决职业化发展中的主要问题和难题。在现阶段，辅导员专业化程度较低极大地制约了辅导员个人能力的提升，也严重地影响着外部对辅导员工作的认可，成为阻碍辅导员职业化发展的瓶颈。

在辅导员专业化发展水平低的现阶段，更多的是要寻求保障性和发展性的因素，为辅导员专业化发展创造良好的环境和条件。辅导员独特的职业身份应该是辅导员专业化充分发展后的必然结果，如果现阶段一味强调辅导员独特的职业身份，只能是欲速则不达。从这个角度思考，辅导员双重身份正是党和国家从大局、从长远出发为辅导员专业化发展做出的政治保障。现阶段的辅导员无论在物质报酬、职称系列还是社会认可、职业发展方面都比以往得到更多的支持和保障，而能够有效推动辅导员职业化进程的其他发展性要素还需要在实践中不断探索。笔者以辅导员教师和管理者的双重身份作为研究的逻辑起点，开展与教育学和管理学的学科交叉研究，正是基于上述思考的一种尝试。

二、教育学中的教师专业化及专业要素理论

在教育学学科领域中，围绕教师专业化已经形成相当的理论成果。本部分将借鉴教育学的教育专业化及专业要素理论，和辅导员具体实践相结合，全面解析辅导员专业化意蕴和辅导员的专业要素。

（一）教师专业化的发展历程

无论中国还是西方国家，教师都是古老的职业。但是从中西方教师的发展历程来考察，教师的专业化建设是在工业文明发展到一定历史阶段才出现的。中国虽然自古以来就有尊师重教的传统，但是纵观中国古代的教师，在“以吏为师”的制度中，只是做官的附庸，教师的社会意义更多地体现于工具价值而不是教师的自身价值。教师作为“传道”的载体，在维护统治阶级利益，传播强化阶级社会等级观念等方面发挥重要作用，从而成就其“天、地、君、亲、师”的崇高地位。无独有偶，在西方中世纪的神学统治下，“僧教一体”的体制使得神父、牧师等宗教词汇成为教师的代名词。在中西方传统中的“以吏为师”“僧教一体”中的兼职教师模式中，不会产生教师专业化发展的内在需求。随着现代社会的发展变迁，特别是“二战”以后对人才培养的需求，使得教育发展和教育质量成为社会各方面关注的焦点，教师专业化得以产生和发展起来。

1966 年《关于教师地位的建议》明确提出：“应把教育工作视为专门的职业，这种职业要求教师经过严格地、持续地学习，获得并保持专门的知识和特别的技术，它是一种公共的业务。”标志着教师专业化运动的正式启动。进入 20 世纪 80 年代，教师专业化研究进入实质性阶段。美国霍姆斯小组于 1986 年、1990 年和 1995 年分别发表《明天的教师》《明日之学校》和《明日之教育学院》报告，彰显了教师专业发展的时代价值，引领专业领域内对于教师专业标准、权利与责任、教师伦理展开深入讨论，推动教师专业化运动在实践层面广泛展开。

（二）教师专业化的内涵演变

教师专业化的内涵在不同的历史发展时期有着不同的表现形式。从 20 世纪中叶开始，初期的教师专业化内涵体现为特质模式，专业群体通过对知识的垄断获取独特的专业地位，通过专业组织的发展履行专业责任。20 世纪 70 年代以来，教师专业化内涵体现为权力模式。在权力模式中，特质模式中的专业知识、专业理想和专业组织等要素都被看做教师专业和其他专业获取权力资源的手段，只有国家政策的支持和法律法规的明确才能保证教师的专业自治，并在与其他专业享有的资源差异中凸显教师的专业特质。20 世纪末，教师专业化内涵体现为环境模式。该模式在认同特质模式和权力模式的主要内容基础上，更加强调立足教师专业的独特性，并在与政治、经济、文化及历史等外部环境要素的互动中进行考察。

在深化认识教师专业化内涵的过程中，教师专业化的发展集中于理智取向、实践—反思取向和生态取向。“理智取向强调‘知识基础’对于教学专业的重要性，而这种知识主要是科学的知识，主张教师通过掌握这些知识提高专业性。而实践反思取向则对知识的理解有很大不同，它将教师的专业性建设基于个人的、实践的知识，教师通过反思，自我理解并实现专业发展。而生态取向则更关注教师专业的社会、政治、经济、文化背景及其相关因素之间的关系。”

（三）教师专业化的发展

伴随着高等教育大众化的发展和学生人数的增加，高等教育和学术专业在教学科研中掌握了更多的社会资源。与高等教育大众化阶段相适应，西方学术专业逐步摆脱了一直以来的宗教、国家及其他外行控制，成为社会上的关键性专业，形成了内部的自治特权。在 20 世纪中期，英美等高等教育强国的学术团体的专业化程度和社会性影响达到了历史新高度。随着高等教育改革逐步推进，教师专业化的危机也逐渐体现出来，具体表现为知识生产中的商业化倾向日益严重；学术专业需要在不断变革的社会和高校环境中寻求发展和突破；需要在日益严峻的高校竞争和日益多样化的学生需求中保持学术专业的特性；需要在不断改革的教师评价体系强化教师的专业主导地位；需要加强学术专业和外部系统要素的互动。

在现代化的语境中，教师专业化的发展和现代性社会的内在冲突更加明显，具体体现为在知识论基础上科学知识对人文知识的压抑，在权力资源分配中行政权力对专业权利的侵占。教师专业化在人文理念缺失、教师专业自主权受到挑战的环境中，专业技能化的趋势明显，教师作为专业群体的独特地位和权威形象受到严重影响。21 世纪初期，在美国甚至出现了教师发展“去专业化”的呼声和趋势。在高等教育质量日益受到质疑的时代，美国政府也对教师教育产生了更多的不信任，相关政策进一步强化了教师发展的“去专业化”倾向。如布什政府颁布的《不让一个孩子掉队》方案中，将那些掌握了学科知识却不具备传统的大学本位教师教育的人看作是准高素质教师。美国前教育部长罗德·佩吉曾明确提出，雇佣教师只需要根据其学科知识的掌握和口头表达能力来进行。

（四）教师专业化的专业要素理论

“综合专业社会学领域内许多学者的意见，作为一个科学术语，专业（profession）被看成一个富有历史、文化含义而又变化的概念，主要指一部分知识含量极高的特殊职业。”“在综合审视代表性学者所关注的成熟专业的标准条款之后，概括提炼出充分成熟专业的六条标准：一个正式的全日制职业；专业组织和伦理法规；知识和教育；服务和社会利益定向；社区的支持和认可；自治。”

陈伟借助韦伯的“理想类型”方法论，从教师专业化研究论域出发，详细阐述了西方大学教师的神圣化特权、西方大学教师的专业化变革、西方学术专业的基层建制和身份模式，并遵循历史和逻辑的统一性，从职业发展、伦理规范、繁衍机制、服务承诺、专业组织、合法化及专业自治七个方面对学术专业的专业要素进行了系统的界定。辅导员群体作为教师群体中的一个学术部落，应该以教师专业化的专业要素理论审视自己，根据自身的实际状况逐步推进专业化建设。

三、管理者职业化及胜任素质模型理论

管理者职业在短短百年的发展历程中，在西方国家已经具备了专业性职业的诸多特征，符合了职业化的基本要求。美国作为管理者职业化的发源地，具有代表性的意义。从美国管理者职业化的演变过程中，我们可以更加深刻地认

识管理者职业化的发展趋势和内涵特征。管理者职业化的进程推动了管理科学的发展，管理科学的知识体系也日益成为管理者职业化的重要保障和前进动力。

（一）管理者职业的发展历史

追溯人类社会的发展历史，会发现管理活动一直都没有停止。即使在社会生产力低下的原始社会，在原始部落和氏族组织中，仍旧存在着管理活动。在组织发展的过程中，管理活动不断深化。如果说在传统的社会组织中，管理者权力来源于血缘、社会身份和财富占有，那么在现代的社会组织中，随着工商业企业和市场经济的发展，社会化大生产需要更加专业化的管理。现代企业所有权和经营权逐渐分离，管理者逐渐从原有的权力来源中脱离出来，以自身特有的专业能力负责日益复杂的企业运作。1841 年美国第一家经理制企业的建立标志着管理者职业的形成。

1841 年，美国西部铁路公司发生两车对撞事故，造成严重人员伤亡。这一事件直接导致西部铁路公司成为世界首家以现代管理为特征的企业。铁路经理人成为专业管理群体，获得了社会的认可。西部铁路公司产生了广泛的示范作用，其他行业更多采用了现代企业管理方式，经理人职业群体规模不断扩大。进入 20 世纪，伴随着经济发展，美国职业经理人发展迅速，职业专业组织不断增加，管理学科得以发展，管理教育日益普及，管理者职业得到迅速发展。

伴随着现代企业制度的迅速发展，企业经营权和所有权日益分离，职业经理人群体迅速成长起来，并在现代化的进程中适应组织发展的需要，逐步走向职业化发展阶段。职业经理人具有专业的教育背景，依靠知识和技能而不是家族和财富获得管理权力，获得较高的物质报酬，拥有较高的社会声望，已经具备了职业化的基本要素。20 世纪 60 年代，美国绝大多数企业采用了经理管理制度，短短 100 多年的发展历程，管理者职业化已经成为主要趋势。

（二）管理者职业化的内涵及特征

管理者职业化是管理者作为一个职业群体，在构建和履行专业标准的过程中，获得社会认可并获得专业地位的动态过程：一方面意味着管理职业本身的管理机制和专业特质得到认可，符合职业化的要求；另一方面也意味着管理者业务素质和管理伦理的不断完善。

在现代企业发展阶段，管理者职业化的主要特征体现在以下四个方面：第一是管理层级制度的出现；第二是职业组织的出现和发展；第三是管理知识的深化和普及；第四是管理者独特的职业地位的形成。如果说管理者层级制度和职业组织是管理者职业化的外在具体表现，管理知识的深化和普及是对管理者职业化的内在要求，那么管理者独特的职业地位的形成就是在内外条件成熟的情况下得到的自我认可和社会认可。

（三）胜任素质模型理论及意义

胜任素质是能够将工作（或组织、文化）中表现优异者和表现平平者区分开来的个人潜在的、深层次的特征，它可以是动机、特质、自我形象、态度或价值观、某领域的知识及认知或行为技能一任何可以被可靠测量或计数的，并且能够显著区分优秀绩效与一般绩效的个体特征。从美国学者麦克利兰在 1973 年提出“胜任素质”以来，胜任素质研究已经成为人力资源管理和职业心理学等领域研究的重要内容。

随着胜任素质研究在商业运作中的成功，在西方管理组织中掀起了胜任素质建模的浪潮，甚至从国家层面也非常重视该项研究的科学价值和实践价值。在英国政府的支持和主导下，英国 MCI 公司通过对胜任素质的研究，制定出 150 种行业和专业的职业绩效标准，建立了统一的职业资格体系。美国领导效率工程以两万名管理者和主管为研究对象展开胜任素质分析，成为公共管理领域中最大的政府研究项目。

国内关于胜任素质的研究开始于 20 世纪 80 年代。现阶段，企业界已经充分认可胜任素质研究在培育职业化管理者过程中的重要价值。管理者胜任素质模型作为管理者职业化的关键环节，对管理者素质的评估和提高管理者职业化的核心问题具有重要意义，并已经成为国内管理学术界研究的热点问题。管理者胜任素质模型测评技术在我国管理领域的应用和影响日益广泛。1987 年，国家第一次采用胜任素质模型测评进行“行政职业能力倾向测验”，对国家公务员的胜任素质进行测评。随着我国市场经济机制的逐步确立和完善及企业经营机制的转换，人才的选拔和考核成为人力资源管理的核心。

第二节　应用教师专业要素理论

辅导员职业化产生发展的现实环境和研究的微观语境都是高等教育与高等学校。教育学作为研究教育发展基本规律的学科必然是本文研究的重要依托。辅导员作为高等学校教师队伍的重要组成部分，其职业化发展需要借鉴教师专业化的理论和方法。在辅导员职业化发展起步阶段，教师专业要素理论具有重要的规范意义和指导价值。

在经济全球化、现代化的时代浪潮中，标准已经成为专业的另一个代名词，辅导员所从事的学生教育管理工作没有得到广泛认可的重要原因之一就是没有科学严谨的专业标准体系。因此，树立标准意识应该成为辅导员群体的普遍共识，通过借鉴教师专业要素理论，结合辅导员队伍建设实际，逐步打造具有中国特色、中国风格、中国气派的辅导员专业化标准，从根本上提升辅导员工作的内在价值，并逐步获得自身的认可、学生的认可、高校的认可及社会的认可。某些高校已经开始尝试标准化管理，如上海海事大学已经将辅导员队伍发展纳入学校 ISO9000 管理体系认证指标体系。

一、辅导员职业化应用教师专业要素理论的基础

（一）辅导员归属教师身份但身份模糊

谈到辅导员，不能够离开高等教育系统，不能够脱离高等教育活动的基本规律。作为教师群体中具有个性特征的一个职业群体，辅导员应该参照教师专业化的发展，借鉴教师的专业化相关理论，推进辅导员的职业化进程。依托国家政策认可的教师身份，辅导员在日常教育实践中履行着教育学生的职能，在教学体系中承担思想政治教育理论课、心理健康课、就业指导课的授课任务。然而在中国高校环境中，辅导员的教师身份不能够得到普遍认同，辅导员的专业能力常常受到质疑。在如此严峻的发展环境中，辅导员职业化需要充分借鉴教师专业化的理论，明确辅导员专业化发展的标准，以专业标准的意识塑造培育职业化辅导员队伍。

（二）辅导员职业化与教师专业化的发展背景相似

西方关于教师专业化的讨论是在西方高等教育进入大众化阶段才开启的，辅导员职业化作为高等教育大众化阶段凸显的重要命题，与教师专业化具有相似的社会教育背景。教师专业化特别是西方教师专业化的发展已经形成了相当的研究成果，在辅导员职业化中接纳吸收教师专业化的理论。一方面，可以从更加开阔的理论视野理解辅导员职业化进程，寻找更加适合中国国情和时代发展的辅导员职业化建设道路；另一方面，通过对教师专业化特别是西方教师专业化过程中已经出现的危机和矛盾的分析，在借鉴的基础上采取适宜的前瞻性措施，有利于更加科学化地构建辅导员职业化的理论和方法体系。

（三）辅导员职业化应用教师专业要素理论的基本方法

在某种意义上，美国、德国和英国等发达国家代表着学术发展的水平，掌控着学术标准，对于学术专业具有霸权性的话语控制权。但在研究辅导员职业化的过程中，一定要坚持历史唯物主义和辩证唯物主义的世界观和方法论，既要深入研究西方国家教育专业化等相关理论，借鉴成熟的学术发展逻辑和学术专业规范，又要结合中国特色社会主义的基本国情，避免生搬硬套，坚持本土化的研究路线，切实解决中国社会自己的问题。

二、辅导员职业化应用教师专业要素理论的具体内容

作为一个特殊的学术群体，辅导员一方面要体现出学术专业普遍性的要求，按照教师专业化的基本规律不断完善辅导员职业化发展的体制机制，另一方面也要体现出辅导员职业的特殊性要求，在借鉴的基础上，不断凝练具有中国特色的辅导员专业要素。按照普遍性和特殊性相结合的原则，参照教师专业要素理论，辅导员专业要素具体体现在以下几个方面。

（一）时间要素

这是专业性职业最基本的要求和最显著的客观特征。从事本专业的人应该和专业服务对象形成合法稳定的关系，参与全日制工作，且以此份工作收入作为主要收入来源。从最基本的含义来说，专业性职业是专业人士的安身立命之

所。这里不仅仅是现时态的时间限制要素，更是指向未来的职业发展道路，是对从业人员长期的约束和要求。时间要素在保证专业个体稳定和长久发展的同时，也为专业群体的稳定和长久发展奠定了必要的组织基础。

辅导员在高校具体实践中既包括专职的辅导员，也包括兼职的辅导员，这是和辅导员的历史发展和社会、高校的具体情况密切联系的，也是辅导员职业化过程中的特定现象。伴随着高等教育大众化的发展和国家人才战略的实施，大学生的全面发展被提到了关系中国特色社会主义建设和中华民族伟大复兴的历史新高度，国家对于大学生的人才培养给予了积极关注和重大扶持。在这样的社会背景下，高校原有的学生管理体制也在不断地改革完善，辅导员职业化成为加强和改进大学生思想政治教育的重要保障。由于兼职辅导员多重身份带来的在学生发展、自身发展上的矛盾难以解决，传统意义上的兼职辅导员正在逐步退出历史舞台，专职、全日制辅导员成为辅导员队伍中的中坚力量，辅导员职业化已经形成共识。

综上所述，从专业性职业的时间要素来说，辅导员专业群体还是处于“正在进行时”的发展状态，辅导员专业化发展的道路还很漫长。

（二）组织要素

专业群体作为一个组织化结构，会依托官方组织或者各类专业组织，如行业协会、学会、联合会等方式进行专业群体的组织运作。古德认为，专业社群具有以下系列特征：① 它的成员由一种共同的身份所维系；② 任何成员一旦加入专业社群，很少有脱离者，因此这是一种终身性或持续的身份；③ 它的成员共享某些价值观念；④ 它对于成员和非成员的角色确定是互相认同且全体一致的；⑤ 在社群行动领域中存在着共同的语言，这种语言对于外行而言仅能部分理解；⑥ 社群对其成员拥有影响性权利；⑦ 社群的局限性明显；⑧ 专业社群虽然不从生物学意义上生产下一代，但它通过控制专业受训者的选择、通过控制新成员的社会化过程和训练过程而在社会学意义上控制专业社群下一代的生产。在专业社群中，大学教师作为特定的学者社群，除了共享上述的专业社群组织特征之外，在实际的专业组织运行中主要依托两种组织模式。一种是以学科界定的专业学会或者协会。归属同一学科的学者在专业学术交流中成立专业组织，伴随着“科学无国界”的普遍共识，伴随着网络技术的飞速发展和技术支持，跨国界的学术交流日益普遍，国际化的“无形学院”在学科的交流广度上提供了重要的组织支撑。在实践中，高校特聘教授经常是外籍人士，但是由于其在该学科领域的影响力，其能力和学识可以在世界各地被高度认可，这也是“无形学院”组织力量的重要体现。另一种是以学术人员为管理服务对象的协会，如中国青年教师协会，对于青年学术专业人员提供相应的管理和服务。

高校辅导员群体作为专业群体，特别是学术专业群体的建设还属于起步阶段。虽然，辅导员具有教师身份并且按照教师入职要求考取教师资格证书，但由于高校辅导员的学科背景不强，且自身的专业组织还刚刚起步，极大地约束和阻碍了学术交流的广度和深度，极大地限制了学术生产力和同行评估制度的推进，很难形成内部权威和学科话语权，在与其他学科和外部系统交流和沟通的过程中没有对等的组织力量。

教师专业化的组织核心就是学科的建设和发展。作为教师身份，高校辅导员群体和其他专业教师群体甚至和思想政治理论课专业教师都是沟壑分明的。没有学科组织的发展，没有学科的精神家园，缺失学术主体性和学术生产力产生的场域，辅导员群体难以产生自身对学科的认同，对教师职业的认同自然无从谈起。同时，由于没有学科组织的有力支撑，在高校生态中，辅导员群体缺失了和其他专业学术团体平等对话的话语平台和话语权，使得高校内部其他专业学术团队对辅导员群体的教师身份和教育实践不了解、不认同。高校辅导员在与外部系统相关群体交流的过程中，没有自己的话语权，不能够彰显自身学科的独特性和社会价值，不能够将学科的科研和实践成果以适当的方式传递到其他社会群体中，因此，很难得到社会各方面的认同。

辅导员教师群体日常工作的综合性、实践性常常解构了辅导员教师群体的专业性存在。只有通过高校辅导员在学科组织上的逐步发展，确立相应学科组织的社会地位和学术权威，辅导员作为教师群体的专业性才具有深厚的组织基础。

（三）伦理要素

专业群体作为一种职业群体，需要以利他主义为宗旨。专业群体尊重保护服务者利益的伦理规范体系有利于内部达成基本共识，更可以通过内部修炼实

现社会声誉的提升和社会地位的稳定。但是，由于专业群体在服务社会，服务消费者的过程中会以利益群体的形态出现，利益群体自身的利益保护机制会倾向于自我保护主义和对于专业资源的垄断。这种深深根植于专业群体内部的矛盾必然会形成专业群体对外和对内的两种张力。只有通过伦理规范的约束，通过对群体和个人的世界观、价值观进行改造，才能达到两种张力的平衡，保证专业群体的社会地位，也保证其合法利益的获取和对专业资源的合理性使用。

辅导员群体作为教师群体来讲，伦理道德规范可能比其他专业性职业更加重要。因为，如果说医生、律师解决的是人的外在的问题，那么教师群体更多的是关注人的内在素质，辅导员群体更是直接关注于如何培养人的思想政治道德品质。和传统的职业相比较，教师更类似于西方牧师的职业，倾向于改造人的主观世界，提升人的内在修养。

辅导员群体的伦理规范要求包括两个基本层面：群体的规范性要求和个人的行为表现。美国大学人事协会（ACPA）的道德规则和规范宣言可以为辅导员工作提供一定借鉴和参考。该宣言指出，学生事务专业人员的道德规则包括如下方面。

① 利他行为，促进学生在社会、身体、学业、道德、认知、职业和人格方面的健全发展；以发展的眼光看待高校整个教育进程和学习环境；为高校功能有效运作做出贡献；提供与这个规则一致的计划和服务。

② 推进公正。学生事务专业人员致力于为学术共同体的所有个人保证基本的公平性。在追求这个目标的过程中，公正、平等、互惠是基本的准则。当资源有限，或共同体成员利益冲突时，需要诚实公平地考虑所有人的需求，对公共产品和服务进行公平分配。提高公正性的关键在于对人的差异性的尊重，反对非宽容、偏执的行为。

③ 尊重自主性。学生事务专业人员尊重并提升个体的自主性和保护隐私。学生的自主选择和行为不受影响，除非他们的行为严重影响到他人的利益或者妨碍高校使命的完成。

④ 忠实。学生事务专业人员是诚实的、信守承诺的，在行使他们的职责时是值得信赖的。

⑤ 杜绝伤害。学生事务专业人员不会参与伤害他人生理或心理的活动。除了保证自己的行为之外，学生事务专业人员还特别警觉以保证高校的政策没有

阻碍学生从已有的环境中获得学习经验的机会，威胁个人的自我价值、尊严和安全感，不公正或非法歧视。

从上述描述中，我们可以强烈地感受到对于学生个人权力和利益的尊重，学生事务管理人员和学生之间是一种平等的关系。作为学生事务管理工作，各国之间存在着共性的问题，这也为辅导员借鉴其他国家的学生事务理论和实践经验提供了可能性，但是学生事务管理工作又和各国具体的历史、文化、政治传统和现实紧密联系，因此，在借鉴的同时又要充分考虑到这个因素，争取把握共性的因素，结合本身的问题实事求是地进行分析。美国文化的代表特征之一就是个人主义及对于个人权利的珍视，个人的自我实现是美国典型的国民特性之一，这一文化背景也充分体现在上述道德规则中。

高校辅导员作为中国语境中的学生教育管理人员，他的工作不仅仅是一份社会职业，更要和国家的政治需要和发展要求紧密结合在一起。虽然辅导员和学生在法律上是平等的，但是在辅导员的工作定位和工作愿景中，组织者、实施者、指导者、人生导师的提法实际上都代表了一定的权威，这种权威在中国特定的文化传统和管理机制中，处于利益各方都可以接受的水平。因此，对于美国“大社会、小国家”的社会模式来讲，专业群体更多地要承担社会性的服务承诺，而对于“大国家、小社会”的中国社会模式来说，专业群体需要同时承担社会导向和国家导向的服务承诺。因此，在辅导员道德规范和伦理要素中要充分体现社会导向和国家导向的双重特征。

（四）认识论要素

知识和教育指代的就是专业的认识论基础，这是所有专业群体的一个重要特征。专业的外在形式多种多样，就如同会计师使用借贷记账方法，医生进行望闻问切，但相同的是专业都需要利用理性和学问去理解和解决问题。和其他专业群体比较而言，教师学术专业群体的认识论基础尤为重要。学术专业教育研究机构的首要职能——保存、传播和创造知识正是彰显其认识论基础的重要证明。围绕着认识论基础，追寻着理智的魅力，专业群体特别是学术专业群体对科学研究有着孜孜以求的态度。和传统的家庭传承式的专业化相比较，在现代社会中，已经形成了社会化的专业繁衍发展机制，从而不断维护和创新群体赖以存在和发展的认识论基础。大学阶段的体制化教育是学术专业人员培养不

可或缺的重要环节。一方面，是因为大学教育是准备性社会化的重要阶段和标志；另一方面，高等教育已能够为专业科学知识和技能体系的系统化（发展成课程）、结构化（组合成专业课程体系）、合法化（课程或课程计划获得权威或社会认可）及传承等提供必要且充分的服务。在某种程度上，高等教育机构介入专业人员繁衍过程的力度和深度，能相对明确地反映出该专业的成熟程度和社会认可程度。

辅导员职业化发展的历史比较短，辅导员职业化的内外部认同程度比较低。其中，认识论要素是非常重要的一个影响指标。作为专业而言，认识论基础就是生命力，就是说服力，就是社会信任度。认识论基础客观上要求学科的良性上升和专业的繁衍发展两个要素的有机结合。两者相互独立，又相互依存，互相作用以共同发展。学科的良性上升发展可以凝练学科的理论基础，增进学科的理智水平和对人类社会的深层次的探索性认知，促进专业人士的科研水平；专业繁衍发展的科学机制可以向社会领域输送合格的专业人士，促进专业的社会认可度，增进专业的权威，为学科的发展赢得良好的社会外部环境和内在精英参与的动力。

辅导员群体所依托的学科是思想政治教育学科，近年来取得了长足的发展。而辅导员专业的繁衍发展机制还在酝酿阶段，具体来说，从事辅导员职业的人员教育背景多元化、来源渠道多样化、发展路径差异化。辅导员从业人员的上述特征淡化了专业繁衍发展机制的内在要求，泛化了辅导员专业的专业特征，使得辅导员的专业化受到严重的冲击，认识论基础遭受到忽视和破坏。虽然，在党和国家的重视下，辅导员的岗前培训和在职培训的力度已经大大加强，对于提高辅导员的专业化水平具有重要的意义，但是培训并不能够真正代替系统的教育，辅导员专业化的认识论要素更需要系统的教育体系来打造。可以说，认识论基础是辅导员职业能够安身立命的核心要素。专业人士能够做的事情必须经过相当一段时间理论和实践的学习和考验，能为服务对象带来独特的教育体验，而这种教育效果是和个人的认识论基础密不可分的。

（五）服务承诺要素

学术群体的服务承诺是职业特征的具体体现，在不同的历史发展阶段，学术群体的服务承诺具有不同的表现方式。从历史的发展脉络来看，学术群体的服务承诺要素的分量在不断加重。

在中世纪大学萌芽时期，通过教学活动培养人才是学术群体提供专业服务的主要形式。随着现代大学制度的逐步确立，对专业的认识论基础达成了共识，科学研究成为学术群体的内在逻辑要求，科学研究和教学功能有机组合；随着美国实用主义观念和功利主义观念的渗透，社会服务也成为学术群体的重要功能之一。学术群体的服务承诺在某种程度上意味着社会责任的增加，但是由于在认识论基础上的服务双方具有较大的落差，服务对象常常不具备理解和评估专业的基本能力，如病人相对于医生的诊断一样，因此，在服务承诺的具体落实上，学术群体的集体自觉和个人自觉是非常重要的。集体自觉意味着在专业组织的科学管理下，所有专业从业人员能够形成与本专业共生共荣的集体意识，并将集体共识逐渐转化为集体常识，从而不断提升专业水准；个人自觉更多的体现在学者本人的知识探索和精神追求，学术工作首先是学者谋生和获取物质资料的手段，但不仅限于此，学术工作是从业人员的事业，学者更要有为事业献身的精神，即无法数量化的内在责任。

辅导员群体的服务对象和服务领域都是明确的，服务于大学生的成长发展，具体到思想政治、道德、心理和就业等相关领域。在传统的教学和科研的服务承诺中，辅导员的实践性承诺要素凸显在重要的位置。因为，辅导员的工作场域很多都是在特定的实践性教育情境中完成的，如班级活动、党团活动、第二课堂实践与社会实践。人的发展是连续性的和全方位的，基于这样的理论假设，教学活动虽然在人的知识积累、能力塑造方面发挥着不可替代的重要作用，但是对于人的全面发展是不充分的。从时间角度来说，单纯的教学活动具有片段性的特征，和人连续性的生命活动有着内在的矛盾；从领域角度说，单纯的教学活动具有特定的内容和功能，和人全方面的发展要求存在着不可调和的冲突。对高校辅导员来说，其工作重心就是要和教学单元充分融合和配合，功能互补，达成服务承诺要素。

在服务承诺要素中，学术群体的集体自觉和个人自觉对于辅导员群体有着特殊的意义，这是由于专业组织方面的初始状态，使得学术群体的专业规则还没有形成，集体自觉意识还处于朦胧状态。个人自觉方面，在辅导员访谈中会发现很多辅导员谈到“这是一份良心活”，说明辅导员的个人自觉也是处于比较基础的阶段。由于没有比较行之有效的工作评价标准和机制，由于没有科学合

理的学生发展评估机制，辅导员的工作很难得到量化计算，很难得到普遍的认可，辅导员群体的自我认同和自我实现受到影响。辅导员这种难以量化的工作和其他学者群体无法量化的内在责任具有本质上的差别。因为，后者的内在责任是指在学科基础体系已经建立的情况下，对于真理知识的不懈探索，指向知识的发展空间；而辅导员这种难以量化的工作，更多是因为学科基础的不充分发展，使得辅导员没有可以凭借的技术方法和管理途径。由此可见，从服务承诺要素这个角度来说，辅导员专业化发展的道路还很漫长。

（六）支持认可要素

国家、政府、主管部门和社会公众作为社会权威，它们的认可是专业存在和发展的合法性基础。但是，由于专业群体是在社会系统环境中运作，除了社会权威，其他相关利益群体也会成为支持认可要素的组成部分，如工作协作群体、其他专业协会、教育训练机构等。

外部主体的支持和认可，深刻影响着专业群体的生存和发展。首先，社会权威认可保障了学术专业群体的合法性。在历史上，教会、国家、政府都为学术专业提供过合法性的必要基础。西方学术专业从宗教合法性、政治行政合法性到法律合法性的发展，德国、美国在高等教育发展过程中对于立法的重视，可以为我们提供很多的借鉴。在中国传统文化发展的基础上，在建设社会主义法治社会的中国，政治行政合法性和法律合法性是学术专业开展活动必须要重视的一个基本要求。

同行评估认可也是重要的支持认可要素。因为外部权威认可一般不能够直接触及本学科的认识论基础，而学术专业群体从自身的长远发展角度考虑，都会建立自身的评价监督体系——同行评价机制。同行评价机制在评估发展认识论基础的同时，也会制定严格的监督制约体系，维护学术专业的特权地位和社会声誉。

消费者认可也是支持认可要素中的组成部分。学术专业以自身的专业特性服务于不同的消费者群体，在市场经济条件下，消费者的认可直接或间接地影响着学术专业的发展。举例说明，高校各专业就业情况作为消费者对于高等教育消费投入的重要参考指标，在很大程度上影响着专业的未来。对于连续评估不佳的专业，学校会考虑逐渐减少招生人数，原有专业人员要逐渐分流转岗，如果市场情况继续低迷的话，还有可能合并专业或者取消专业。因此，学术专业群体虽然是思想自由的群体，但是并不是在各方面都可以无拘无束的，从维护学术专业整体利益的角度，学术专业群体和个人都担负着重要的社会责任和专业责任。

按照上述的支持认可要素分析辅导员群体，我们会发现情况并不乐观。在社会权威认可方面，辅导员群体虽然在国家、政府层面得到了相当程度的重视，特别是《16 号令》颁布以来，教育部、各省市在推动辅导员队伍建设方面都采取了很多重要举措，营造了良好的发展氛围，辅导员专业群体的政治行政合法性和法律合法性得到了巩固和发展。但是社会权威认可作为自上而下的力量，却没有得到辅导员群体内部的呼应，这样一种失衡的状态，常常会使很多政策无法落地或者落地无声。因此，辅导员专业群体的自身发展成为重要的环节，同行评价机制的确立和发展也将成为维护专业地位的重要举措。

消费者认可这个因素对于辅导员群体来说，也具有一定的挑战性意义。归根到底，如果得不到大学生的普遍认可，辅导员群体的社会声望也就无从谈起。但是在毕业生离校问卷调查中，在谈到大学校园里对你影响最大的人的时候，选择辅导员的比例非常低。由于辅导员工作的综合性解构了专业性，学生本身感受不到专业力量的影响。大学生虽然和辅导员很亲密，但在专业层面上并不是非常了解和高度认可辅导员的工作。这个问题的根本原因还是在于辅导员专业群体的自身发展。因此，自力更生，从完善和发展自身做起，打造辅导员专业群体的专业特质，将是辅导员专业群体突破困窘境地的关键抉择。

（七）专业自治要素

学术群体的专业自治作为学术群体的专业特点，使其能够以自己独有的认识论基础和专业判断赢得声望，并且可以使从事学术专业的人能够享有比其他专业更加自由的精神王国。正是因为具有这样与众不同的专业特点，学术专业队伍才能够吸引更多的青年才俊和杰出人士。毕竟，在市场经济规律下，物质收入和精神感受都是选择就业的重要影响因素。在物质收入方面，学术专业并没有特别的优势和市场回报率，但是从精神层面来讲，从事学术专业的人士可以获得巨大的精神自由、较高的社会地位和充分的自我认同。教授治校的现实虽然还没有完全实现，但是在高校具体实践中，尊重教师的意见和选择还是形

成了普遍的共识，应该为教授们保留尽可能大的自治天地。应该允许教授们选择自己的研究课题和实施研究的方法。

作为学术群体的专业自治主要体现在专业服务领域的充分自主，拒绝外行的干涉，学术上的自由，稳定的工作聘用机制及拥有终身教职。其自治特权的权力来源来自于以下几方面。

第一，知识资本。在资本时代转向知本时代的今天，知识资本越来越受到市场的垂青和人们的眷顾。知识资本和物质资本一样，在市场经济条件下可以得到评估和回报，更由于学术群体要在严格的系统教育中产生，知识资本成为独特的社会资源。在科技就是生产力的时代，这种社会资源是经济财富和社会财富的重要发动机和孵化器。

第二，评价制度。学术群体在横向的评价制度和纵向的评价制度中发挥作用。横向评价制度就是同行评估制度，它维护的是自治特权的知识论基础；纵向评价制度指的是学术专业群体在本专业管理范围内，通过考试、论文答辩等方式进行的考核性评价，这种考核性评价经常和某些资源获取和利益分配机制紧密结合在一起，从而具有广泛的影响力。横向的评价制度和纵向的评价制度中将内在和外在的权力整合起来，形成其维护专业独特地位的综合合力，如果将学术专业群体比喻成生产者的话，那么通过评价制度可以保障学术专业的生产力和人才培养的合理标准和质量。

第三，文化社会心理。中国重视学术专业群体的文化心理可以说是源远流长的。从文化传统角度来说，“天、地、君、亲、师”的文化传统将师道尊严提到了相当高的权威地位，“万般皆下品，惟有读书高”在千年来的文化传承中已经积淀为中国人的文化心理，中华民族尊师重教的传统深刻地影响着个人的选择。从现实需求出发，高等教育的象征性意义和实质性影响在我国人才培养中仍然发挥着不可替代的作用。从改革开放刚刚恢复高考的“千军万马过独木桥”到大众化教育的今天，高等教育一直发挥着重要的社会作用。伴随高等教育的发展，高等教育已经承担起全方位的社会责任，成为各行各业内涵式发展的智囊，担负起培育社会良知的任务，为现代化发展培养各行各业的人才。高等教育虽然没有直接促进生产力的发展，但是高等教育及其学术团体提供的智力支持和精神引领、真理探索将是国家社会发展的重要航标。在传统和现实交织的影响下，沉淀为中国人对于高等教育的一种内心敬仰、一种现实选择，这是高等教育及其学术群体可以享受专业自治的社会环境和公众信任。

学术群体的自治特权的表现方式体现在个体和集体两个层面。在20世纪初期以前，学术自治主要体现为个人自治，而随着学科的进一步分工细化，单打独斗的状态已经远远不能够适应学科建设发展的需要，学科研究团队应运而生，在学术自治权呈现集体运作特点的同时，学科研究的领域进一步细化，内涵进一步深化，专业化程度进一步加强。

参照学术专业自治要素，辅导员群体还有较大差距。由于辅导员认识论基础比较薄弱，同业评价机制还很缺失的状态下，在内行数量不足以产生足够社会影响力的时候，是不可能拒绝外在干涉的；至于学术上的自由，现阶段，辅导员在非常宽松的政策环境和相对支持的高校环境中，学术研究的自由是有的，但是由于辅导员工作的事务性、综合性等特点，辅导员没有更多的时间和精力进行相应的科学研究，辅导员的学术研究更多呈现零散化、随意化的自发特征。这种消极的学术自由对于学科的贡献价值不大，对于个人的学术成长不利。也许这是辅导员专业发展不可避免的一个阶段，但是如何借鉴学科普遍的发展规律，并在体制、机制建设上进行合理规划，促使辅导员的学术自由不断由个体化的自发状态过渡到组织化的自觉状态，是值得我们思索的问题。

专业自治所要求的工作稳定性因素，与辅导员群体现状也有着巨大的差距。由于辅导员职业化发展道路并不明朗，辅导员的职业认同感并不强，很多辅导员都存在过渡性心理，工作一段时间后经常会选择其他的党政管理和教学研究岗位，职业发展没有长久的规划，缺乏辅导员专业研究的基本动力。敬业才能够爱岗，如果辅导员职业不能够为从业人员提供完整的职业发展道路，从业人员即使用心努力也不能够在职业的发展过程中获取物质满足和精神满足，不可能寻找到自我实现的境界，那么辅导员职业对于从业人员，特别是优秀人员的吸引力会大打折扣的。针对这种情况，国家及相关部门出台了很多政策，特别是《16号令》颁布以来，改变了以往很多文件中提到的“专兼结合、以兼职为主”的辅导员队伍模式，明确提出了辅导员职业化、专家化的发展道路。

从上述专业要素的分析中，我们可以发现，从教师的视角出发，辅导员的专业要素相对于成熟专业来说还有着巨大的差距。而在这些要素中，学科建设、专业组织建设等主要问题，必须行之有效地加以解决。只有抓住了辅导员职业化发展的主要问题，解决了主要矛盾，辅导员的职业化才能实现科学化发展。

第三节　应用管理者职业化胜任素质模型理论

伴随着工业社会的变迁，西方国家的职业管理者群体形成了相当的规模，承担着专业的管理职能。特别在管理科学迅速发展的时代背景下，职业化管理者已经逐渐从营利性组织扩展到非营利性组织，管理者的服务领域日益具有普遍性，管理的科学化、专业化要求日益突出。在我国，随着市场经济的发展，管理者职业化的问题在 20 世纪 90 年代中后期才被普遍关注。

辅导员作为管理者的身份定位，客观上要求辅导员在职业化的过程中要遵循管理者职业化的基本规律，规避管理者职业化发展中出现的普遍问题。管理者素质范畴在管理者职业化中具有重要意义。在传统的思想政治教育者素质理论中，素质要素缺乏层次性和情境适用性，“大而全”的素质要求实际上是泛化了和淡化了素质要求。思想政治教育者传统素质理论需要不断完善。而在管理者职业化理论中，胜任素质模型理论方兴未艾，对于我国思想政治教育者及辅导员素质理论的建设具有重要的参考价值。

一、制约管理者职业化发展的主要问题

（一）职务化消解了专业化

管理者的管理劳动是随着社会分工的发展从一般劳动中独立出来的专业化劳动，专业化的管理劳动要求必要的管理知识、能力和伦理道德，在市场经济运作中，上述专业要素会被市场合理评估。在美国，不仅是营利性组织，即便是非营利性组织，也要按照管理者职业化的内在要求组织管理。很多学校的校长都是一种受聘于市场的职业，按聘约规定的岗位要求，凭职业能力履行管理、经营学校的责任，成为“职业化校长”。

我国管理者在政府主导的行政管理机制中淡化了专业化的要求，强化了职务化的倾向。这种倾向使得管理者将时间和精力都投入行政级别的晋升中，职务级别成为管理者追求的首要目标和主要工作动力。管理者对管理岗位本身专业化的要素没有特别看重或者没有足够的时间精力的投入，管理劳动的专业性地位被职务化摧毁了根基。管理者职务化使得管理者在从事工作的时候更多以

行政级别的提升和行政业绩的创造为导向。即使管理者在工作期间积累并表现出一定的专业化水平，但是随着管理岗位的调整，原有的管理岗位所特有的知识积累和能力也就失去了用武之地，专业化的系统性和积累性特征被破坏，管理劳动的专业化被职务化所消解。

（二）政府目标消解了管理目标

组织发展的目标在组织发展壮大过程中发挥着重要的战略性作用。但是在行政管理机制下，国有企业、事业单位的管理者均由行政命令选派，因此，在现实活动中，管理者更多选择政治目标而不是组织发展目标。从 1998 年中国企业经营者成长和发展的专题调查结论中，我们发现，绝大多数的国企管理者由上级任命且未接受过管理方面的基本培训。

官本位的思想使得管理者职业化的市场需要缺位。管理者作为一种资源，并没有形成一种市场机制，使管理者的专业能力可以得到中肯的评估并且在资源流动中不断实现其价值。目前很多管理者实际上是兼任政府官员和管理者的双重角色。政府目标和组织目标的冲突解决需要依托管理者的职业化发展。虽然政治目标非常重要，但是可以通过国家法律规范、现代企业管理制度及监督检查机制来实现，通过法治的力量，促进组织在符合政府政治目标的框架下按照市场机制进行运作。

（三）行政化消解了市场化

虽然市场经济在合理配置资源，提高生产力方面发挥了重要作用，但是国家对政府部门和非政府部门如企业、高校等的行政控制权没有改变。无论是国有企业的管理者、还是高校的管理者，都是参照政府公务员的行政管理机制进行选拔和任用，并规定着严格的行政级别。这种管理机制使得官僚化的倾向在日常管理中非常普遍，极大地影响了组织效率的实现。在计划经济时期和特殊时期，统一管理可以发挥统一意识和统一行动的作用，但是在市场经济不断深化的今天，除了一些关系到国计民生的行业和领域需要政府的直接控制，在很多管理领域，需要借鉴发达国家的管理者市场发展的经验和教训，有效地提高管理组织的工作效率，提高管理者职业化的水平。

（四）泛化研究消解了基础研究

相对于西方较长时间的职业社会学的研究，我国的管理者职业化研究起步较晚，管理者职业化的实践经验不多。虽然在管理者职业化发展趋势、管理者职业化的宏观影响因素、管理者职业化的机制制度建设和具体途径方面进行了相关研究，但是深入细致研究不够，主要缺陷就是泛化研究消解了基础研究。

我国的管理者职业化研究偏重国外经验借鉴和现象的片段描述，更多的是从宏观的视角进行泛化研究，不能够和我国的管理者职业化环境有机结合，缺乏实证研究分析，基础研究的缺位使得我国管理者职业化研究解决实际问题的能力匮乏。只有进一步加强基础研究和系统研究，并找到影响管理者职业化发展的关键问题，才能解决管理者职业化进程中的主要矛盾。

二、辅导员的传统素质结构

素质是人们在一定的生理条件和社会生活条件基础上，通过教育培养和个人实践积累起来的稳定的内在品质。20 世纪 80 年代至 90 年代初期，思想政治教育工作人员的素质内容理论主要归结为“二要素论”“三要素论”“四要素论”“五要素论”“六要素论”。随着思想政治教育学科的发展，思想政治教育工作人员的素质研究工作进一步深入，其中，张耀灿、陈万柏主编的《思想政治教育学原理》将思想政治教育工作人员素质归纳为“九要素论”，从政治、思想、道德、法律、知识、能力、创新、心理和身体九个方面进行了阐述。辅导员是思想政治教育工作人员的重要组成部分，“九要素论”也是指导辅导员素质开发的理论基础。下文的辅导员素质解析正是依据“九要素论”展开。

（一）政治素质

政治素质是“一种特殊的素质，是人们为实现本阶级根本利益而进行各种精神活动和实践活动的特定品质”。政治素质是教育者从事思想政治教育活动所必需的政治条件和政治品质，是教育者的政治立场、政治观念、政治品德、政治鉴别力和政治敏锐性的综合表现。政治素质主要包括政治立场、政治信念、政治品德、政治水平、政策水平等要素。

在历史发展沿革中，思想政治教育工作一直是辅导员的主要工作，从“政治辅导员”的称谓中也可以很清楚地辨析出该项工作的主要任务和职能。随着社会的发展，高校大学生思想状态日益多元化，高校学生成才需求日益多样化，辅导员的工作外延日益扩大。即使是这样，思想政治教育工作仍然是辅导员工作中的重中之重。作为大学生的人生导师和知心朋友，作为高校学生日常思想政治教育和管理工作的组织者、实施者和指导者，高校辅导员在引导大学生树立正确的政治立场和政治信念方面发挥着重要作用。

良好的政治素质首先要求辅导员具有正确的政治立场和科学的政治信念，是一个真正的马克思主义者。这意味着辅导员要将马克思主义作为自己的信仰，真诚向往并在实践中切实履行马克思主义者的基本要求，这意味着辅导员要认真学习马克思主义的基本原理，善于学习和钻研，不断提高马克思主义的理论水平，提高个人理论修养，这意味着辅导员要敢于并善于和似是而非的伪马克思主义及反马克思主义做斗争。在高校教育实践中，辅导员作为从事思想政治教育工作的教师和从事日常思想政治教育的管理者，必须以科学的马克思主义正确引导广大学生树立正确的政治立场和信念。

良好的政治素质要求辅导员要有良好的政治品德，能够将政治觉悟和个人修养紧密结合，能够将理论要求和自身实践紧密结合。辅导员要成为学生的人生导师和知心朋友，必须要严于律己，在政治、思想、学习、生活及其他方面发挥模范带头作用，做到身为人师，行为示范，树立自身的良好形象，充分发挥榜样作用。辅导员的首要职责就是大学生的思想政治教育工作，辅导员的政治品德在个人品德建设中也占据着核心地位。良好的政治品德要求辅导员善于学习，在个人成长中进行反思学习，在学习型团队建设中进行团队学习，在实际工作中进行实践学习，在问题解决中进行经验积累的学习，不断提高理论认识水平。良好的政治品德要求辅导员善于实践，要在学生教育管理工作过程中真切地体现良好的政治品德，要实事求是地分析情况和解决问题，要按照“以学生为本”的理念进行工作规划和活动设计，要按照公开、公平、公正的工作原则处理学生事务，要真诚关心每一位同学在人生发展中遇到的困难和问题。只有让每位大学生都深切地感受到辅导员良好的政治品德和公开公平、真诚友爱的工作作风，才能够建立坚实的沟通基础，为辅导员工作的顺利开展创造条件。

良好的政治素质要求辅导员要有良好的政治水平，具有政治敏锐性和对学

生思想、舆论状况的判断和预测能力。当今国际国内的政治形势和社会状况复杂多变，而大学生虽然思想活跃，信息渠道多元，但是鉴于大学生的年龄、阅历及心理等方面的特征，其对问题的分析判断常常是非理性的。这一切都要求辅导员发挥积极的舆论引导作用，及时把握大学生关注的热点焦点问题，引导帮助大学生解疑释惑。辅导员不仅仅要具有正确的政治立场和科学的政治信念，也要广泛涉猎人文社会科学的有益成果，完善自己的知识结构，开阔自己的理论视野，提高分析问题和解决实际难题的能力，提高自身的政治水平。辅导员要善于用科学的世界观、方法论来科学合理地解释政治现象，使大学生相信马克思主义理论的科学性，并通过集体讨论、案例分析及历史回顾等方式使同学们确信中国的选择是符合社会历史发展规律的，符合人民利益需要的历史的选择，从而将传统灌输的教育方式转变为大学生自觉理解和自觉接受的方式。

良好的政治素质要求辅导员要有良好的政治水平，具有一定的策划、组织、管理和领导能力。辅导员平均每人带领 200 名学生，在部分高校，这个数字可能会达到 300 或 400。在这样的现实状况下，如何完成首要的思想政治教育任务、科学设计学生组织、合理配置学生干部是关键的手段，也是国家政策贯彻落实的重要途径。辅导员在班级团支部、党支部的组织建设中发挥着重要的导向作用，要按照有利于个人和组织发展的原则，在民主集中的原则基础上，建立学生组织并制定组织规则，组织规则要经过充分的集体讨论和意见发表，最终形成大家共同遵守的公约；在干部选拔过程中，要尊重广大同学的意见，按照德才兼备的标准，通过公开、民主的选举进行干部选拔，选出学生们满意，有利于工作开展的干部，有效地配合辅导员的整体工作。

辅导员政治素质最直接的重要意义在于辅导员的政治素质直接影响到大学生的政治素质。辅导员是大学生日常思想政治教育工作的主要实施者，也是大学生在大学期间最熟悉的教师之一，辅导员的活动策划、组织安排、干部选任等各个方面的工作都会引发学生利益格局的一些变化。大学生会切身地体会到辅导员的工作作风和政治水平，对思想政治教育的认识从书面走向实际，会促使大学生自觉思考什么是合理的、什么是科学的、自己应该信任什么、选择怎样的信仰。辅导员的政治素质归根到底都是体现在具体的活动和细节中，辅导员对大学生这种潜移默化的影响和导向是非常明显的。

辅导员是维护高校安全稳定的重要力量。无论是社会群体事件还是校园突发事件发生之后，辅导员都是走在最前面的人，在引导舆论、答疑解惑和问题解决包括善后处理等方面，辅导员都是重要的参与者和执行者。辅导员在维护稳定、保护大学生正当权益方面体现出的政治立场和政治表现将直接影响到大学生的政治认识，发生在自己身边的事件更容易促使大学生深入思考问题并做出自己的政治选择。

辅导员是指导大学生健康成长的引路人。大学生虽然已经成人，但是在高校应试教育体制没有根本变化的情况下，大学生在高校前阶段教育过程中的综合素质教育远远不够，大学生在大学阶段的个人适应过程和社会化过程是不能够逾越的。在这个阶段中大学生会不同程度地面临问题，如学习方式的转变、人际关系的磨合、心理问题的解决和就业发展的问题等，而辅导员经常是帮助大学生认识和解决问题的第一人。辅导员的政治素质和工作作风、态度直接影响到大学生的心理感受，进而影响到大学生对于思想政治教育的认知和态度，影响大学生的选择和行为。

因此，无论从辅导员的工作定位和职责要求，还是从高校学生的成长成才；无论从国家社会的安全稳定、社会核心价值体系的维护，还是从大学生对社会发展的重要意义，作为一个辅导员，良好的政治素质都是最基本、最重要的素质要求。

（二）思想素质

思想素质包括思想意识、思想观念、思想方法和思想作风等因素，涉及世界观、人生观的问题。辅导员的世界观、人生观科学与否，直接影响着大学生的思想素质教育的质量。辅导员的思想深度，决定了其进行大学生思想素质教育工作的深度。

辅导员要具备科学的思想意识和思想观念。人的一生中，在学习、生活、工作和社会实践等方面要面临各种各样的选择，如何进行选择，思想意识和思想观念发挥着重要的导向作用。当今时代，国际形势风云变幻，中国社会也处于重要的转型时期和发展时期，辅导员要不断更新观念，与时俱进，树立反映时代要求的价值观念、竞争观念、法制观念和创新观念，以科学发展的思想观念指导做好具体的思想政治教育工作。辅导员在大学生的学习、生活、心理和社会实践方面都发挥着重要的教育指导作用。辅导员内在的思想意识和思想观

念，辅导员的世界观和人生观，以及辅导员外在的具有一致性、稳定性的行为表现，都是直接影响大学生世界观和人生观形成的重要因素。

辅导员要具备科学的思想方法，能够多维度地全面分析、解决问题。如果说思想意识和思想观念的重要作用在于为正确认识和理解世界和人生提供价值上的判断和抉择，那么思想方法的重要作用就在于为解决世界和人生的诸多问题提供方法论上的指导和技术路径上的突破。首先，作为最根本的思想方法，历史唯物主义和辩证唯物主义发挥统领全局的作用。辅导员要重视全面和辩证地分析问题，抓住问题的主要方面，深刻认识事物的本质。其次，要重视问题的产生环境，从系统论的思想方法出发，分析影响事物发展的诸多因素。最后，辅导员要树立科学的思维方式。思维方式是一个人思想素质的重要表现，在某种意义上决定一个人认识世界的能力。只有不断创新思维方式，才能够调动人的最富有创造力的因素，为问题的解决开拓新思路、新视野。辅导员必须坚持历史唯物主义和辩证唯物主义的思想方法，坚持系统论的思想方法，掌握整体性思维、开放性思维、层次性思维和立体性思维，不断创新，才能够更好地解决工作中出现的新问题，才能够更加有效地指导大学生的全面发展。

辅导员要具备优良的思想作风，要民主平等、平易近人，真正关心大学生的困难，实事求是，为大学生的成长发展保驾护航，要严于律己、宽以待人，以自己的实际行动赢得大学生的信任和认可。作风是一个人在思想、工作、生活上表现出来的一贯态度和行为，是思想素质的重要内容和综合表现。辅导员要继承军队建设中的政治指导员的优良传统，能够以高标准严格要求自己，悉心指导每一位大学生的学习、生活和发展，为高质量人才培养提供重要的组织保证。辅导员要以“全心全意为学生服务”为工作宗旨，坚持优良的思想作风，努力成为大学生的人生导师和知心朋友。

（三）道德素质

道德素质包括道德认识、道德信念和道德品质等。辅导员工作的特点是隐性工作比较多，道德水平要求高。辅导员的道德品质和道德行为，对于处于成长期及世界观、人生观及价值观正在形成中的大学生具有重要的榜样力量和指引作用。辅导员高尚的道德品质和良好的职业道德修养可以发挥润物无声的教育引导功能。辅导员优秀的道德素质可以具体表现为以下几方面。第一，全心全意为人民服务的道德观念。辅导员作为直接从事思想道德教育的工作者，其工作定位意味着更高的道德操守和更多的奉献牺牲精神。第二，热爱教育事业，尊重教育对象和教育规律。第三，具有强烈的社会责任感和职业意识，以身作则，无私奉献。辅导员作为思想政治教育工作者，特别是作为基层一线的教育引导者，必须要严格地要求自己，自觉地践行良好的道德规范，真正成为大学生心悦诚服的领路人和人生导师。第四，清正廉洁，艰苦奋斗。辅导员在工作中负责大学生的日常管理和综合评估等工作，应该秉承民主、平等的价值原则，按照科学、规范、公开的要求加强对于奖学金、助学金、勤工助学和助学贷款等涉及学生重要权益的学生事务的管理，使学生在具体的高校实践中真正领会到价值原则和道德规范的强大力量。如果书本上、会议上灌输的是一套理论，而在实践中却是另一套做法，那么不仅会对大学生造成理论上的困惑，更会影响教育者和教育理论的可信性和权威性，使得辅导员失去了信任基础。因此，辅导员作为教育主体，必须时时刻刻加强自我教育，提高自我道德修养，这是有效开展思想政治教育工作的基本前提和必要条件。

（四）法律素质

法律素质包括法律观念、法律知识和依法行事。辅导员的法律素质首先体现为辅导员要秉承法律观念，要自觉树立社会主义法治观念，在日常思想政治教育工作中，能够坚持社会主义方向，坚持中国共产党的领导。辅导员要自觉贯彻平等自由的观念，特别是在高校教育环境中，只有具备了平等自由的观念，才能够打造与大学生对话的语境和平台，这是实现教育目的的基本前提。辅导员要自觉坚持公平正义的观念，公平正义是建设社会主义和谐社会的重要目标，也是维护高校稳定发展的基本原则，辅导员要在具体实践中要坚持公平正义原则，从而树立辅导员的形象和威信。

辅导员的法律素质还体现为了解法律知识，能够依法行事。在高等教育大众化的时代，在市场经济环境中，高校和大学生之间的关系已经不是计划经济时代简单的管理与被管理的关系，特别是高校收费制度的实施，使得高校和大学生之间的服务契约关系成立。伴随着大学生主体权利意识的增强，高校的法制化、制度化和规范化管理也在不断发展。辅导员对于常识层面的，高校学生教育管理层面的法律知识要有明确的认知，并能够身体力行，在学习和实践中

提高自身的法律素质。

（五）知识素质

知识素质包括基础理论知识、基础文化知识、专业知识和相关知识。辅导员的工作是一项综合性、专业性、知识性很强的工作，具备良好的知识素质是胜任该项工作的基本条件。第一，辅导员要具备比较系统的马克思主义基本理论知识。辅导员的首要工作职责是思想政治教育职责，马克思主义基本理论知识是科学开展思想政治教育工作的知识储备，较高的马克思主义理论修养是辅导员开展实际工作的基本功。第二，辅导员要具备比较广博的基础文化知识，如文学、美学、艺术、历史、地理和现代科技等，广博的知识可以增强辅导员的文化底蕴，提高辅导员驾驭知识的能力，拓展工作思路，可以以多样化的形式开展大学生思想政治教育工作，使教育工作更加富有感染力。第三，辅导员需要具备思想政治教育的基本理论和专业知识，思想政治教育学科的理论基础和方法体系是辅导员知识结构的重要组成部分。第四，辅导员需要具备相关学科的知识，特别是心理学、教育学、管理学、社会学和伦理学等，它们与思想政治教育工作具有千丝万缕的联系，辅导员要着力加强对于上述相关知识的理解和把握。

另外，知识结构、知识生成和发展的理论对于辅导员知识素质的提升也具有重要的意义。特别是在信息爆炸的知本时代，如何构建合理的知识结构、如何围绕着个人发展进一步理解知识的生成和发展，在某种程度上既是一种重要的实践过程，更有着方法论上的指导意义。

（六）能力素质

能力是基本素质在实际工作中的综合体现。辅导员作为教育者和管理者的工作定位使得辅导员必须打造复合型的能力素质，才能够适应实际工作的需要。辅导员需要的能力素质主要包括以下几方面。① 分析研究能力，主要包括调查研究能力和理论研究能力。一方面辅导员能够运用观察、访谈及问卷调查等多种方法调研分析，并且通过分析总结经验，指导工作，深化和拓展学生工作内涵；另一方面辅导员必须加强理论方面的研究，通过对思想政治教育学科及其他相关学科的主要问题和前沿问题的研究，提升自身的理论素养，锤炼思维方式，改善思维结构。② 计划、组织、协调、决策的能力，此类能力是辅导员作为管理者的重要特征。辅导员作为学生事务管理者，必须具备相应的管理能力，并且可以在特定的教育情境中具体化，使得辅导员的管理和教育两大支柱职能互相支持，共同作用，促进大学生的成长和发展。③ 自我发展的能力，如果说前两者分别是从教育者和管理者的角度对于辅导员的能力素质进行了比较具体的界定，那么辅导员自我发展的能力则是从主体角度规定的能力素质要求。只有充分发挥辅导员的主体性，才能不断提高辅导员的自我调控能力和自我发展能力。

（七）创新素质

创新素质具体包括创新观念、创新人格和创新能力。辅导员的创新素质直接影响着大学生的创新素质的培养。在世界多极化、经济全球化的社会背景下，国家之间的综合国力竞争更加激烈。而在综合国力的影响要素中，创新型人才是至关重要的因子。大学生的全面发展，创新型人才的培养客观上要求辅导员要从观念、人格和能力三个方面不断锤炼创新素质。首先，辅导员要善于思考，敢于突破，能够根据学生发展的需要创新观念；其次，辅导员要具备良好的创新人格，在个人意志品质、心理能力和个性特征等方面能够和创新的内在要求相匹配；最后，辅导员要在认识和实践中发展创新能力，在认识层面进行思维创新，在实践层面开展活动创新。

（八）心理素质

心理素质在人的素质结构中发挥着重要作用，是其他各种素质形成和发展的重要基础。辅导员的心理素质具体体现为丰富健康的情感、宽厚良好的性格和坚定果断的意志。辅导员丰富健康的情感可以增进教育工作的感染力，情理融合更加富有说服力，可以激发学生的内在情感的呼应，使教育工作更加具有实效性；辅导员宽厚良好的性格可以消除和学生之间沟通的障碍，增加师生之间的亲近感，使得学生敢于并且愿意倾诉自己的苦恼，在和谐的人际氛围中释放压力；辅导员坚定果断的意志使得辅导员在解决各种学生问题和难题的时候能够保持良好的工作状态，坚持原则，妥善安排，用锲而不舍的工作精神获得学生的尊重和信服。现阶段，大学生心理问题凸显，作为从事第一线思想政治

教育工作的辅导员来说，辅导员的心理素质直接关系到大学生心理问题能否得到有效解决。

（九）身体素质

身体是革命的本钱，朴素的话语却道出了真切的道理。人的一切主体性的发挥，人的一切聪明才智和创造力的发挥必须以良好的身体素质作为物质基础，否则，一切都将成为空谈。对于辅导员来讲，其工作的特性决定了其要在与学生日常交往、指导学生实践、开展日常教育过程中消耗大量的精力、体力，因此辅导员要充分认识到身体素质的重要意义，在指导学生德、智、体、美、劳全面发展的同时，自己要树立健康意识，选择适合自己的健康生活方式，使自己的工作开展和身体锻炼张弛有道，不断提高身体素质，保持个体良好的精神状态、身体状态和工作状态。

三、应用胜任素质模型的意义和原则

思想政治教育“九要素”理论简明扼要地概括了思想政治工作者所需要的基本素质，但是由于素质要素只是平铺陈列，要素之间的关系和结构并不明确，对于实际开展工作的针对性不强。在大力推进辅导员职业化发展的今天，需要在规范性描述的基础上提出更加有针对性的素质要求，明确具体的行为规范、行为表现和行为禁忌，并将素质要求和辅导员准入、培训、激励和发展等运行机制紧密结合起来，成为准入、培训、激励和发展工作的重要前提和基础，从而改变传统意义上辅导员素质要求大而全的状态，科学推进辅导员队伍建设。

辅导员的工作职责涉及教育学、管理学和心理学等多学科领域。传统素质理论主要立足思想政治教育学科对思想政治工作者的素质进行界定，缺乏交叉学科的视野。随着管理科学的发展和进步，管理职业所服务的领域开始具有普遍性，从营利性组织逐步扩大到非营利性组织，同时管理者的职业也日益走向专业化，从而使管理者职业化成为一种必然的趋势。从管理者角度来讲，管理科学领域的成果可以为辅导员职业化提供很多理论上的借鉴和实践上的应用。管理科学特别是人力资源管理中的重要理论成果，可以进一步完善思想政治教育工作者素质理论，不断拓展和深化对于高校辅导员素质内涵的理解，更加有效地指导高校思想政治教育工作的开展。

无论何种职业的职业化，最终都要体现在从业者的专业知识技能和道德伦理规范上。因此，管理者专业素质的构建和发展成为管理者职业化过程中的核心内容。管理者是否具有职业化素质，需要科学的资格认定的过程，如制定认证标准、建立评估程序、对管理者的专业知识技能和道德伦理规范进行科学的评估。辅导员作为从事思想政治教育工作的主体，其管理者的身份特征与具体工作中的管理职能是非常显著的。在管理科学中，管理者胜任素质模型在西方已经得到广泛的普及甚至是官方的推广，在我国管理实践中也发挥着重要的指导意义。针对我国管理者职业化存在的主要问题，在充分借鉴胜任素质模型的基础上，结合辅导员自身的工作特点和要求，形成辅导员胜任素质模型，将会是辅导员职业化过程中的重要思路和关键举措。

为了提高辅导员胜任素质模型的适用性，进行辅导员胜任素质模型的构建需要坚持以下原则。

1. 个人绩效和组织绩效相结合

如果说原有的胜任素质模型还是主要与工作相匹配，那么随着各国研究的深入，胜任素质研究的中心已经从提高个人绩效发展到提高组织绩效的阶段。未来的胜任素质研究呈现的趋势是，发展高层管理者、部门管理者和员工之间的网络化胜任素质已经成为必然。在这里，高层管理者要从组织战略和愿景的角度来辨析部门的核心胜任素质，领导组织发展；部门管理者要把握岗位的素质要求和标准规范，激励员工的积极性；个体要努力以高标准发展自己的胜任素质，提高个人绩效水平。个人的岗位胜任素质是和组织整体要求的文化胜任素质密不可分的，因此，不能够“只见树木、不见森林”，必须将个人岗位的胜任素质还原到真实的组织环境中，使得两者能够共生共荣，并根据组织战略的调整不断完善胜任素质模型。

2. 胜任素质构建和人力资源管理各环节密切结合

胜任素质构建虽然是管理者职业化的核心内容，但是如果不能够和人力资源管理各环节有机结合，也就不能够发挥实质的作用。具体到辅导员胜任素质模型的构建，需要将胜任素质的要求纳入人力资源管理工作的整体设计和运行中，纳入辅导员准入、培训、激励和发展的环节中，从而在不断完善辅导员胜任素质的基础上，提升辅导员的工作满意度和工作绩效，帮助辅导员提高自我认同和赢得社会认同。

四、辅导员胜任素质模型构建方法

传统的素质要求只是区别一般和差的标准，但是胜任素质模型却是区分优秀和一般的标准。在辅导员职业化的发展过程中，要重视胜任素质的发展，要明确优秀的标准，使得整个人力资源管理发挥积极的导向作用，不断提升和凝练个体和群体的专业化水平。构建辅导员胜任素质模型，既要参考国际通用的管理者胜任素质模型的构建方法，也要结合辅导员工作自身的要求和特点，在管理科学的相关研究成果基础上，构建具有中国特色的辅导员胜任素质模型。

（一）辅导员胜任素质的基本内涵

胜任素质是能够将工作（或组织、文化）中表现优异者和表现平平者区分开来的个人潜在的、深层次的特征，它可以是动机、特质、自我形象、态度或价值观、某领域的知识、认知或行为技能一任何可以被可靠测量或计数的，并且能够显著区分优秀绩效与一般绩效的个体特征。在辅导员的胜任素质界定上，应该包括两个方面的基本内容：一方面是具体的显著提高绩效的行为表现，另一方面是取得绩效的人格特征，如个性、价值观、态度及动机等。只有将上述两方面有机结合，才能够科学全面地界定辅导员的胜任素质。

（二）明晰组织发展目标

了解组织与员工的共同利益和共同目标，在此基础上构建和发展员工的文化胜任素质，即对员工具有普遍性要求的，与组织战略发展和文化氛围相契合的行为特征。在此基础上，对于特定的岗位，明确需要具备的个性、知识及技能等要素，即岗位任职者胜任素质。具体到辅导员，作为高校思想政治教育工作的主体，辅导员首先要明确中国高校的使命和任务。同时，还要结合学校的发展战略、工作愿景和学科特点等具体情况发展相应行为特征，形成适合高校情境的文化胜任素质。高校辅导员的岗位不仅仅要具备最基本的文化胜任素质，还要结合辅导员的具体职责要求形成独特的岗位胜任素质，注重发展自己的潜力，改善自己的态度和价值观，并在与岗位胜任素质相配套的一系列绩效评定、培训、激励活动中不断提升自身的专业水准。

（三）构建辅导员胜任素质模型测评指标体系

辅导员岗位职责直接对应着岗位素质要求，参照“九要素”理论中思想政治教育工作者应该具备的基本素质，我们可以将辅导员胜任素质要求首先聚焦到两者的交集，既能够体现辅导员从事思想政治教育工作的基本特点，又能够反映辅导员的岗位职责要求。因此，思想素质、知识素质、能力素质作为重要交集成为模型关注的关键因素。在构建胜任素质的理论框架下，对于个性和动机、价值观、兴趣等要素的考量也是不可缺少的。为了更加有效地解决胜任素质模型的构建问题，必须立足于已有的管理科学方面的重要成果，并在具体的情境中加以细化和明确。

在这里，我们采用心理学家斯班瑟构建的管理者通用胜任素质模型作为进一步研究的基础。因为斯班瑟的管理者模型研究了 36 种不同的管理模式，其在不同等级、不同部门和不同环境的管理工作的相似性基础上提炼出管理工作的核心特质，其中，按照重要性排列，管理者通用胜任素质分别是冲击与影响、成就导向、团队合作、分析性思维、主动性、培育他人、自信心、命令、信息搜寻、团队领导和概念性思维。其中的冲击与影响、成就导向、团队合作、分析性思维、主动性、培育他人、自信心、团队领导在上述指标中占有较大权重，因此上述指标体系可以很好地模拟管理者通用胜任素质模型。

第六章 基于胜任力的高校辅导员专业素养、职业技能与培养体系

为了能够深入研究高校辅导员专业素养，就有必要首先明确什么是“专业”及高校辅导员怎样才能符合专业化的要求。这里，我们必须坚持马克思主义、毛泽东思想和中国特色社会主义理论的指导，根据近几年中共中央、国务院发布的一系列文件，结合新时期高等教育发展的现实和现代管理学知识，对高校辅导员队伍专业化建设，进行科学和深入的分析、探讨。

第一节　高校辅导员专业素养分析及其模型构建

一、高校辅导员专业化内涵

高校学生辅导员队伍是高校教师队伍的组成部分，而辅导员所从事的专业，主要就是高校学生的思想政治教育和日常管理工作。随着新世纪中国高等教育的飞速发展，辅导员队伍的建设情况自然会引起政府和社会各界的高度关注。因此，中共中央、国务院在 2004 年颁布了 16 号文件《关于进一步加强和改进大学生思想政治教育的意见》，对中国高校辅导员队伍建设以及在辅导员的专业素质方面，提出符合新的时代发展的要求。

（一）专业化的内涵

“专业”在学术上可以理解为学科的分类，但在实际工作中则要解释为专门

的职业。从职业社会学来看，20 世纪社会变革的一个显著特征就是许多职业进入了专业的行列。因此，专业可以视为职业分化的结果。

按照历史唯物主义的观点，专业就是社会分工的产物。现代社会发展表明，专业也是经济发展的必然结果。随着社会发展和社会分工的细化，社会许多成员逐渐拥有了专门技术甚至特殊技能，为人们提供专门和特殊的服务，形成了所谓的专业。这些为社会提供专门性服务的社会成员，包括律师、医生、护士、教师、厨师、会计、歌手、技工和牧师等。因此，专业是指人类社会科学技术进步、生活生产实践中，用来描述职业生涯某一阶段、某一人群，用来谋生的、长时期从事的具体业务作业规范。而一种职业是否能够做到“专业”，则要看其是否符合专业的标准及专业化的程度如何。根据美国教育协会确立的专业化标准，专业化应有高度的心智活动、具有特殊的知识技能、不断在职进修、属永久性职业、以服务社会为目的、有健全的专业组织、能遵守专业伦理。

专业化有两层含义：一是指一个普通职业逐渐符合专业标准、成为专门职业并获得相应的专业地位的过程；二是指一个职业的专业性质和发展状态处于什么情况和水平。因此，专业化既可以指一种既成的发展状态，又可以指职业的发展过程，是某个特定职业群体为了实现自身目标，不断提高素养、发展能力，从而不断达到专业水平的过程。

（二）高校辅导员专业化的含义

高校辅导员专业化，是一个富有历史、文化含义而不断变化的概念，知识含量高。高校辅导员队伍专业化是把从事高校辅导员工作当作一种专门职业，有自身不可替代的专业要求和专业特点，有相应的专业培养机构和专业规范保障制度，有一定的专业素养要求和社会定位。因此，职业化和专业化，实际上是密切相关的两个方面的完整统一。

高校专职辅导员队伍专业化，是指高校专职辅导员队伍在发展过程中，获得较强的专业素养，形成鲜明的专业标准，拥有稳定的专业地位。其目标就是通过发展专职辅导员的专业素养，提高专职辅导员的工作水平，最终提升专职辅导员的社会地位，形成专业的培养制度和管理制度。

我们可从以下五个方面来完整理解高校辅导员专业化：① 高校辅导员需要专业的知识和技能；② 需要接受专业养成教育和技能训练；③ 必须承担特定

的社会责任，具备敬业精神、服务理念和职业道德；④ 辅导员从事的专业，较其他专业领域及人员，有更大的自主性和相对的权威性；⑤ 有特定的专业组织、独特机构等。

要使高校辅导员成为一种专门职业，需要有由高素养的高校辅导员个体组成的团队与之相匹配。辅导员个体通过严格训练和终身学习，获得专业知识和技能，由此逐步提高队伍整体的专业素养。可见，高校辅导员专业化包括两个方面：高校辅导员个人专业化和群体专业化。而这两方面又相辅相成，不可分割。

关于辅导员的职业化，首先，在人员的选拔、聘用及晋升等方面有较为明确的要求和程序，要求有相应的专业、学历和相关工作经验等；其次，要有明确的工作职责，即辅导员的工作涵盖学生的日常管理、思想政治教育、心理咨询、就业指导及生活指导等方面；最后，要有一体化的职前、上岗及日常的培训体系，培训内容既包括理论知识的学习，也包括实践经验的总结、探讨和交流等。

从事辅导员工作的人员不仅要具备该职业所必需的专门知识，而且还要掌握必要的技能，把握思想政治工作的规律，具备较高的职业素养和职业情感。因此，从业者必须是通过长期系统的训练和进修而取得学士、硕士及博士学位的人员，能熟练地运用专业知识和专业技能，深入、持久地开展学生事务管理和教育指导工作。

总之，辅导员专业化的实质，就在于辅导员工作的科学化、专门化及专家化。科学化的基本意蕴是承认并尊重辅导员所从事的思想政治教育的内在规律，努力按规律办事。专门化的基本内涵就是辅导员对大学生的教育有其自身的特殊要求，包括对辅导员从业资格、素养等要求，需要通过专门的训练才能上岗，具备一定的专门知识和经验积累才能胜任。这里所说的专家化，一是指辅导员的基本职责客观上需要有一批精通思想政治教育理论和规律，具有丰富的经验和较高教育艺术造诣的专家；二是指辅导员能够像高校中其他专业教师一样，具有培育专家、成长为专家的环境和条件，并事实上能够涌现出一批这样的专家。

二、高校辅导员的专业素养要求

素养是指人的内在的品质或质量，是转化和形成能力的必要条件。素养是人们在先天遗传条件下，经过环境熏陶、教育培养和自身活动的历练，日积月累起来的基本稳定的内在品质，是智力因素与非智力因素的统一。素养是知识和技能的升华和内化，既包括可以开发的人的身心潜能，又包括社会发展的物质文明和精神文明成果在人的身心结构中的积淀。从广义上说，素养是指人的品质、质量，即人的总体发展水平，是由人的各种品质构成的一个整体结构。所以素养是一个综合的概念，是以人的个体的先天禀赋为基础，通过环境和教育的影响所形成和发展起来的、相对稳定的身心要素、结构及其质量水平。可见，人的素养具有全面、整体的特点，是一个多方面、多层次的完整结构，各个组成部分相互制约、相互促进。

国内学者对高校辅导员素养的论述，其内容可归结为“三要素论”“四要素论”“五要素论”和“六要素论”等观点。如陆庆壬主编的《思想政治教育学原理》提出思想政治教育者的五种修养：政治素养、思想素养、文化素养、能力素养、身体素养。邱伟光与张耀灿主编的《思想政治教育学原理》提出了六种素养：政治素养、思想素养、道德素养、知识素养、心理素养和能力素养。

国外也有关于高校学生管理工作者素养的许多研究，尽管这些国家和地区高校与我国大陆的高校在此类活动的内容、形式、人员要求等方面存在较大差异。但就具体内容方面，也有一些可借鉴的地方。境外高校与我国大陆高校学生工作人员类似的人员主要包括学生事务管理人员、心理或就业辅导员等。伊根从 13 个方面对辅导员的要求进行了详细描述，其中包括身体、知识、技能、态度、应变等。科里对辅导员作为一个治疗性的人（therapeutic person）应具备的 10 多项特征做了归纳，包括清晰的身份感、真诚、诚恳、诚实、幽默、开放、尊重他人及关心他人等品质。从这些学者对辅导员素养特征的总结来看，西方国家及我国港台地区高校对学生事务管理人员及辅导员的素养要求非常具体、细致，对于我们深入思考辅导员素养问题，能够提供重要的借鉴。

分析辅导员所要求的专业素养，就是在前人研究的基础上，通过调查与统计分析，对辅导员素养进行新的归纳并初步揭示各类素养之间的关系。综合国内外学者研究，结合目前高等教育发展的新趋势及高校学生管理工作发展的新情况、新问题，我们认为高校辅导员专业素养归纳起来，主要应包括个人思想政治素养、专业知识素养、能力素养三个方面。

（一）个人思想政治素养

近年来，中共中央、教育部连续颁发了许多文件，对高校思想政治教育工作、高校辅导员队伍建设做出了明确的规定。因而，从文件入手进行分析，可以对高校辅导员的基本素养，在国家的政策层面上进行把握。

1.《关于进一步加强和改进大学生思想政治教育的意见》中提出的素养要求

根据中共中央、国务院颁发的《关于进一步加强和改进大学生思想政治教育的意见》（中发〔2004〕16 号），2005 年中共中央宣传部、教育部发出了《关于进一步加强和改进高等学校思想政治理论课的若干意见》（教社政〔2005〕5 号），2008 年中共中央宣传部、教育部又发出了《关于进一步加强高等学校学生思想政治工作队伍建设的若干意见》（教社科〔2008〕5 号），一系列文件都明确指出新世纪加强、改进大学生思想政治教育，提高大学生思想政治素养的战略意义。要求高校学生思想政治工作者必须依据“坚持学习科学文化与加强思想修养的统一、坚持学习书本知识与投身社会实践的统一、坚持实现自身价值与服务祖国人民的统一、坚持树立远大理想与进行艰苦奋斗的统一”的原则和“思想政治素养是最重要的素养”的精神，教育、引导学生树立正确的理想和信念，加强思想修养。

上述文件要求全国所有的高等学校，必须充分认识思想政治教育任务的紧迫性，明确加强学生思想政治工作队伍建设的重要性，要求建设一支政治素养和思想作风好、理论功底扎实、学历层次高、勇于开拓创新、具有较强组织管理能力、善于联系实际、结构合理的大学生思想政治工作队伍。可见，根据上述文件规定的对于高校辅导员综合素养要求，在许多方面明显要高于其他专业或课程的教师。

2.《关于加强高等学校辅导员班主任队伍建设的意见》《普通高等学校辅导员队伍建设规定》中提出的素养要求

教育部按照中共中央的有关文件精神及高等学校辅导员工作发展情况，颁布了一系列关于高校辅导员工作要求和工作规范的文件，其中《关于加强高等学校辅导员班主任队伍建设的意见》和《普通高等学校辅导员队伍建设规定》最为详细和最具代表性。

《关于加强高等学校辅导员班主任队伍建设的意见》，明确指出了高校辅导员所担当的角色和职责。高校辅导员工作在大学生思想政治教育的第一线，担当着按照各个学校党委部署、有针对性地开展思想政治教育活动的任务，在重大政治问题上要求立场坚定、旗帜鲜明，并与中共中央保持高度一致，坚决维护党和国家的利益及所在高校的利益。

这些职责要求高校辅导员应关心热爱学生，乐于奉献，善于做大学生思想政治工作，具备较强的组织管理能力、学生工作能力及语言和文字表达能力。同时，要求高校辅导员加强马克思主义、毛泽东思想和中国特色社会主义理论体系及时事政策的学习，及时充实自己在管理学、教育学、社会学和心理学，以及就业指导、学生事务管理等方面的知识，从而不断提高自身的思想政治和业务素养。《普通高等学校辅导员队伍建设规定》中，明确规定了高校总体上专职辅导员的师生比不低于1:200，并且高校辅导员的配备以专职为主，专兼结合。文件还明确规定了高校辅导员的工作性质，这既为高校辅导员队伍建设和职业发展提供了保证，也对辅导员的素养提出了一些基本要求。

这个文件规定了高校辅导员素养最核心并最必须具备的要素——职业意识。职业意识是高校辅导员从事职业的内在精神动力，是确立对高校辅导员这个职业的价值观与基本态度。文件还对目前高校辅导员的基本素养提出了以下要求：① 政治强、业务精、纪律严、作风正；② 具备本科及以上学历，德才兼备，乐于奉献，潜心教书育人，热爱大学生思想政治教育事业；③ 具有相关的学科专业背景，具备较强的组织管理能力和语言、文字表达能力，接受过系统的上岗培训并取得合格证书。

以上一系列国家政策文件提出的高校辅导员基本职责和素养要求，反映了新世纪中国高校辅导员工作的基本情况和需要。虽然，文件规定仅仅只是最基本的要求，但对于我们进行辅导员应当具备哪些素养的分析和研究，具有方向性的指导意义。

（二）专业知识的素养要求

大学生思想政治教育工作是一项综合性、专业性、知识性很强的工作，没有丰富的知识，难以胜任这项工作。人们常说“识高则胆大，气盛则声宏”，因此，渊博的知识是辅导员做好学生工作的基础。在实践中，辅导员至少应该具备三方面的知识素养：正确的政治理论知识、较宽的文化基础知识、深厚的相

关专业知识。高校辅导员应当是一名具有较高马克思主义理论素养的教育工作者，能够从理论的高度帮助学生解决许多疑难问题，批驳形形色色的错误观点和思潮，在意识形态领域自觉捍卫马克思主义的指导地位。同时，辅导员要立足知识的前沿，掌握本专业及思想政治教育专业发展的方向与最新成果，了解本学科最新的发展动态和趋势，在教育教学中能从较高层次上驾驭和把握本专业的知识体系，真正践行“学高为师、身正为范”，做到既教书又育人，在思想政治教育工作中取得双赢效果。

随着经济的多元化和高等教育改革的不断深入，高校管理机制、培养模式发生了深刻的变革，学生的实际情况、思想观念更加复杂。新世纪辅导员工作的具体内容，也由原来单一的思想政治教育工作为主，向兼顾学生事务管理和咨询服务三位一体的工作任务转变，这就对辅导员应具备的专业知识素养，提出了更新更高的要求。

如此，就要求辅导员具备的知识，应当包括政治学、管理学、社会学、经济学、教育学、心理学和生涯规划等方面的理论基础知识。辅导员又是学生的管理、辅导者，其管理、辅导咨询服务功能正在不断拓展，面对大学生的多种不同诉求，辅导员掌握教育学、心理学的理论，了解教育的内在规律，把握学生的心理特征，从学生的需要出发，运用科学的教育方法，为学生提供咨询服务，才能有效地促进大学生主体作用的发挥，真正将辅导、服务落实在学生的日常学习、生活事务中。

1. 思想政治理论知识

在中国高校中，辅导员一定要具备学科专业背景和思想政治教育工作专门知识。作为大学生思想政治教育的骨干力量，高校辅导员必须首先提高自身的思想政治理论素养。这就要求辅导员要加强对马克思主义、毛泽东思想和中国特色社会主义理论的学习，并且在学习中做到学以致用、理论联系实际。通过学习思想政治理论知识，做到用马克思主义的立场、观点和方法，观察社会、认识社会，在复杂的环境中分析社会历史发展的趋势，尤其是在当今社会利益多元和现象复杂的情况下，辅导员只有不断提高思想政治素养，才能明确政治方向，坚持政治立场，提高鉴别能力和政治敏锐性，在大是大非面前旗帜鲜明、立场坚定，始终与中共中央保持政治上的高度一致。同时，辅导员也只有不断用思想政治理论武装自己的头脑，才能不断将新的理论指导应用于实际工作，才能更好地在学生中开展思想政治教育。按此要求，辅导员工作承担者在本、硕、博的学习经历中，需要有思想政治教育专业的学历。

2. 心理学知识

在社会与高校都越来越关注大学生心理健康教育的今天，高校辅导员作为学生管理工作的一线人员，是与学生交流最多、接触最广、影响最深的教育者，也是学生心理健康的第一道防线。辅导员往往是最能掌握学生心理动态、了解学生心理变化、感触学生内心世界、贴近学生真实生活的人。因此，在大学生心理健康教育中，辅导员扮演着无可替代的重要角色。然而，如果没有足够的心理学知识作为基础，很有可能就丧失了对学生心理问题进行初步开导的机会。所以，专业的辅导员必须学习心理学的相关知识，才能充分发挥他们有利的地位和作用，对学生进行早期的心理健康教育和引导。据此，辅导员培训中应当注意心理学课程及相关知识的学习。

3. 管理学知识

高校辅导员面对的是思维活跃、情绪高涨、易于接受新鲜事物的当代大学生，要想管理好这样的群体，学习一些常用的管理学知识是必不可少的。管理是保证组织有效运行必不可少的条件，而组织的作用依赖于管理，管理是协调组织中各部分的活动，并使之与环境相适应的主要力量。尤其目前我国高校扩招的现状，一个辅导员往往面对若干班级，或者是跨年级的几个班级，甚至是整个二级学院所有的学生，管理人数多，层次差别大，试图有效地发挥组织的作用，做到科学管理、人性化管理，更需要辅导员具备管理知识，懂得管理的艺术。管理学应该是一门集多种学科为一体的学科，需要我们有哲学、逻辑学和心理学等一些学科的基础知识。同时，学习管理学知识对辅导员的思想意识、思维方式、洞察能力和个人修养等综合能力的提高，甚至今后转行从事其他职业，都会有所帮助。考虑到管理学的知识学习只是初步，而更重要的在于管理能力的提高，这就必须源于实践过程和经验积累，因此将在下文“管理能力的素质要求”中，突出介绍。

4. 教育学知识

教育学的研究对象是人类教育现象和问题，以及教育的一般规律。作为高校教师，辅导员学习教育学有关知识，主要是了解高等教育的基本理论，确立科学的教育观念，掌握从事高校的教学、德育及科研等工作的基础知识。才能

顺应教育的一般规律，引导学生树立正确的世界观、人生观、价值观、学习观，为学风建设打好思想基础。并通过有效的教育形式，引导学生自觉地把实现个人价值与服务祖国人民统一起来，树立为祖国繁荣富强贡献聪明才智的远大理想，也能够为大学生的健康成长成才，提供强大精神动力。可见，教育学知识学习也是辅导员上岗培训的重要内容。当然师范类的毕业生不在此列。

5. 法律知识

辅导员自觉学习法律知识，一方面可以更合法地处理学生事务，用法律规范管理行为、解决学生争端；另一方面有利于开展学生普法知识教育，浓厚教育环境、校园环境的民主与法治氛围，增强学生的法制意识，树立法制观念，有利于校园的安全稳定和学生的人身安全的自我保护。同时使大学生知道自己的行为哪些该做、哪些不该做、哪些是违法行为，懂得正确运用法律知识保护自己和其他人的合法权利。尤其在新世纪“依法治国”不断发展的趋势中，更是如此。

此外，高校辅导员还需要学习学生事务管理、计算机与网络、形势与政策等方面的相关知识，熟悉国家和学校的帮扶政策、组织发展程序的规定等，具备观察学生并具有分析和判断能力，组织协调能力，个别谈话和谈心的能力，口头和书面表达能力，发现、培养和引导人才的能力，总结工作的能力等。高校辅导员只有通过不断和系统地学习相关专业知识，才能顺利实现由传统的经验型向科研型转换，由知识的单一型向复合型转换，由非专业化、非职业化向专业化和职业化转换。

（三）管理能力的素养要求

1. 高校辅导员的工作职责

目前，中国高校辅导员的工作任务主要集中在思想政治教育、德育工作、学生日常事务管理和学生相关服务工作四个方面。有关的政策文件及部分高校，已经对辅导员的工作职责做出了一些明确规定和具体要求，也为本研究提供了参考。

2. 基于胜任辅导员工作职责所要求的管理能力素养

能力是以人的生理和心理素养为基础，在认识和实践活动中形成、发展的完成某种任务的能动力量，是体力和智力的有机结合、物质和精神的动态统一。

辅导员是大学生日常思想政治教育和管理工作的组织者、实施者和指导者，是大学生的人生导师和大学生健康成长的知心朋友，其组织管理能力直接影响学生工作绩效的高低。

辅导员是学生事务的管理者，作为一个管理者而言，辅导员的管理能力高低直接影响到学生工作的绩效。大学生日常思想政治教育的一线工作主要靠辅导员来指挥和协调，是大学生思想政治教育的一线指挥员。辅导员要经常召开各种会议、组织各种活动、协调各种关系、调动各个方面的积极性、还要执行学校的各项规章制度等，如果没有较强的组织管理能力，很难胜任工作。

组织开展丰富多彩的第二课堂活动需要辅导员具备较高的领导能力。在开展活动中，辅导员不仅要能干事业，还要善于带队伍。高校学生人生观开始逐步形成，具有较强的自主意识、成才意识和强烈的表现欲望。学生干部作为联系学生与教师的纽带，是加强大学生自我管理、自我教育的重要力量。辅导员要根据学生的特点，合理地利用和开发学生干部的资源，充分调动他们的积极性和能动性，使学生干部成为自己的左膀右臂。因此，辅导员要学会发现学生的潜力，用其所长，避其所短，做到知人善任，在工作中积极培养学生干部的能力。确立合理的学生组织机构，引进竞争机制，营造良好的工作氛围，培养富有朝气、踏实进取的学生干部，充分调动每个学生的积极性。

通过上述辅导员的工作分析，分析相关工作的全面且详实信息，识别哪些素养要求对于任职人员成功完成工作任务具有价值，才能够为任职人员甄选聘用、培训开发等一系列人力资源管理活动提供依据与支持。

工作分析对任职人员的素养要求包括：任职必备品质分析、任职必备能力分析、任职必备技能分析和任职必备知识分析。根据这个理论，就可以在这四个方面，对高校辅导员这一职位应当具备的素养进行分析。

三、高校辅导员素养结构系统——胜任力模型的构建

（一）高校辅导员素养结构概括

综上所述，高校辅导员的素养可以归纳为三个方面：个人思想政治素养、专业知识素养和管理能力素养。第一类主要由思想素养、政治素养、道德素养

构成；第二类主要是科学研究能力、创新能力、思想政治教育专业知识、身体素养、法律素养、综合知识构成；第三类主要由表达能力、沟通能力、分析判断能力、应变能力四位一体结构，在这个系统当中，高校辅导员的个人思想品质素养，是辅导员从事该职业的思想前提和根本动力；专业知识素养和管理能力素养，是辅导员从事职业并有效履行工作职责应当掌握的本领与技术，三者相辅相成，缺一不可。

（二）高校辅导员素养结构胜任特征模型的构建

胜任特征（Competency），首先是 20 世纪 70 年代初由著名的组织行为研究者麦克利兰发表的《测量胜任力而非智力》一文所提出的。随着管理领域对胜任力研究的蓬勃发展，胜任特征理论及其建模技术在许多研究领域兴盛起来。如在教育领域，人们越来越认识到教育是“人”（教育者）在培养“人”（受教育者），教育的效果如何，首要因素在于教育者自身的教育能力如何。接下来的问题是，什么样的人能胜任教育者这个职业（角色或岗位）、什么样的人能够在岗位上表现优秀、干得出色？这样，胜任特征研究在教育领域应运而生。作为一支特殊的高校教师队伍，高校辅导员承担着重要的育人任务。辅导员角色定位由单纯的思想政治教育者向学生人生导师的转变，就对辅导员任职能力提出了新要求，也对辅导员的选拔、培养和任用提出了新标准。可见，运用现代管理学理论中的“胜任特征模型”，表征高校辅导员素养结构，是一个值得借鉴的研究方法。

1. 胜任特征模型的基本概念

胜任特征模型，是针对组织在人员选聘中不能采用传统的智力测验、性向测验、学校的学术测验等，测试从事复杂工作和高层次工作绩效时，采用的一种组织员工测试。麦克利兰及其同事们将胜任特征定义为个人的一些潜在特点，这些特点包括动机、个性特点、自我形象、价值观、知识和技能，这些潜在特点导致了个人有效或卓越的工作绩效。麦克利兰将这些潜在特点用冰山模型形象地表示出来。

2. 胜任特征模型

胜任特征模型就是为完成某项工作，达成某一绩效所要求的一系列不同素养要素的组合，包括不同的动机表现、个性与品质要求、自我形象与社会角色特征、知识及技能水平。通过员工胜任特征模型，可以判断并发现导致员工绩效好坏差异的关键驱动因素，从而成为改进与提高绩效的基点，也为人员测评与选拔提供了一个更加科学的标准，其可信度更高。

如何构建辅导员素养的胜任特征模型，是整个研究的难点与关键。一般来说要经过几个环节：确定标准、确定有效样本、获取有效样本和有关胜任特征的数据资料、分析数据资料并建立胜任特征模型、验证胜任特征模型并将胜任特征模型应用于实践。建立并验证了胜任特征模型之后，就可以以此作为标准进行人员测评与选拔了。

3. 高校辅导员素养结构胜任特征模型

根据管理能力素养、专业知识素养和个人思想政治素养三个方面的要求，又可以细分为很多子因子项目。根据这些内容项目，引入管理学工作分析、绩效考核原理，引入“胜任特征模型”，就可以尝试建立“高校辅导员素养结构胜任特征模型”。

第二节　高校辅导员队伍的职业化分析

众所周知“职业化”和“专业化”存在密切联系，同时又有区别。从广义看，专业化和职业化，都是为了促进某个职业的发展，都要提高从业者的知识和技能，提高该职业的社会地位和从业者的收入水平等，在基本目的或者说最终要达到的状态上有很大的共通性。从狭义来说，高校辅导员的职业化，自然要求从业者长期甚至终身从事辅导员工作，并把这一点作为进入该职业的一个壁垒或者说基本标准，那么，要求达到这个程度的水平（即每一个体从业时间的持续延长），也必然不断提高。换句话说，随着辅导员专业水平的不断提高，专业化的辅导员能够存在和持续发展，并成为长期稳定的职业，就必然要有较高的准入门槛。因此，专业化和职业化并不矛盾，而是辩证统一的。

总之，要推进专业化，必然要求有职业化的从业队伍和群体，同时，也必须要求从业人员具有相当的专业化水平。而“职业化”和“专业化”都离不开素质、知识、特别是职业技能的衡量与考核。

一、高校辅导员职业技能要求的依据

（一）根据人才学的分析

人才学是一门研究人才产生和发展规律的科学。具体来讲，就是研究成才者的内在素质如何在外部环境和自身主观能动性的交互作用下，逐步由量变到质变，达到优化状态，再将优化的素质经过实践活动为社会创造财富。人才学虽然是个新兴学科，但提出的许多理论都有较强的应用价值。比如“人才群体整体性功能取决于群体结构优化”的论断，为人才群体优化组合提供了科学依据。许多研究表明，优化的人才群体结构，具有群体感应、群体互补、群体师承、群体团聚和群体自我调节等功能，这是组成一个群体的某一个体所不具备的功能，因而优化的人才群体整体性功能大于构成该群体的个体功能之和。人才学“综合效应论”的基本观点是：“人才成长是以创造实践为中介的内外诸因素相互作用的综合效应。其中，内在因素是人才成长的根据；外部因素是人才成长的必要条件；创造实践在人才成长中起决定作用。”这也是我们为什么要深入研究高校辅导员职业化专业化队伍建设的理论依据之一。

分析人才成长，既要考虑人才所处的外部环境，更要分析其内在素质，特别是其创造实践活动及其经历。同样，要培育和造就人才，应从综合内因和外因考虑，特别要给予成才主体或人才个体，创造实践的机会和平台。人才学提出的“人才资源开发整体相关理论”认为，人才资源开发是指在一定社会条件下，通过科学而有效的方法，使人力资源潜能得以充分开掘和发挥，服务于社会或社会某一领域，从而使人力资源转化为人才资源，使低层次人才资源转化为高层次人才资源。人才资源开发，绝不仅仅是教育、培训，而是一个“开掘—转化”的完整过程。研究表明，这个过程由预测规划、教育培训、考核评价、选用配置、使用调控等基本环节构成，这样，人才资源开发也能够形成一个系统工程。作为系统工程的人才资源开发，就应当遵循系统论的整体相关性原理，并以此原理为理论基础，达到人才资源开发最优化。

人才学的这些理论和观点，对加强高校辅导员队伍职业化、专业化建设具有重要的借鉴价值和指导意义。例如，“人才群体整体性功能取决于群体结构优化”的论断，为高校辅导员队伍结构的规划、组建高效的高校辅导员队伍提供了科学依据；“综合效应论”为高校辅导员培训、培养提供了基本的思路和方法；“人才资源开发整体相关理论”则为推进高校辅导员职业化队伍的整体建设和成长，并实现高校思想政治工作的协调发展，提供了理论基础。

（二）激励理论的意义

激励，对于调动人们潜在的积极性，出色地去实现既定目标，激发员工的创造性和革新精神，不断提高工作绩效，均具有十分重要的作用。自二十世纪二三十年代以来，管理学家、心理学家和社会学家从不同的角度研究了应当怎样激励人的问题，并提出了许多激励理论。比较有代表性的有马斯洛的“需要层次理论”、麦克利兰的“成就需要理论”、赫茨伯格的“双因素理论”和罗伯特·豪斯的“综合激励模式理论”，这些激励理论都认为，人能够被某种因素所激励而积极，也可能被某种因素所刺激而消极。

人的行为，一方面受其个体变数的影响，另一方面又受其所处环境因素的影响，这两个变数是影响行为的决定因素。因此，激励的方式主要有两种：一是外在的激励方式，包括福利、晋升、授衔、表扬、嘉奖和认可等；二是内在的激励方式，例如学习新的知识和技能、责任感、光荣感和成就感等。其中，外在的激励方式虽然能显著提高效果，但不易持久，处理不当有时相反降低工作情绪；而内在激励方式，虽然激励过程需要较长的时间，但一经激励，不仅可提高效果，且能持久。

根据激励理论，思考高校辅导员队伍职业化、专业化建设，必须充分考虑激励的个体因素和环境因素，运用科学、有效的激励方式，既能够体现组织在管理上的人文关怀，又可以提升辅导员的责任感、荣誉感和成就感，并制定相关制度，营造和谐的高校辅导员队伍建设环境。同时，辅导员在进行大学生思想政治教育方法的选择上，也应充分认识激励对于学生思想形成、人格完善以及日常行为的重要作用。

（三）关怀理论的启示

美国当代的教育家内尔·诺丁斯，继承西方关怀伦理的传统，形成了具有时代特征的以关怀为核心的道德教育理论。诺丁斯的关怀所具有的具体性、个体性、主体间性等特征，彰显了鲜明的时代个性。诺丁斯理论强调对学生生命

的尊重、对学生体验和感受的重视、教师的榜样作用和道德教育的实践性特征，提出了道德教育有四种方法，即以身作则、对话、实践和认可。

根据关怀道德教育理论，尊重每个学生的生命，不仅要尊重差异性，而且合理引导生命的个性，即便每个人都实现了最好的自我，差异仍然难免。诺丁斯认为，人具有多种能力和兴趣，学校也应该是一个具有多种目的的机构。提高智力并不是学校唯一的目的，也不是首要的目的，相反，学校的道德目的才是首要的，并指导着其他目的。这种德育目标定位继承了赫尔巴特的教育观：德育目标自身就是教育的根本诉求，即道德是教育的最高目标、德育目标等同于教育目标。

以关怀为核心的道德教育理论，对高校辅导员队伍职业化、专业化建设可以提供四个方面的启示：一是帮助教育者增强“育人为本，德育为先”的教育理念，充分重视德育教育的重要性；二是职业化、专业化的辅导员队伍建设，应该从自身素质培养方面下功夫，逐渐培养自己的关怀能力，改进思想政治教育方式、方法，注重学生的个体差异性，通过对学生的关怀，来加强大学生思想政治教育；三是高校必须在辅导员队伍建设和管理方面，着力构建一套长效机制，形成可持续发展态势，通过这支队伍的稳定性、持久性，来保证大学生思想政治教育的连续性；四是高校必须关心辅导员的生存与发展，切实解决辅导员在生活、学习和工作中遇到的困难及问题。

二、高校辅导员队伍职业化现状分析

新中国建立以来，各个时期对辅导员素质和技能的要求侧重点虽然存在差异，但在中国高等教育事业的发展中，大学生思想政治教育和高校辅导员队伍建设历来受到党和国家的高度重视。

随着国际、国内形势的深刻变化，大学生思想政治教育工作面临着许多新问题、新挑战。针对这种情况，中共中央和政府教育行政管理部门在高校辅导员队伍建设方面，采取了一系列有力的措施。近年来，高校辅导员队伍职业化、专业化建设的呼声越来越高，相关研究也取得了一些成就，在学科归属上也进行了调整，将马克思主义理论设立为一个一级学科，并将思想政治教育设为其二级学科，正在逐步将思想政治教育专业作为辅导员培养的依托学科。同时，国家还连续出台了许多专门文件，明确了高校辅导员的身份、地位和职责等，为高校辅导员队伍职业化、专业化建设提供了政策支持，而且在实践上，为了加大高校辅导员的培训力度，教育部还首批设立了21个高校辅导员培训和研修基地，依托辅导员基地开展辅导员骨干攻读思想政治教育专业的硕士、博士学位工作。然而，由于高校辅导员队伍建设涉及很多方面的因素，目前仍存在一些突出问题没有得到很好的解决，找到这些问题并分析成因是加强和改进高校辅导员队伍职业化、专业化建设的基本前提。

我们在通过阅读相关文献，并对辅导员、高校学生及相关领导的问卷调查和访谈，认为目前高校辅导员队伍职业化、专业化建设存在的问题主要包括以下几个方面。

（一）队伍结构不合理

通过我们自己在部分高校进行和对参加全国高校辅导员班主任骨干培训班的学员问卷调查，根据调查结果，认为高校辅导员队伍结构不合理，表现在如下几个方面。

1. 年龄偏小

根据调查结果显示，30岁以下年龄段的辅导员占到了整个高校辅导员队伍的70.1%，而40岁以上的辅导员仅占3.7%。虽然，拥有一支精力充沛、朝气蓬勃、有创新精神的年轻辅导员队伍在开展大学生思想政治教育方面具有某些优势，如容易融入学生中，能够充分了解学生的兴趣、爱好和思想动态；时间充足，富有激情，容易感召学生；思想意识前卫，容易理解学生，能够创造性地开展工作等。但是，以年轻辅导员作为高校辅导员队伍的中坚力量又有着不容忽视的诸多弊病。

首先，年轻辅导员工作时间较短，缺乏足够的学生管理工作的经验，而经验在大学生思想政治教育中占有极其重要的地位；其次，辅导员的人生阅历较浅，无法满足学生职业生涯规划和世界观、人生观、价值观和婚恋观等方面的指导需要，使得思想教育和行为引导仅仅停留在说教层次上，很难根据自身经历和感受经验进行工作，缺乏权威性和说服力，教育效果不佳；最后，由于年轻，在与学生家长的沟通与交流的过程中，难以获得他们的信任与配合，也间接影响了对学生的教育效果。

2. 学历偏低

虽然，高学历并不代表高素质，但是在高校这个特殊的环境中，高学历是

辅导员顺利开展大学生思想政治教育工作的先决条件。

从调查结果可以明显看出，当前辅导员队伍中，以拥有学士学位的人员为主，占到 66%，而具有硕士研究生学历（含双学士学位）和博士研究生学历的比例分别为 31.8%和 2.2%。一般来说，学历代表着人的知识、能力和素质水平。同时，大学生又是经历了十几年学习、拥有较丰富的知识储备和较高智商水平及学习能力的高素质群体，如果辅导员自身不具备渊博的知识、广阔的学术视野、深厚的文化底蕴和良好的教育背景，就难以对学生进行学业指导和规划，也不能站在较高的角度对学生进行思想政治教育，更不易让大学生们信服。

3. 学科分散

高校辅导员是大学生健康成长的指导者和引路人，是对大学生进行政治引导、思想教育、学习督导、行为引导及相关事务管理的教师，日常与学生接触较多，对学生思想、学习、生活等各个方面影响较大。辅导员工作的综合性和复杂性，要求其应具备较宽的知识面、较牢固的知识结构和较高的学识水平。首先，应具备较扎实的思想政治教育专业知识、一定的政治理论功底和较高的政策水平；其次，应对学生所学专业知识有一定了解，便于沟通和对其进行引导；最后，还应熟悉教育学、管理学、伦理学、心理学、社会学、心理咨询、就业指导、社会调查、统计学、学生事务管理及法律等方面的相关知识。

从调查的总体结果来看，当前，综合性大学、师范院校和文科院校的辅导员学科结构及其反映的知识结构，比较接近辅导员的学科专业背景要求，而理工科、多科性或单科性专业学院的辅导员学科结构及其反映的知识结构，距离国家和社会对其的要求，差距相对大一些。由于辅导员学科不同和知识背景的局限，导致许多学校的辅导员培养及队伍建设，与专业课教师基本上没有什么区别。

数据显示，辅导员具有哲学社会科学类（含思想政治教育）和教育学、心理学、社会学的比例仅为 13.4%，当前高校辅导员队伍学科结构不合理问题亟待解决。

4. 职称/专业职务偏低

高校辅导员队伍的职称/专业职务结构的基本状况是：高级职称比例明显偏低。究其原因应该有两个：一是做辅导员工作的教师大多年轻，还无法满足晋升职称/专业职务的工作年限要求；二是辅导员晋升存在较大难度，具有制度方面的阻碍。辅导员职称/专业职务的晋升是高校辅导员队伍建设的重要方面，一支职业化、专业化的高校辅导员队伍应该具有成熟的职称晋升制度，这有利于激发辅导员工作的热情和动力，必须切实加以解决。

（二）管理和保障制度不健全

高校辅导员队伍职业化、专业化建设中制度建设是关键，但就目前全国各高校的实际情况来看，辅导员的管理和保障制度并不健全，存在许多问题，主要表现在以下这些方面。

第一，准入制度不完备。首先，缺少高校辅导员职业资格认定制度。劳动部、人事部在 1994 年出台的《职业资格证书规定》中明确指出“职业资格是对从事某一职业所必备的学识、技术和能力的基本要求。职业资格包括从业资格和执业资格。从业资格是指从事某一专业（工种）学识、技术和能力的起点标准。执业资格是指政府对某些责任较大，社会通用性强，关系公共利益的专业（工种）实行准入控制，是依法独立开业或从事某一特定专业（工种）学识、技术和能力的必备标准。”

辅导员属于高校教师，但辅导员的工作与其他教师的工作存在很大差别。虽然，目前高校教师有职业资格制度，必须取得《高等学校教师资格证》才能上岗，却并没有针对辅导员的职业资格制度，这是阻碍高校辅导员队伍职业化、专业化进程的重要因素。同时，选聘标准不合理。我国目前各高校在招聘辅导员时，将学历要求普遍提高到至少是研究生学历，但重学历、轻专业，因此“高学历化”并不等于专业化，更不等于具有相应的专业素质和能力。而胡锦涛同志所提出的“政治强、业务精、纪律严、作风正”的要求，还没有能够细化出可以参照的素质或技能标准，纳入高校辅导员的选聘体系之中。并且，选聘模式也不科学。目前，中国高校采取的辅导员选聘模式大致有三种：毕业生留校、公开招聘、内部转岗。根据有关高校辅导员队伍建设问卷调查的结果来看，毕业生留校的比例过大，这种“近亲繁殖”存在很多问题，例如：学生管理系统封闭、教育和工作方法单调、研究视野狭隘、难以创新；职务晋升、考核和奖励等问题容易受到师承关系的影响，难以做到公平、公正；优秀辅导员由于长期处于非竞争环境中，个人潜力受到抑制，无法充分发挥，甚至试图离开岗位等。另外，目前许多高校采取的“2+2”模式进行辅导员的选留，即保留本科毕业生免试攻读硕士研究生的资格，先担任 2 年的专职辅导员，第 3 年开始一边

工作，一边进入研究生阶段的学习，如果所带班级的学生毕业，即可进行脱产学习，辅导员本身研究生毕业后可以离开辅导员队伍，自主择业。职业化辅导员的长期化，要求确保其稳定性和持续性，而这种培养高校辅导员的模式，明显是南辕北辙。

第二，管理制度不规范。在中国高校中，对辅导员的管理，主要存在职责范不明确、多头领导和职称职务晋升困难的问题。自新中国成立之初建立政治辅导员制度以来，辅导员角色具有鲜明的政治色彩，同时随着工作内容的不断拓展，辅导员角色又被不自觉地打上了“全能冠军”的烙印。有一种较为普遍的认识，就是学生的事就是辅导员的事（如课堂纪律，任课教师管不了的，也要辅导员对学生进行“教育”），学生的所有不是之处，也往往归责于辅导员。教育部 24 号令明确指出“辅导员是开展大学生思想政治教育的骨干力量，是高校学生日常思想政治教育和管理工作的组织者、实施者和指导者。辅导员应当努力成为学生的人生导师和健康成长的知心朋友。”然而，目前许多高校的辅导员已经逐渐成为勤杂人员，整天陷入繁重的事务性工作中，几乎无法开展对学生的思想政治教育。辅导员职责的泛化，已经成为制约高校辅导员队伍有效开展工作及职业化、专业化建设和发展的重要因素。

辅导员岗位职责范围不明确的根源，从某种程度上来说，又是辅导员的领导部门过多。院系一级：除辅导员的顶头上司——主管学生工作的党总支副书记外，行政系主任可以安排其办事；教学秘书安排其监考、巡考和通知调课等；办公室主任安排其领取办公用品等；学校一级：除学生处、团委、就业指导办公室等，正常安排工作之外，党委组织部发展学生党员、体育教研部组织学生运动会、宿舍管理科查处学生违章用电等，都可以要求辅导员去动员学生。这种多头领导的状况，严重影响了辅导员的积极性和工作热情，工作起来无所适从，并应接不暇，效果自然不佳，还得不到他人的认可。另外，辅导员职称、职务晋升困难，也是制约高校辅导员队伍职业化、专业化发展的重要因素。目前，一些高校的辅导员评职称，主要参考专业课和基础课教师从讲师、到副教授、德育教授的序列，但是这个系列实际上是为教师设计的，其评审条件和辅导员工作并不相符。且职称评定有严格的指标，每学期授课的学时数、发表的学术论文数，承担的科研项目数等都是份量极重的指标，激烈竞争的境况和结果，即便许多专职教师都难以如愿以偿。而有些高校的辅导员并不讲课，也难

有时间研究理论、撰写论文，更没有科研项目，这使他们在职称评定时完全处于劣势，甚至很少有机会评聘高级职称。在行政职务方面，每一二十年才会空出一个副处级的院系党总支副书记的职位，还往往出现“空降兵”（从其他部门调来担任领导职务的人）。晋升困难的问题使辅导员感到前途渺茫，认为工作做得好与坏都一样，工作缺乏激情和动力，更无法将辅导员工作视为终身职业，于是许多人积极地另谋出路。

第三，培训制度不完善。缺乏足够的理论和政策素养及学生教育管理的相关专业技能，是高校辅导员不能有效开展大学生思想政治教育工作的主要原因。新上任辅导员来自各个专业领域，多数未经过大学生思想政治教育的相关培训，缺乏从事学生教育、管理、咨询和辅导等相关工作的业务知识和基本的工作方法和技能，其知识结构难以适应市场经济、教育体制改革和学生思想政治教育工作的要求。同时，在信息时代和全球化时代到来的时期，高校的育人环境发生了巨大变化，知识的更新速度越来越快，高校辅导员由于长期忙于事务性工作，无暇给自己“充电”，这就容易造成他们的观念较陈旧、知识面较狭窄，跟不上时代的发展和学生的需求，甚至可能出现“文化反哺”现象。然而，高校学生工作者对此似乎还没有察觉，或者说准备不足，导致其知识更新不及时，在处理学生问题上力不从心，教育效果不佳。由于辅导员没有经过相关知识和技能的培训，无法应对大学生在新形势下所产生的心理病症、人格障碍、网瘾、学习和就业压力大及校园凝聚力下降等种种复杂的现象，较难采取有效措施，对大学生的心理和行为进行科学引导。

有研究者就“高校辅导员、班主任对加强自身队伍建设途径、方式的选择”这一问题进行调查，结果显示，60%以上（包括选择多选即认为各项都重要）的被调查者选择了专业培训和进修学习。这一方面说明对辅导员进行相关知识学习和技能培训，十分必要和有效；另一方面也反映了目前许多高校的辅导员培训制度不够完善的现实状况，高校辅导员培训工作需要大力加强，培训制度亟待完善。如何加强和完善培训？当然离不开对辅导员素质、知识、特别是职业技能的衡量与分析，任何缺乏针对性的知识学习或技能培训，必要性和有效性都是令人怀疑的。

第四，考核制度不够客观。工作考核具有很强的导向作用，最终目的是改善辅导员的工作表现，促进辅导员自我提高和进步，促进团队目标的实现。由

于目前没有辅导员专业化职业化的素质和技能要求的指标，无法制定一套与专任教师工作考核制度相区别的全面、客观、公正的工作考核制度，甚至根本没有考虑制定相关的评价考核指标体系，辅导员工作做得好坏，全凭领导的主观判断，或者干脆做得好与不好都一样，导致许多人产生“等、拖、靠”等消极心理，工作热情不高。同时，缺乏合理的工作评价考核指标体系就无法给高校辅导员的专业技术职务聘任、各类奖惩、晋级和合理流动等工作提供重要依据。这就需要特别关注对辅导员素质、知识、特别是职业技能的衡量与分析，而缺乏针对性的知识和技能考核，有效性和可信度同样令人怀疑。

因此，从客观原因分析，对高校辅导员考核制度的不完善甚至没有，根源就在于目前缺乏辅导员专业化职业化的素质和技能要求的指标体系。因为，没有人能够了解或者掌握某一辅导员的问题究竟出在哪里，是品质、知识还是能力？当然无法进行客观、公正的考核与奖励。

第五，激励制度不够科学。激励是调动辅导员工作积极性，促进辅导员素质提高，增强辅导员责任感、荣誉感和成就感，吸引优秀人才进入辅导员队伍的重要手段。但是，缺乏公平客观的激励依据和奖励、方式单一是目前高校辅导员激励制度存在的主要问题。

上海大学辅导员抽样调查表明，影响辅导员工作积极性的主要因素之一是“做多做少一个样儿”。这充分证明，公平本身便是一种激励。另外，众多高校关于辅导员队伍的调查表明，从事辅导员工作 1 年以内的辅导员认为影响他们工作积极性的最主要因素是事务性工作太多；而从事辅导员工作 2～5 年的辅导员认为是个人发展的前途；6 年以上的辅导员则更关注工作的成就感。可见，人的需要是多层次的、多元化的，不同人会有不同的需要，一个人处于不同的时期也会有截然不同的需要，但是，许多高校却并没有区分对象的差别，缺乏多样化、个性化、有针对性的激励措施，在激励方式的选择上，往往注重物质奖励。根据激励理论的相关论述，这种外在的激励方式很难长期发生作用，多次应用还容易失效。为了充分发挥辅导员工作的积极性、主动性和创造性，高校管理者应该认真探索科学、有效的辅导员激励机制。这里，同样需要建立起辅导员专业化职业化的素质和技能要求的指标体系，有了参照的指标或者是追求的目标，激励的内容和形式才能满足多样化、个性化及有针对性等要求。

三、高校辅导员职业化的发展及趋势

（一）制定高校辅导员队伍职业化的战略规划

大力推进高校辅导员队伍建设是加强大学生思想政治教育的重要组织保证，通过以上论述，可以知道实施职业化、专业化建设，是高校辅导员队伍建设的必由之路。胡锦涛同志在全国加强和改进大学生思想政治教育工作会议上的讲话中提到“按照政治强、业务精、纪律严、作风正的要求，着力建设一支高水平的辅导员和班主任队伍……”明确指出了高校辅导员队伍建设的目标，接下来的关键就在于进行战略规划。通过深入的分析和思考，我们认为应急需从以下两个问题入手。

首先，高校辅导员队伍职业化、专业化建设中制度建设是关键，但就目前全国各高校的实际情况来看，辅导员的管理和保障制度并不健全。

其次，职业化、专业化建设必须加强，目前主要问题就在于缺乏辅导员专业化职业化的素质和技能要求的指标体系，导致辅导员队伍来源五花八门。

（二）加强学科建设，解决辅导员队伍来源问题

辅导员给予学生的指导和帮助不仅是思想政治素质的教育，而且还要为学生提供学习方法、职业规划和心理咨询等方面的服务，这需要相应的专业知识和专业技能。因此，有必要进一步加强与辅导员职业相关的学科建设，有条件的高校可以依托思想政治教育学科设立“辅导员专业”“思想政治教育专业（辅导员方向）”“学生事务管理专业”，从硕士甚至博士层次，培养既掌握思想政治教育理论，又具备开展思想政治工作、党团活动、心理咨询、社会调查、就业指导与职业生涯规划辅导、安全法纪教育和形势政策教育等诸项知识和能力，能胜任高校思想政治教育、学生管理和辅导工作的复合型人才。在课程设置上要以辅导员工作所需要的哲学、政治学、教育学、管理学和心理学等学科为主体，并特别注重实践技能的培养，例如，演讲、写作和沟通技巧等。这样才能切实解决辅导员后备人才的来源问题，更好地实现高校辅导员职业化、专业化，同时还可以增强辅导员的学科归属感，提升辅导员的工作责任感和荣誉感。

（三）明确岗位职责，明确辅导员角色定位

在人们印象中，高校辅导员作为第一线的工作人员职责非常宽泛，包括思想教育、行为管理、心理辅导和就业指导等，工作内容带有很强的交叉性。随着学生需求的渐趋多样，辅导员扮演的角色亦渐趋多样，辅导员工作时间连续性和空间广延性强的特点将更加突出。辅导员成了办事员、接线员和勤杂工作人员，而且隶属部门不明确，好像学校任何部门都能对辅导员下达命令，学生对辅导员工作的价值也不认同，这也是一直以来辅导员队伍职业化、专业化建设推进缓慢的一个重要原因。因此，有必要进一步明确高校辅导员的岗位职责，制定岗位说明书，划定工作范围。

根据 2006 年出台的教育部 24 号令的要求，辅导员的主要工作职责包括 8 个方面：政治引领、思想教育和行为引导、维护校园安全和稳定、经济困难学生资助、就业指导、班集体建设、协调学校其他思想政治工作力量、党建和班委会建设。明确岗位职责和职业定位有助于辅导员在工作中把握方向，增强其职业归属感、荣誉感和责任感。只有各高校严格按照教育部的规定来定位辅导员角色，理顺辅导员岗位与学校其他部门的关系，才能使辅导员从根本上摆脱琐碎的事务性工作，更好地开展大学生思想政治教育工作，并有利于高校辅导员队伍专业化、职业化建设和发展。

四、高校辅导员队伍职业的技能要求

研究建立一套相对独立而又系统的评价指标体系，对于高校辅导员队伍职业化、专业化建设水平进行科学、客观、合理的评价，是高校辅导员队伍职业化和专业化建设的重要内容和题中应有之义。只有这样，才能有助于高校辅导员队伍职业化、专业化建设的理论研究，弥补目前实际工作和评价、反馈环节的不足；有利于高校全面、清晰地了解队伍现状，确立队伍建设的目标和方向，及时反馈队伍建设效果，总结经验，有效调整相关政策；更能够使高校辅导员群体明确自己学习和工作的方向，增强学习动力，激发工作热情。为此，我们在调查研究的基础上，依据中央相关文件精神并汲取学术界最新研究成果和各高校进行辅导员队伍建设的经验，尝试构建一个相应的评价指标体系，以期对我国高校辅导员队伍职业化、专业化建设有所裨益。

（一）高校辅导员任职必备技能分析

任职必备技能指任职者解决具体问题、完成具体任务时的动作系统或者基本经验要求。

根据辅导员应当具备的技能要求，进而分析其任职必备的知识。主要指任职者所必须掌握的并且在实际工作中需要直接和间接运用的常识和理论认识。

（二）评价指标的原则和框架

有了根据高校辅导员的工作职责推导出其必备的技能和知识要求，再来思考和建立相应的聘用、考核或评价指标体系等，才能够说是科学、合理的。

1. 评价指标选取的原则

高校辅导员队伍建设，尽管是一个影响因素复杂的系统工程，但其作为越来越具有职业化、专业化特征的人力资源管理领域，存在着内在固有的发展规律和目标要求。因此，对其进行考察与评价，需要遵循科学的评价原则来选取评价指标、构建评价指标体系。

① 客观性原则。这是进行评价指标选取的前提和基础。指标的确定应根据当前高校辅导员工作和辅导员自身素质状况的实际及可能的情况，选取贴近实际，不脱离目前辅导员队伍实际状况的指标。

② 目的性原则。依据新世纪中国高等教育改革和发展对辅导员队伍建设的要求，选取那些能够充分反映辅导员队伍职业化、专业化建设水平的指标，以期通过评测反映出当前辅导员队伍建设中存在的问题和差距，为改进辅导员队伍建设，促进辅导员队伍职业化、专业化提供依据。

③ 全面性原则。高校辅导员队伍建设是一个涉及多方面因素的工作，为了全面、准确、客观地对高校辅导员队伍职业化、专业化建设水平进行有效评价，选取的指标应尽量覆盖辅导员队伍建设的核心内容，只有这样，评价结果才会有较高的可信度。

④ 层次性原则。评价指标体系由一系列项目和子项目构成，所有项目应该分门别类、体现层次，并使各层次之间具有递进性，上级指标应是下级指标概括，最末一级指标能够具体描述并可量化。

⑤ 独立性原则。选取的指标应注意与同级指标内容不互相重复，各项指标

能够独立存在。

2. 评价指标选取的依据

评价指标选取、评价指标体系构建，主要依据以下几个方面。

首先，是一系列的相关政策、文件。国家和各个地方政府及教育主管部门相继出台了许多针对高校辅导员队伍建设的政策和文件，例如，《教育部关于加强高等学校辅导员班主任队伍建设的意见》《2006—2010 年普通高等学校辅导员培训计划》等，这些文件是构建评价指标体系的政策依据。

其次，是队伍建设经验的总结。国内各高校在辅导员队伍建设的实践中，大多形成了各具特色的工作模式，特别是近年来，在探索辅导员队伍职业化、专业化建设过程中出现了大量创新实践，积累了丰富的经验和教训。这些在实践中获得的经验、教训，对构建评价指标体系均具重要借鉴意义。

再次，是理论研究成果。随着《中共中央国务院关于进一步加强和改进大学生思想政治教育的意见》和《普通高等学校辅导员队伍建设规定》的颁布，高校辅导员队伍专业化建设，已经成为理论界讨论的热点问题之一。随着理论研究不断深入，积累了很多有价值的研究成果。这些研究成果为我们构建评价指标体系提供了理论支撑。

最后，就是调查研究结论。对相关人员进行深入调查、详细访谈，也是获取评价指标信息最直接的手段。例如，我们通过对国内许多高校学生工作的相关领导、普通辅导员和部分大学生进行了调查和访谈，在参考已有的指标研究成果基础上，构建相应的评价指标体系。

3. 评价指标体系的框架

高校辅导员队伍职业化、专业化建设要求对辅导员进行专业化培养、科学化管理和职业化发展。专业化培养包含两个方面：一是辅导员入职前的专业理论学习和素质能力训练，二是辅导员入职后的相关培训。据此，可从选聘、管理、考核、培训和发展五个维度，提出高校辅导员队伍职业化、专业化建设的指标体系。

第三节　高校辅导员培养的模式探讨

基于上述的分析和研究，就中国目前高校的情况而言，基本缺乏辅导员专业化职业化建设的一致要求或固定模式。因此，加强辅导员队伍的建设，需要在选聘、培养、发展、管理、考评和激励等诸多方面，进行一系列的制度设计和途径探索。首先，应该考虑在本身系统内部，建立一个适应现实和发展需要的“应变器”，使辅导员队伍专业化和职业化建设，能够长效地“自动运转”；其次，才有可能深入分析和研究，怎样才能符合系统之外的学校和社会环境并与之相衔接的问题。

一、完善选聘机制

为了加强中国高校辅导员队伍的职业化和专业化建设，自然应该在选聘环节或者在入口处进行把握，这就能够从源头上实现辅导员人员选拔以及队伍形成的第一次优化。

（一）严格选聘标准

1. 严格政治标准

高校辅导员必须要有坚定的共产主义理想和社会主义信念、具有睿智的政治洞察力、政治鉴别力和政治敏锐性，在重大问题上确保思想上和行动上与党中央保持高度的一致。选聘辅导员应该严格执行“政治强”的要求，保证进入辅导员队伍的新鲜血液能够做到有足够的政治“纯度”和“免疫力”。同时，在选拔和招聘辅导员的时候，充分考虑其职业兴趣，入口时的重点把关，就是在思想认识上解决“为什么要当高校辅导员”的问题。

2. 提高学历标准

高校应在坚持高标准严要求的基础上，从硕士研究生和博士研究生中择优选聘辅导员。按照中国目前的现实情况来看，只有高校辅导员学历的层次提高，才能够使这个群体的知识层次和人生阅历也相应提高，而且可以为大学生的思想政治教育和管理工作带来新的“研究”力量和气息，并促进这个职业的专业化和学术性。换句话说，目前许多高校通过选留本科生、在读研究生的同时，兼职从事辅导员工作的模式，问题确实不少。

3. 设置“专业”标准

由于高校辅导员是一项复合型的工作岗位，需要以多种学科为基础，尤其需要包括马克思主义理论、教育学、心理学及管理学等众多人文方面的知识积

累。要求辅导员具备相关的专业知识，可以尽量避免或减少与学生在沟通交流、事务管理和组织工作等方面的困难，有效提高辅导员的号召力和感染力。而且“专业”标准的设置，能够有效地促进和巩固高校辅导员的职业化、专业化。

（二）完善选聘程序

建立和完善科学的辅导员选拔程序，这是选拔高校辅导员人才的关键。在选拔过程中坚持“公平、公开、公正”的原则，提倡竞争上岗，择优聘用。高校可以向社会、通过各种渠道广泛发布辅导员招聘信息，包括岗位设置、人员数量、职责要求、参选资格等准入标准。尤其是面向全国各地的高校硕士生和博士生，在辅导员的“公选制”中，促进校际的人才交流和信息沟通。同时，科学严密地组织笔试、面试，对合格人员实行“公示制”，广泛听取各个方面的反馈意见。虽然，细致的选聘程序，确实增加许多工作量甚至麻烦，但是能够提高辅导员选聘的效度和信度。

（三）实行岗前培训

对确定聘用的辅导员，学校要组织严格、系统的岗前培训，使新任辅导员提高理论素养，尽快掌握思想政治教育的方法与艺术，了解大学生的心理特征和学校的基本情况，学会处理学生中易发生的紧急事件、提高预防各类问题能力。南开大学职业生涯规划中心副主任蒋建荣呼吁：不要把一些还是“半成品”的人扔到学生工作中去锻炼，学生工作不是“试验田”，它关系到鲜活的生命，一定要加强岗前培训，在岗前就把辅导员素质提升起来。

辅导员岗前培训结束，可以考虑进行职业宣誓，通过这种直抵心灵的形式，对辅导员进行职业道德教育。宣誓活动的承诺性和庄严性，决定了辅导员誓词具有浓重的法理色彩，从而使宣誓活动成为一个辅导员自我约束和规范的过程，誓词也不再只是一段文字，而成为辅导员们切切实实的职业准则和鞭策其成长的力量。

（四）建立辅导员“导师制”

高校应当根据实际情况，为每个新上岗的辅导员指定一名经验丰富、善于思考、乐于助人，并在大学生思想教育理论研究与实践探索方面已经取得成就的前辈为“导师”，对年轻辅导员具体进行生活上的关心、工作上的帮扶、学习上的督促、事业发展上的规划等的指导活动。

二、优化培养模式

教育部、省市教育管理机构应该定期组织骨干辅导员培训，加大专业素质和专业能力培训力度，不断强化思想政治教育与学生管理的研究意识，切实提高科研能力，使各校都有一批“专家型、学者型”的辅导员。对于其他辅导员，则要在领导管理素质、研究素质、组织协调能力等方面加大培养、培训力度，为辅导员的发展提供智力和技能支持。

据调查分析，目前中国高等学校辅导员多数来自于各自学校甚至各个院系和专业的毕业生，即根据需要在各自学校和专业的本科或硕士毕业生中选留，并且主要依据是具体分管学生工作院系领导或辅导员的推荐。同时，中国高等学校对辅导员的岗位认定，既是高校教师，可以定为专业技能岗位，又是专职的大学生思想政治工作者，或者说学生事务管理者，可以定为党政管理岗位。具体到每一辅导员个体的岗位确定，则是由辅导员工作承担者，自己选择。这种对辅导员的使用和培养方式，应该说具有良好的意图，主要在于让每个辅导员能够根据自己的主观意愿和未来发展，进行选择。

但是，问题在于辅导员的选聘，明显进入门槛较低，除了学历之外，几乎没有任何的职业和专业要求，而在以后的使用和培养的过程中，同样很少考虑其知识结构、技能培训、职业素养等，导致辅导员的专业化发展局限较大。因此，除了少数个体出于对学生工作的热忱及职业习惯，可以长期坚持在辅导员岗位上不懈追求之外，多数辅导员不能为之努力终身。究其根由，在于辅导员队伍整体的专业化和职业化发展水平不高，以及职业发展路径的前景模糊。因此，可以考虑从辅导员队伍体系的内部完善和外部环境拓展两个方面进行探索，以利于问题的解决。

首先，就是辅导员岗位的职业分类和专业属性，亟待明确，这是辅导员队伍建设的内部体系自身完善。目前的高校辅导员任用和岗位确定，虽然主观意图良好，结果却是辅导员的职业分类和专业属性都难以明晰。有些学校则是以兼职为主，那么辅导员的归属感更加模糊。为此，根本之策就在于必须加快辅导员队伍的专业化和职业化建设进程，明确辅导员的职业分类和专业属性。这

不仅是选聘辅导员和上岗培训的必须，也是辅导员使用、考核和培养的需要，更是为了适应不断强化思想政治教育研究与学生管理工作创新，提高研究能力并培养一批“专家型、学者型”辅导员的发展趋势。

只有使辅导员群体明确了自身工作的职业分类和专业属性，才能实现上述的目的。令人高兴的是，2011 年 5 月，教育部思想政治工作司根据《普通高等学校辅导员队伍建设规定》，制定了《教育部高校辅导员培训和研修基地建设与管理办法（试行）》，其中第三章第九条明确提出：“加强相关学科建设。进一步凝练学科方向、汇聚学科队伍、构建学科基地，大力加强本校马克思主义理论一级学科及思想政治教育二级学科建设，为大学生思想政治教育特别是辅导员队伍建设提供强有力的学理支撑。”据此，有充分理由可以认定，中国高校辅导员的职业分类和专业属性，应该归为马克思主义理论一级学科及所属的思想政治教育二级学科的教师。具体说其职业分类是高校教师，专业属性是思想政治教育。唯其如此，才能使得辅导员的选聘和考核、使用和培养，专业属性明确，职业发展和职称晋升的路径畅通。

实际上早在马克思主义理论没有设立一级学科，而是“马克思主义理论与思想政治教育”作为一个专业名称，归为政治学所属的二级学科之时，同济大学已经发文，对于本科毕业生选留担任大学生辅导员工作，之后的培养和发展，鼓励在职并以优惠政策吸引其到“马克思主义理论与思想政治教育”专业攻读硕士学位，以利辅导员的使用、培养和长期发展，学科或专业的归属非常明确。只是由于辅导员岗位的职业分类没有解决，学校政策的实际效果并不理想。当然，如果考虑近年来辅导员工作需要以及与境外高校的接轨等现实和趋势，还可以在目前思想政治教育二级学科下，新设“学生工作”或“大学生事务管理”之类的三级学科或研究方向，虽然并无不可，但按照目前中国高校辅导员工作性质的定位和中国特色的学科划分现状，建议还是继续纳入“思想政治教育”学科，操作起来最为便捷和有力。当然，这样在辅导员培养和攻读学位的过程中，课程设计和考核要求，比较现行“思想政治教育”专业应该有新的内容，至少应用性较强的“组织管理”“法律基础”“学生工作”及“青年心理学”等方面的知识学习，必须增加，并可以考虑取代原有一些纯粹理论课程的学分。对于在职学习的辅导员，尤其需要注重实践经验和工作相关的课程设计及考核，如以“学生工作日志”“学生活动分析”“学生思想和心理疏导小结”及“学生事务管理案例集成”等，作为实践课程的考核与学分。

其次，在明确辅导员职业分类和专业属性的同时，应当努力拓展辅导员职业体系之外的发展空间，或者说外部环境。通常而言，能够合格担任辅导员工作者，其经验积累、素质要求、行为习惯及思维方式，擅长与青年人打交道，而不是专业技能的精湛和理论研究的精深，因此，在职业转换的过程中，应该更多地思考如何发挥其在思想工作、事务管理、活动组织及人际交往等方面的特长。从调查的情况来看，虽然不排除有的辅导员工作一段时间，转向新的岗位之后成为较高水平的专业技术人才，但是走向党政管理工作甚至主要领导岗位的更是占了大多数。事实表明，中国高校辅导员在自身队伍体系之外的发展空间，不仅非常可观，而且路径和方向也容易把握。只是由于每一个体的选择不同，导致结果差别较大。根据现代管理学的人力资源开发理论，人才成长过程中个体差异的存在，是正常现象，并在很大程度上决定着人才的发展及目标。换句话说，辅导员的成长和发展，就每一个体而言，外部环境及学校培养固然重要，但是能够产生的影响有限，更非决定性因素。

由于在现实中辅导员岗位的职业分类，实际上处于游移不定的状况，因此，所在学校对辅导员的培养，尤其需要重视选聘、使用、考核、培养的规划和管理。具体说来，一方面，应该注重辅导员在岗时期的培训和考核，以及鼓励自我学习和知识更新的过程中，充分考虑今后可能发展的职业方向；另一方面，不仅高校对辅导员应当提供明确指向甚至指导意见，使辅导员对自己的职业发展或转换，有比较清晰的认识和把握，而且也能够使社会各行各业，充分了解辅导员的特长和优势，职业转换之后可以更加充分发挥其作用。

三、拓宽成就空间

只有“职业化”才能确保辅导员队伍的稳定。随着我国社会经济的不断发展和高等教育改革的不断深化，当代大学生在学业、心理、生活和就业等方面的需求越来越具有多样性和独特性，导致传统意义上的辅导员工作，已经产生并且连续不断地进行形式变化、内容复杂、时间延长。因此，迫切需要从创新人才培养的战略高度来认识大学生思想教育工作，进而建立辅导员职业化机制。只有通过辅导员队伍的职业化和专业化建设，才能吸引一大批优秀人才投身其中并成长为思想政治教育工作的专家。为此，教育管理部门和各个高校，都要

想方设法和主动积极地引导那些热爱学生工作、具有研究能力的辅导员走职业化发展之路，搭建广阔的能够塑造和成就职业型、专家型大学生思想政治工作者的舞台。

只有努力拓展辅导员的职业空间，并在长期的职业生涯中不断得到发展、提高，才能使大多高校辅导员对自己所从事的职业，拥有归属感进而获得成就感。辅导员可以成长为教授、专家型辅导员，与学术型教授、专家享有同样高的荣誉，受到社会的尊敬。

同时，辅导员也像其他教学、管理人员一样，有“升迁”机会。首先，高校要把专职辅导员队伍作为高校党政后备干部培养和选拔的重要来源，学校党政职能部门在聘任干部时，应当优先从适合并愿意从事党务工作、行政工作的辅导员中选拔；其次，要将辅导员队伍建设纳入学校整体的人才培养、选拔、使用规划，实施辅导员转岗绿色通道计划，根据辅导员个人的条件、志向和科研、教学能力，将一些不合适与人打交道而又有强烈专业倾向的辅导员，输送到教学或科研岗位，让他们施展才华，在教学科研领域成才；最后，学校还需要考虑和设计与社会人才交流的“立交桥”，对部分自己愿意、社会需要的辅导员人才，学校应该通过各种途径，推荐他们走向社会这个更广阔的空间寻求发展。

四、明确工作职责

（一）实施“双重领导”

辅导员队伍要实行学校和院系“双重领导”体制，明确“双重责任”。学校党委应当统一规划辅导员队伍建设，党委书记和校长是加强辅导员队伍建设的第一责任人，对分布在各个院系的辅导员实施统一领导和管理，学校学工部处负责具体实施。各个院系分党委（党总支）对所辖的辅导员进行直接管理和领导，负责做好本院系辅导员的日常培养、使用、管理和考核工作。

（二）完善规章制度

高校要在坚持以“思想政治教育为核心、以学生的发展为主导、以学生事务管理为基础”的前提下，制定《专职辅导员的任职规定》《辅导员工作条例》

《辅导员班主任工作日志制度》和《辅导员工作考评指标体系》等工作条例，以规范辅导员班主任的工作。要建立健全辅导员工作例会制度、工作计划和总结制度、班集体活动制度、学生考勤制度、跟班听课制度、工作情况记录制度、与学生谈心制度和学生公寓值班制度等，使辅导员工作有章可循。

（三）尊重辅导员权利

事务的权利，尊重辅导员创造性劳动，尽可能减少其他非专业部门和人员对辅导员工作的干预。辅导员有权对自己的工作进行统筹规划，形成一套具有自己特色的对学生教育、管理、辅导的言语和行为方式，学校应当以制度的形式将辅导员的权利确定下来。

（四）理顺职能关系

学校应成立学生工作指导委员会，以便划分清楚各职能部门、人员的责任与任务，规范相关事项沟通与协调的工作程序，减轻辅导员事务性工作负担。如学生公寓的公共卫生及社会公德情况，应由楼委会负责检查记录，一般性的违纪事件由楼委会处理，严重违纪事件以及屡教不改的学生，也是由后勤管理处及时与学生工作机构沟通并协商处理，严重危害公共安全事件由保卫处负责依法处理。

而在这些工作中，辅导员应作为学生权益的保护者和教育者参与。这样，才能真正把辅导员从直接的、繁杂的事务工作中解放出来，扮演好思想教育者的角色。

五、完善考评机制

为了充分调动高校辅导员工作积极性，在前面的论述中，我们已经提出了一个可以参考的评价指标体系。但是，随着中国高等教育的不断改革和发展变化，任何评价的指标体系都不可能是一成不变而又无限适用的。这里强调的是，不断完善的考评指标体系，应当关注的一些重点内容。

（一）考评指标体系本身的不断完善

第一，辅导员的基本素质。首要是政治素质，包括是否具有正确的政治立

场、较强的政治敏锐性，尤其是在重大问题上，是否与中共中央的思想路线、改革方针、新的理论发展和政策保持一致；其次是思想素质，主要包括具有自觉的学习态度、良好的思想道德修养、工作责任心和奉献精神等；最后是能力素质，主要包括不断提高观察、分析、果断机智处理突发事件的能力、班级管理与党团建设的能力、与学生沟通的表达能力和实践能力，以及对工作反思、研究、探索、总结与创新的能力。

第二，辅导员的工作职责。主要包括对大学生的思想政治教育、班级管理、骨干培养、党团组织建设、学生评优评奖和违纪处理、学生就业教育与指导、学生心理健康与安全教育、贫困生帮扶资助、学生学习和活动秩序维护、学生突发事件处理、学风建设、社会实践活动组织和学生工作研究等，也会有经常变化和需要适应的过程。

第三，辅导员的工作绩效。随着形势的发展和评价因素的变化，辅导员的工作绩效也不能与工作好坏完全等同，更不是今天的绩效可以等同于明天的成绩。

为方便比较，可以列出一些相对、可比、定量的考评指标，如学生申请入党情况、学生日常行为违纪情况、学生考研情况、学生考试成绩情况、学生优秀获得奖励情况、学生科技创新活动情况、学生宿舍建设情况、集体活动学生贡献情况、有无重大事件发生和所带班级是否荣获先进集体情况等，供考评参考。

第四，考评的加减分项目。这更是一个难以规定的因素。如参加学生工作理论研究论文获奖情况、教学获奖情况、工作创新情况、有无工作差错和事故及有无非学生工作原因受到记过及其以下处分等，都应随时随地加以公开且合理调整。

（二）完善考评方式的持续改进

创建《辅导员工作日志》等，来记录辅导员日常工作过程的“痕迹”，弥补目前年终“一次性总结”考核机制的不足。要通过召开座谈会、填写问卷、网上评议、辅导员述职及学生打分等形式，建立和完善辅导员考评范式。将平时考核与年终考核相结合；领导（部门）考核与学生评议相结合；定性考核与定量考核相结合；考核结果与使用待遇相结合。

（三）重视学生参与评价

对于辅导员，如果不让他们的教育和工作对象——大学生参与到考核中来，考核就是有严重缺陷的。山东大学就将“学生满意度”作为辅导员评价的重要指标，并占总成绩的 50%。北京科技大学要求辅导员直接向学生以及学院考评小组述职，并当场答辩，最后由考评小组及学生代表共同投票进行评价。2007年，根据形势发展，同济大学提出的《学生辅导员工作考核条例》，也非常明确规定了“学生参与”的内容。

（四）规范考核程序

第一，学校职能部门要制定并颁布关于辅导员年度工作考核的办法，明确考核时间与要求；第二，学校或学院组织学生对辅导员进行评价，包括问卷式、座谈式和个别访谈式；第三，相关职能部门对辅导员工作进行评价；第四，辅导员进行工作小结；第五，学院组织辅导员进行工作交流，并组织同行互评；第六，考评组进行综合评定，确定考核等级；第七，考评结果公示；第八，经过公示没有异议后反馈给个人，并上报学校和相关职能部门；第九，根据考核结果进行必要的奖惩。

各个学校必须加大考评结果在职务聘任、津贴发放、各类评比中的使用力度。对考核优秀的辅导员可以提前晋升；对考核不合格的要通过实施待岗制、下岗学习、离职分流等各种方法予以调整，对因工作失职造成损失者，按相关规定追究责任，充分发挥考核效力。

六、增强辅导员的职业荣誉感

（一）大力开展评优表彰活动

各省市教育厅局、高校工委应设立“高校思想政治工作创新奖”，每两年表彰一次包括辅导员队伍建设在内的高校思想政治工作创新单位，制定《优秀辅导员评选细则》，通过评选和定期表彰省市“十佳百优辅导员”等形式，并组织“十佳辅导员”到各个高校进行巡回报告，增强辅导员的荣誉感。高校应积极开展“优秀辅导员”创建和评比活动，将优秀辅导员纳入学校优秀教师、优秀教

育工作者表彰奖励体系，每年评选一次。在对优秀辅导员颁发获奖证书的同时，也应加大物质奖励的力度，并对他们的事迹进行广泛的宣传，从而增强他们爱岗敬业的热情和创业的信心。

（二）经济上给予适当的补贴

辅导员的工作性质需要给予经济上的补偿。如学生病了，辅导员要买点东西看望；及时与学生通信交流；出现突发事件辅导员在现场与领导联系汇报等，都给工资不高的年轻辅导员带来了经济上的负担。辽宁省规定，按财政隶属关系，每月给辅导员 200 元工作补贴，这体现了学校对辅导员的关心与支持。山东建筑大学近年来学校每年拿出 50 多万元，用于住楼辅导员补贴和发放辅导员加班补助和通讯补贴，激发辅导员热爱大学生思想政治工作的情感。

（三）实行弹性工作模式

目前，辅导员早晨要查早操、晚上整理学生入党、奖惩和社会实践总结等材料，而白天又要与行政人员一样“坐班”，节假日还需加班，不少辅导员处于亚健康状态。学校应当根据辅导员的劳动特点实施弹性工作模式。不要求每个辅导员每天都像一般行政人员那样必须按时坐班，而改为“白天轮班、设立个性化时间、重点保证针对重大教育活动及重点辅导对象的工作时间”的弹性工作模式。当然，这种工作模式需要严格的考核制度来保证。

（四）关爱兼职辅导员

对于专业课教师兼任辅导员和班主任，其从事辅导员工作的投入应当按照一定的比例折算成教学工作量，不仅依此给予报酬，而且这种工作量在职称评定中也应有效。在这些教师身份的兼职辅导员完成一定聘期（2～4 年）的工作后，学校应给予他们半年到一年左右的学术进修时间，或者推荐选送特别优秀的人员去国外进修，以弥补他们担任辅导员工作期间可能对教学和科研业务造成的影响。

（五）实行“双重身份”管理

辅导员既是教师又是管理干部，具有双重身份，学校要按照双重身份给予辅导员以“双线晋升”的优惠待遇，当前尤其是要解决好辅导员的职称评聘问题。要根据辅导员的岗位职责，制定职称评审标准和实施细则；要实行指标单列、序列单列、评审单列；要按学校统一的教师职务岗位结构比例，合理设置专职辅导员的相应教师职务岗位。评审中要充分考虑辅导员工作的特点，注重考核其思想政治教育工作的实绩，特别是在关键时刻的表现。

教育部《关于加强高等学校辅导员、班主任队伍建设的意见》指出：辅导员是高等学校教师队伍的重要组成部分，是高等学校从事德育工作，开展大学生思想政治教育的骨干力量，是大学生健康成长的指导者和引路人。为此，我们理应把辅导员队伍建设作为加强和改进大学生思想政治教育的关键措施来抓，通过一系列的制度设计与创新，保证辅导员队伍建设不断向着职业化专业化的方向发展。

第七章
高校辅导员胜任力影响因素探析

影响高等职业学校辅导员胜任力的因素不是单一性的，是由多方面因素所决定的，而且每一个因素又在不断变化。即高等职业学校辅导员胜任力影响因素具有多因性和动态性。只要深入分析其影响因素，才能“对症下药”，探索出有助于提升高等职业学校辅导员胜任力的针对性策略。

第一节　理论依据

一、绩效管理理论

绩效管理是指组织及其管理者在组织核心价值观的指引下，为达成组织愿景和战略目标而采用的管理方法，在人力资源管理系统中处于核心地位。伴随着管理理论的演进与变革，绩效管理理论经历了科学管理理论阶段、行为科学理论阶段、以人为本管理理论阶段。明确提出影响绩效的主要因素有员工技能、外部环境、内部条件和激励效应。

以人为本绩效管理思想强调以人作为主体、以文化作为先导、以制度作为保证、以价值作为中心，在保证绩效的前提下，运用更科学的方式合理地进行人性化管理，充分调动人的主观能动性，发挥人的主动性，激发人的内在潜能，深挖人的社会价值，从而全面提高组织的经济效能和社会效能。由此可见，以人为本管理理论强调对人的管理，帮助人实现其价值，从而实现组织和个体的共同发展。因此，个体人格特征对绩效起到关键性作用。

绩效管理理论不受地域限制，但在不同环境和历史积淀中，会表现出不同的特征。如欧美地区绩效管理以个体行为为中心，日本绩效管理关注团体精神，比欧美更具有“人性化”。由此可知，地域不同、群体不同、组织文化不同，就会导致组织内成员的思维方式和行为方式有差异。因此，组织环境对个体的绩效是有重要影响作用的。

绩效管理以提升岗位绩效为目标，针对绩效评价中的问题，了解员工的人格特质、职业态度和特长潜力等，对个体进行有关培训，为其进行职业发展规划提供依据，以达到人职匹配。因此，个体人格特质、岗位职责与个人绩效是紧密关联的。

二、情境胜任力理论

美国学者费德勒提出的领导权变理论，深入研究了情境因素对领导效力的潜在影响。他最早在管理研究中引入情境这一变量，为后续研究管理行为提供了切入点。由此可知，胜任力之所以对高绩效具有较强的推测作用，正在于它具有高强度的情境嵌入性。换言之，胜任力必须与具体的工作情境集合在一起才具有完成的价值和意义。“胜任力情境模型”也表明，胜任力与工作岗位紧密相关，当工作岗位、工作环境、文化氛围发生变化，胜任力也在动态发展变化。由此可知，胜任力具有针对性和动态性，有非常强的岗位和职业特性。同一组织中，不同岗位对员工的胜任力要是不同的，不同组织和不同行业的相同岗位或类似岗位，对员工的胜任力要求也不尽相同。

综合工作实际，可知辅导员个体特质、岗位职责、组织环境对辅导员胜任力都有影响作用，其“共同作用”决定了辅导员的工作绩效。其中，“育人能力”这一高等职业学校辅导员胜任力因子与高校辅导员九大工作职责基本吻合，是辅导员岗位要求必要的素质内容；辅导员的职业态度和师德修养受辅导员工作环境影响；辅导员人格特质则受个体成长环境影响。

由绩效管理理论和情境胜任力理论可知，提升辅导员胜任力，一方面需要依托于具体工作岗位实际，它离不开组织环境、工作特性和团队关系等方面的影响和制约；另一方面需考虑自身内部的身心状态，如年龄、性别等人口学变量，职务类型、行政级别和工作年限等工作经验，和已有的思维态度、价值判

断和成就愿望等方面。所以，为了确保高等职业学校辅导员胜任力提升策略的针对性与有效性，要从外在客体环境和内在辅导员主体两方面剖析其胜任力提升的重要影响因素。

第二节　社会因素

辅导员在社会之中，自然受到社会环境的影响，其胜任力主要受到文化理念、政策导向等方面的影响。

一、理念层面

国外社会学家保罗·休森认为，人们评价教师职业社会地位的标准主要有三，即社会声望、财富和权威。以下从社会声望、经济地位、话语权三方面深入剖析职业社会地位对辅导员胜任力的影响。

（一）辅导员社会声望的偏颇

国外高校与国内辅导员相类似的职业是学生事务工作者。国外学生事务工作者已经成为一个专门的职业方向，且有明确的制度法规给予保障和支持，学生事务组织比较重视培训。学生事务工作者对自身的职业具有强烈的归属感，将它视为一项事业来对待，因而这一工作队伍强大而稳定，学历层次高，业务素质高，有的还是某一方面或某一领域的专家，其整体胜任力水平较高。

从已有研究成果和调研访谈结果来看，辅导员的社会期望很高，但职业声望却有落差。

一是公众要求高。随着高等教育的深化改革，如何形成系统合力实施全员育人，是亟待攻克的首要难题。学校、社会、家庭共同担负立德树人的根本任务，基础教育阶段三方合作较为充分，高等教育阶段，随着学生开始集体住宿制生活，公众似乎把育人的重任全部压在学校一方。高校内部的全员育人应该是部门协作、全员参与，每一位教职员工应该根据工作职责担负起各自的育人责任。但实际工作中，立德树人的重任成为思政课教师和辅导员两个群体的工作，思政课教师负责课堂上的45分钟，辅导员要负责学生的每天24小时，“全员”成为辅导员“全能人员”的“无奈”。相当一部分学生和家长认为“辅导员工作做好了”是本职工作，一旦学生出现问题，就认为是辅导员工作能力有限，一味对辅导员批评和谴责。

二是社会支持较低。“重技能轻德行”的育人理念影响职业院校人才培养的目标，“重科研，轻思政”的思维方式左右高等职业学校的支持倾向，致使从事思想政治教育工作的辅导员感受不到外界的有力关注与支持，而失去职业自信心。由于工作岗位的特殊性，辅导员所承担的工作任务并非是授课，因此社会上很多人认为辅导员不属于教师系列，认为辅导员工作就是“保姆”“管家”，没有专业性可言，什么人都可以胜任，轻视辅导员的地位和作用。因此辅导员对自身的职业认同感较低。这也是从侧面解释了，学生和领导对辅导员胜任力评价与辅导员自身评价不一致的原因。

上述两个问题的客观存在，不仅引起辅导员自身的地位焦虑，也严重减弱辅导员这一职业的吸引力。职业吸引力不足就导致优秀人才不想进入辅导员队伍。一部分人员虽然竞聘辅导员岗位，但目的却是以此作为进入高校的“跳板”，一旦进入辅导员岗位后，时刻寻找机会转到教学岗或行政岗，出现“身在曹营心在汉”的“岗位排斥”现象。已经进到辅导员队伍里的优秀人才因得不到应有的尊重和认可而导致其工作热情逐渐消退，一旦工作中遇到挫折，更容易丧失工作积极性和主动性，甚至产生“逃离”的念头，最终严重影响整个辅导员队伍的胜任力。如此恶性循环，以至于辅导员胜任力基础较为薄弱。

（二）辅导员经济地位的偏低

行为科学家和管理心理学家、公平理论创始人亚当斯通过社会比较探讨个人的贡献与所得奖酬之间的平衡关系对个人公平感的影响，进而探讨个人工资报酬分配的公平感对员工工作动机和行为的影响。亚当斯发现，个体不会将自己的报酬单独与别人做比较，而是比较双方得到的报酬与各自所付出的努力之间的比例关系。也就是说，个体会在工作投入与产出之间寻找平衡感。如果个体感到自己的付出得到了公平、全面的报酬，那么他们就会更加乐于工作，并会继续在工作中投入同等甚至更多的付出。但如果人们感觉到自己的付出高于收获，心中就会产生不平衡感，会降低努力和专注程度，会出现沮丧、叛逆甚至破坏等。

与学校内其他教师相比较，辅导员工作涉及范围广，任务繁杂，8 小时在

岗，24 小时待岗，经常需要牺牲个人休息时间去陪伴学生或帮助学生，而这种时间和精力的付出无法像教师进行教学活动和科研活动那样去量化衡量，也无法在短期内呈现成果，因此常常被忽略，不计入劳动所得。由于日常思想政治教育工作的羁绊，辅导员没有充足的时间和精力去进行教学科研，从教学和科研中获取的物质回报相对较少，评职晋级方面也不及专业教师顺畅，导致辅导员工资收入明显低于同龄同职称的教师工资。这种长期的薪资收入和工作付出之间的失衡导致辅导员内心充满了不公平感，工作中难免会出现消极怠工情绪和抵触心理，直接影响工作绩效，严重影响其胜任力的提升。

还有一部分辅导员意识到自身胜任力有不足时，渴望通过学习不断加强自身的专业技能和综合素养。但有很多培训课程需要个人支付费用，辅导员的工资收入仅够满足其自身基本的生活需求，无法额外支出培训费用，很难做到合理平衡自身的提高与生活的压力，主观与客观的矛盾，理想与现实的冲突，直接重创了辅导员积极向上的劲头。

（三）辅导员话语权的缺失

教育家顾明远先生说:“社会职业有一条铁律,即只有专业化才有社会地位,才能受到社会重视。”辅导员作为一个特殊的职业群体，目前业内尚未建立起公认的专业化标准。但随着国家的重视和学术界的研究，初步形成了一个辅导员专业化发展的框架，即：包括业务专业化、岗位专职化、话语自主性、建设制度化、成长体系化五个方面。其中辅导员话语自主性存在明显短板。从 2005 年 1 月复旦大学成立了全国首个高校辅导员协会，到现今活跃网络阵地的“辅导员工作室”，辅导员专业团体层出不穷，一方面达到“抱团取暖”的效果；另一方面也开始代表辅导员“发声”，但辅导员群体远远没有达到在专业领域内的自主性和权威性。长期以来，社会大众对职业教育的偏见，更让高职院校辅导员在“职教”标签下没有机会发声。

辅导员“双重身份”的初衷是提高辅导员的职业声望和实际待遇，为辅导员提供发展空间，但事实是，在“双重身份”定位下的辅导员，既难以凸显自身的主体性地位，又难以与其他主体构建起稳定的交流与沟通的身份结构，他们与专业教师存在专业知识的不对等性，与职能部门管理干部存在职务层级不对等性，导致辅导员缺乏专业话语权。

作为教师，辅导员应具有学术话语权。一方面通过学术话语增强青年学生的思想政治教育工作的影响力、吸引力和引领力；另一方面借助学术话语弱化职权管理学生的逆反心理。但现实工作中，由于辅导员没有时间和资源去从事教科研工作，以至于学术能力日渐降低，学术成果不多且质量下滑，学术权威性更是弱势。久而久之辅导员学术话语权式微。与专业教师相比较，学生更倾向于寻求辅导员的日常事务处理帮助，对辅导员的思想引领、学业指导、就业指导等不信服、不认可。

作为管理者，辅导员应具有管理话语权。辅导员是与学生接触最多、陪伴时间最长的人，他们了解学生的真实需求，能够掌握学生的诉求和心声。但是实际工作中，往往涉及学生教育和管理的工作都是采取"自上而下"的方式——上级组织直接安排与部署，要求辅导员去贯彻落实，很少是"自下而上"——听取辅导员建议与意见，相反职能部门工作人员和任课教师都可以对辅导员工作指手画脚、品头论足，这种身份、地位、话语权的"不对等性"使得辅导员感到挫败和沮丧。

育人工作的高标准和社会他人的低认同导致辅导员缺少职业认同感，高强度的工作和低获得的满足感导致辅导员队伍缺乏稳定性；双重身份的界定和话语权的缺失导致辅导员缺少归属感和职业自信；全员育人的协同作战和单枪匹马的孤军奋战导致辅导员身心俱疲。职业认同感、工作平衡感、职业自信心，分别是辅导员工作前、工作中、工作后不同阶段最重要的心理建设，这些方面都受到社会理念的影响。经调查和访谈发现，辅导员上述心理建设长期处于低端水平，甚至出现职业倦怠，根本无法顾及胜任力的提升。

二、政策层面

政府和政策的力量与作用，在社会群体的职业发展中发挥着重要的主导作用和调控作用。辅导员政策是国家规范建设辅导员队伍的行动方案和行为依据。政策的发展与实施不仅为辅导员群体提供制度保障，而且直接影响辅导员群体的专业化建设。

从前文的文献综述可知，我国对辅导员的有关研究起步于改革开放之后，爆发于高校扩招之际，集中关注是在近十年"立德树人为中心，全员育人、全过程育人、全方位育人"的思想政治教育发展的战略关键期。近二十年来，国

家先后发布了 18 项与高校辅导员相关的政策文件，为辅导员队伍建设提供了思想指导和制度保障，其中只有 1 项政策是明确指出针对新时代职业院校的，所以针对高等职业院校辅导员的政策文件屈指可数。

（一）逐步提高“选配聘用”标准

上述国家文件政策中，对辅导员“选配聘用”都提出了明确的标准：如“院（系）的每个年级都要按适当比例配备一定数量的专职辅导员，每个班级都要配备一名兼职班主任，鼓励优秀教师兼任班主任工作。”“高校辅导员应具备思想政治教育工作相关学科的宽口径知识储备。具备较强的组织管理能力和语言、文字表达能力，教育引导能力、调查研究能力。”高校要按照“政治强、业务精、纪律严、作风正”的要求，严格管理辅导员的选聘标准和程序，选好配齐辅导员队伍，保证辅导员队伍质量。“辅导员选聘工作要在高等学校党委统一领导下进行，由学生工作部门、组织、人事、纪检等相关部门共同组织开展。根据辅导员基本条件要求和实际岗位需要，确定具体选拔条件，通过组织推荐和公开招聘相结合的方式，经过笔试、面试、公示等相关程序进行选拔。”“各高校要切实履行辅导员选聘工作的主体责任，按照专兼结合、以专为主的原则加强辅导员选配工作。各地有关部门要积极支持并督导各高校严格落实专职辅导员人事管理政策，按规定签订聘用合同，不得用劳务派遣、人事代理等方式聘用辅导员。”以上要求是按照时间顺序，从 2014 年到 2020 年期间国家辅导员政策文件精神的体现，从中可以看出，对于高校辅导员的选拔聘用的数量越来越精确，从“一定数量”到明确的“师生比 1:200”，质量要求越来越规范严格，从“兼职”到“专兼结合、以专为主”，到十二字的选聘标准，切实体现了辅导员的选拔聘用从数量上保证到质量上提高，在逐步地规范标准、明确条件，严格设立“入口关”，确保辅导员胜任力水平基础在逐渐“拔高”。

（二）充分明晰“培训培养”目标

中发 16 号文对优秀思想政治教育骨干提出深造要求，鼓励其攻读有关专业的硕士、博士学位，学成后专职从事思想政治教育工作。并要求各地各校采取有效措施，组织辅导员参加社会实践、挂职锻炼、学习考察等活动。从 2005 年开始，教育部发布了一系列关于高校辅导员培训方面的政策，有的文件强调“建立分层次、多形式的培训体系。”有的文件提出“辅导员的培养纳入学校师资培训规划和人才培养计划，开展队伍轮训，享受专任教师培养同等待遇。”并结合不同时期制定相应的辅导员培训计划，从横向层面与纵向层面对辅导员队伍的培训进行了顶层设计，总结前一阶段的培训成效，适时增加培训内容，指出“推动辅导员开展工作和学术研究，鼓励辅导员积极参与‘思想政治教育研究文库’建设”。有的文件对辅导员基本培训期限提出明确要求。教育部 43 号令提出：“建立国家、省级和高等学校三级辅导员培训体系……确保每名专职辅导员每年参加不少于 16 个学时的校级培训，每 5 年参加 1 次国家级或省级培训。”

由此可见，这些政策的制定，构建了一个从国家到省级再到学校的全面的辅导员培养体系，使得辅导员培训变得更有针对性、目标性、导向性，培训任务更为细化、更具有操作性。这些政策的制定，助推了辅导员培训与研修基地、辅导员专项科研项目、辅导员协会、辅导员专业期刊的建立，为辅导员胜任力提升提供了政策支撑和路径平台。培训政策的规范、细化，说明国家对辅导员队伍的重视，也为辅导员注入精神动力。

（三）逐步规范“考核评价”机制

教育部 43 号令再次明确：高等学校辅导员实行学校和院（系）双重管理。

对辅导员的考核评价应由学生工作部门牵头，组织人事部门、院（系）党委（党总支）和学生共同参与。考核结果与辅导员的职务聘任、奖惩和晋级等挂钩。从国家到地方再到学校，都要将优秀辅导员表彰奖励纳入各级教师、教育工作者表彰奖励体系中。此外教育部还强调“建立多元多层、科学有效的高校思政工作测评指标体系，完善过程评价和结果评价相结合的实施机制”。从考核组织到表彰奖励，学校、地方和国家均为辅导员队伍提供了政策和平台，但是截至目前，我国没有形成一个明确的、可操作的辅导员考核评价体系，只是宏观上进行的顶层设计，具体执行因地而异，因校而异，显然一定程度上给予学校自主权，却导致辅导员对自身胜任力没有一个清晰客观的认识，也就没有针对性的提升措施。这也成为衡量辅导员整体胜任力的限制条件。

作为高校辅导员系列单独的表彰是从 2009 年开始的。教育部在全国近 14 万高校辅导员中开展了规格高、权威强的“全国高校辅导员年度人物”推选展示活动，选出了一批辅导员先进人物，宣传了一批辅导员典型事迹，鼓舞了辅

导员群体，也激发了辅导员提升胜任力的热情和斗志。已开展的十二届“全国高校辅导员年度人物”评选活动统计数据表明，高等职业学校辅导员获奖占比不足十分之一。对于高等职业学校的辅导员而言，这在一定程度上发挥了引领示范作用，但榜样力量的精神感召没有形成辐射效应。一方面是由于普通高校与职业院校的育人侧重点不同，导致普通高校优秀辅导员的工作经验不一定适合职业院校辅导员的工作应用；另一方面是由于职业院校先进典型人物过于小众化，使得职业院校辅导员对此“望而却步”安于现状，个体胜任力提升的主动性不足。

（四）积极健全“多元发展路径”

《能力标准》将辅导员划分为初中高三个等级，每个等级还具体规定了他们的工作年限、工作能力和工作内容。教育部 43 号令指出：“高等学校应当制定专门办法和激励保障机制，落实专职辅导员职务职级‘双线’晋升要求”并指出：“应把辅导员队伍作为后备干部培养和选拔的重要来源，根据工作需要，向校内管理工作岗位选派或向地方组织部门推荐。”2020 年《关于加快构建高校思想政治工作体系的意见》再次强调：“学校应当结合实际情况为专职辅导员专设一定比例的正高级专业技术岗位。参照校内管理岗位比例，依据国家有关规定，建立完善高校专职辅导员管理岗位（职员等级）晋升制度。”

由此可见，辅导员的“双重身份”可以有多条发展路径——教师、行政管理或其他岗位。打造多元发展路径，不仅是打消辅导员的“后顾之忧”，更重要的是提供了不同的职业规划选择，有助于辅导员明确发展目标，有针对性地提升个人的核心胜任力。

综上所述，对辅导员胜任力提升产生影响的社会因素，利弊各有之。整体上对辅导员尊重认同的社会氛围有待营造，显然国家有关政策在逐步完善，但仅限于教育体系内部的重视还是不充分的，社会各界的认可是主要的助推力量。社会影响因素的改变需要一个长期的过程，不是一朝一夕就能够彻底得到解决的问题，是需要持续提升、多方促进、因时而变的。尤其是理念层面的转变，和中国传统文化的影响、地方经济的发展、区域文化的特色也有着千丝万缕的关系，限于研究内容的界定，在此不做深入分析。

第三节　组织因素

学校是辅导员工作学习的主要场所，是辅导员依存和发展的主要组织，是辅导员实现其人生价值的主要载体，其机制体制、文化环境、工作氛围都会影响辅导员的发展和胜任力的提升。因此，学校文化对辅导员的成长和发展具有重要的影响。以下从制度文化、物质文化、精神文化三个角度予以分析。

一、制度文化

党和国家出台了一系列关于辅导员队伍专业化建设的制度，各地方和高校也都在队伍培训、平台搭建和机制保障等方面采取了一些措施，但是从根本上讲，高校并没有真正将辅导员队伍专业化建设上升到师资队伍专业化建设的高度，也就是说高校对辅导员胜任力提升的重视程度和实践成效远远不够。辅导员招聘强调学生干部经历和党员身份这些硬性规定，而没有进一步考核应聘者的岗位胜任力；辅导员培训往往拘泥于业务培训，而没有深入挖掘辅导员个人特质潜能；辅导员考核缺乏定性考核与定量考核的明确性和科学指导；辅导员激励机制也因学校体制不同而导致落实程度不一，致使辅导员胜任力提升的自觉性和自发性明显不充分。

（一）学校选拔辅导员的机制不够完善

学校在选人用人过程中设置“入口关”，是确保辅导员胜任力优良的前提基础。近年来，一些高校在进行辅导员招聘时，能够严格遵循教育部的最新规定与要求，既注重专业知识与业务能力的考察，又强调政治觉悟、思想品德与价值观的鉴定。有的高校选聘辅导员时，除了满足上级规定的必备条件之外，还特殊考察了辅导员的身体素质和心理素质。

高等职业学校在选拔辅导员的实际操作中，重点考察候选者的学历、技能等外显特征，而忽视了应聘动机和人格特质等内隐特征。一方面参选资格的界定缺少科学性，对学历和政治面貌的限定直接缩小了选拔范围，导入一些有热情、有能力的应聘者无法进入考核视野，而仅仅满足学历和党员身份的部分候选者，欠缺谈心谈话、心理辅导、危机事件处理等专业能力，以至于难以应对

大学生思想政治教育的新要求和各种复杂局面时，出现“本领恐慌”。另一方面，职业院校没有针对本校生源特点设定辅导员选聘条件，导致“供需不匹配”。由于招聘到的辅导员缺乏对职业院校学生特点的了解，缺乏对职业教育的理解，还单一用自己大学期间的认知来衡量现有工作职责，导致工作难以进入角色，找不到胜任力的短板。

（二）学校组织的辅导员培训效果不佳

学者李明忠通过研究七届全国高校辅导员年度人物，得出结论：“高校辅导员的职业发展，离不开学校的组织环境，离不开学校的培训政策，越是层次较高的大学，对辅导员队伍建设越重视。”本研究的问卷调查结果也表明，高等职业学校辅导员胜任力水平与学校培训暴露出的问题有密切关联。

首先，培训内容针对性不强。由于辅导员选聘时专业较为庞杂，为了便于辅导员尽快进入工作角色，辅导员职前培训更多集中在思想政治教育工作的政策解读、突发事件的处理、具体业务的流程讲解，如果辅导员之前对这一岗位的了解不多，和学生没有实质性接触，那么这些培训内容对辅导员实际工作的帮助甚微；由于辅导员工作内容覆盖面较为宽泛和庞杂，每个人的工作难题不尽相同、接受培训的时间不一致，因此职后培训难以做到全面性和针对性，如职业教育需要辅导员了解专业发展、就业趋势和企业文化等，但所培训的内容缺乏系统化、理论化、科学化及指导性，往往与辅导员的需求存在差距，达不到培训效果，难以有针对性地提升辅导员的胜任力。

其次，培训力度不够。由于师资匮乏、时间冲突，学校组织的辅导员培训往往都是利用碎片化时间，采取专题讲座形式。这对于辅导员学习习惯的养成起不到督促作用，将培训成为常态化工作定期定量开展，而且专题式讲座没有系统性和连续性，对辅导员胜任力的培养缺少长效机制。培训的考勤、过程的监管、结果的评估都缺少一套科学合理的制度约束，往往让培训过于形式化，治标不治本。学校没有优秀的辅导员还有机会走出校园进行阶段性的系统培训，普通辅导员很难获得外出培训机会，更难以利用培训来提升个人胜任力，进而影响辅导员队伍的整体胜任力。

最后，辅导员培训形式过于单一。绝大多数辅导员培训是专家或优秀辅导员专题讲座或经验报告，缺少触及心灵的感召力和影响力。偶有针对性的交流与探讨，辅导员碍于都是熟人群体而不能表达真实的想法或暴露真实的情况。有些学校组织素质拓展活动但只能对团队建设有所触动，辅导员个人育人能力的提升收获甚少。此外，辅导员工作不是简单机械的重复，是与时俱进的。不同时代的学生思想教育问题呈现不同的特点，面对不同的学生群体，辅导员要学会破解学生思想困惑，化解学生生活矛盾，这些都与经历和阅历相关，因此单一的技能培训无法提升辅导员胜任力，尤其是年轻辅导员群体需要通过朋辈交流、工作观摩等具体实践来强化岗位胜任力，当然这离不开主体的自发自觉努力学习，不断积累工作经验。

（三）辅导员的考核机制需进一步完善

一套完善的考核机制不仅为岗位工作提供目标指引，也对工作完成质量进行督查激励，可见考核机制影响着每一位教职员工的工作状态与工作绩效。目前高等职业学校的辅导员考核机制在一定程度上影响了辅导员胜任力的提升。

一是考核指标不科学。目前，高等职业学校辅导员考核更多注重定量考核，而轻视了定性考核。很大一部分学校按照“德、能、勤、绩”四个考核指标对辅导员日常工作进行评定，但在四项指标的分值分配上倾向于业绩考核，多数使用一些日常工作检查的数据审视辅导员工作的质量，而忽视了辅导员“德、能、勤”三方面，这恰恰对应辅导员人格魅力、师德修养、职业态度三个维度的胜任力水平，导致绝大多数辅导员为了提高班级的各种考核排名而失去工作重心，更多关注“事务性管理者”，而忽视“思想引领”等思想政治教育工作。与专业课教师相比，除了科研能力以外，辅导员对学生的思想政治教育工作和心理健康教育等工作却无法用定量数据来衡量；辅导员心理素质、职业态度等不能以短期工作表现定性，需要长时间的观测判别。这样单一片面的考核方式最终导致考核内容不全面，考核结果不准确。考核方式的导向性削弱了辅导员进行思想政治教育工作的积极主动性，挫伤了辅导员爱岗敬业的自发自觉性。

二是考核结果运用不恰当。考核的最终目的是激励辅导员的工作绩效。但现实工作中，学校对辅导员考核结果的应用不尽如人意。一类学校的辅导员考核“流于形式”，即更多关注考核这个形式，没重视考核过程的有效促进和考核结果的及时反馈。这种做法会让辅导员形成“干好干坏无所谓”的消极认知，对工作产生懈怠、懒散的情绪状态。长此以往会无法树立辅导员的职业自信，

会严重影响辅导员胜任力的提升。还有一类学校运用考核结果“只奖优不罚劣”，胜任力不达标的辅导员没有得到适当的触动。久而久之，只有优秀的辅导员胜任力不断提到提升，普通辅导员永远沉浸在“温水煮青蛙”的效应中，不仅个人胜任力得不到提升，而且对辅导员队伍整体素质提升产生延滞效果。之所以对辅导员进行考核，就是不仅要求辅导员“能上能下”，而且在现有辅导员掌握所有工作职责的基础上，强化岗位胜任力，成为思想政治教育某一领域的行家里手。还有一类学校在考核结果的运用上，编制内和编外聘用人员绩效采取“非一致性”方式、同工不同酬等，这些严重影响辅导员胜任力提升的积极性。

（四）学校的辅导员激励机制有待完善

心理学研究表明，“需要”是个体产生行为动机的首要原因。人的最迫切的需要是激励人行动的主要原因和动力。需要的满足程度决定了工作态度，工作态度直接影响工作效率。因此，对辅导员进行有效的需求满足，可以激励辅导员积极主动地工作，帮助辅导员树立坚定的职业自信，增强工作中的成就感。但目前高等职业学校的辅导员激励机制在辅导员的不同层次需求中有所欠缺，具体表现为以下几个方面。

针对低层次的生理需求和安全需求而言，物质激励不充足。显然从国家到地方，制定了很多关于辅导员物质激励的政策，如要求学校为辅导员岗位津贴、办公条件、通信经费等方面提供必要保障。但由于高等职业学校的体制、财务制度、办学经费的限制，这些物质保障并没有真正落实到位。尤其是面对高等职业学校学生实习就业等突发情况，辅导员还会出现异地出差、家访及网络指导等情况，辅导员还会自掏腰包为学生购买奖品以激励班风，或购买物品慰问不能回家过年的学生等，辅导员微薄的工资常常出现“月光”现象。与专业教师教研或科研表彰不同，多数辅导员只是给予荣誉称号、颁发证书，没有物质层面的激励。而且省市和国家级别的评选范围较为小众化，校级荣誉在职称评定中没有含金量，导致辅导员职业自信严重受挫。久而久之，辅导员对表彰激励出现漠视倾向。

针对尊重需求而言，精神激励不暖心。辅导员受社会公众的尊重程度和认可度并不高，需要所在组织的认可与关爱。但现实生活中，辅导员在学校中既无学术地位、又无行政背景，受传统观念影响，辅导员处于学校教师群体的边缘，管理队伍的底层。有些学校体察到了这一点，在工资待遇等方面给予了充分的考虑，从制度管理层面也有很大的改进举措，但这些只是满足了辅导员的基础需求，忽视了辅导员情感方面的需求，辅导员没有话语权，没有职业归属感。

针对自我实现需求而言，目标激励不明朗。尽管有明确规定“把专职辅导员教师职务的评聘纳入学校教师专业技术职务系列评聘”，但个别高等职业学校辅导员“双线晋升”的渠道还有待畅通。个别学校对专职编外辅导员在个人提升、岗位流动等方面也没有明确的政策和制度保障，有的人一直等待机会但是已经超过招聘的年龄限制，有的人专业背景和学校主流专业不对口，未来也难以转岗，严重影响辅导员的工作积极性，致使辅导员个体对职业不认同，对胜任力提升不主动。

此外，困扰辅导员胜任力提升最大的矛盾体也是“双线晋升”。目前学校评聘专业技术职务（职称）要求发表论文和科研立项等，庞杂的日常工作导致辅导员群体学术产出较低、职称晋升竞争压力很大；职务系列不仅需个人努力，还需考虑学校职务指数多少、工作被认可程度高低等诸多不可控因素，职务晋升之路也很艰难。学校对辅导员队伍建设重视和支持不够、辅导员工资待遇偏低、辅导员职业上升空间缺失或晋级之路不畅，辅导员不知“何去何从”，严重影响辅导员胜任力提升。

二、物质文化

校园物质文化是指校园硬件环境和基础设施的创建与美化，在培养人才的过程中发挥教育、凝聚和熏陶等功能。优秀的校园文化建设，既可以突出学校的办学特色，又能够增强感召力，对广大师生的个人发展、品格塑造和价值观形成产生重大影响。

调研过程中，实地走访参观了七所吉林省高职高专院校，了解校园物质文化建设对辅导员胜任力的影响。整体上所调研院校都能结合办学特点体现独特的校园文化，但由于办学体制、办学经费的限制，各职业院校在一些细节建设上还是存在一定差距的。如有的职业院校辅导员的工作环境优雅，充满人文关怀；而有的院校辅导员的办公条件逊色于教师的工作条件，人员拥挤、环境嘈杂，甚至有的日常办公用品都不能及时补充到位，给辅导员日常工作带来不小

的困扰。随着信息化时代的发展，辅导员工作也需要与时俱进。有些职业院校学工管理系统信息化、智能化、系统化，且与全校教学、后勤等系统一体化建设，便于师生操作，大大减轻辅导员工作量，而且有了大数据的支持，更有利于辅导员快捷精准地提供服务，提升能力。通过大数据对辅导员日常工作做到痕迹化管理和绩效考核。但有些职业院校的网络建设还停滞在“L0 阶段”，很多学生信息的统计工作依然是人工为主，孤岛化、碎片化及简单重复性劳动较多，为辅导员平添很多体力型工作，浪费时间，损耗精力。

三、精神文化

近几年，高等职业学校对辅导员群体的重视度有了显著提高，辅导员队伍建设、工资待遇、评选奖励、职称晋级等方面都有所改善，但“辅导员队伍专业化建设”的校园氛围还没有形成。

（一）思想上重视不够

辅导员是大学生思想教育的引导者、班级日常事务的管理者、心理健康的守护者、学生安全负责人和学生职业生涯规划的指导者，诸多工作职责的赋予，本应让辅导员群体得到充分的重视与关注。但现实中，高等职业学校为了追求教学质量、科研成果，在资金的投入、培训的力度、晋级的倾向等方面都向教学一线教师倾斜，同一个校园内的区别对待，只是给辅导员带来工作任务的叠加，辅导员受学校各职能部门和所在院系的“双重管理”，工作边界不清晰，长期处于“5+2”和“白加黑”的工作模式，精神的高度紧张，事务性工作的繁杂，让辅导员像“二等公民”一样。这不仅严重挫伤了辅导员工作的积极性，也导致辅导员身心疲惫，只能应对日常工作，无暇顾及胜任力的提升。

（二）生活上关心不足

在学校里有一条不成文的规定，即要求辅导员 24 小时开机，无论什么时间，只要有学生突发事件，辅导员要以最快的速度第一时间出面解决。为了照顾学生的生活习惯，为了顾全教学的安排，一些学校涉及辅导员的工作会议或活动都占用辅导员休息时间。但辅导员不是铁人，也需要休息，也有亲人需要陪伴，也有朋友需要交流。长此以往，辅导员难免会产生怨气，学校没有及时改善调整，反而做辅导员思想工作，导致辅导员与学校之间的情感维系很微妙。

（三）协作上深度不够

辅导员因自身理论知识不扎实、专业学科不对称等原因，对学生思想引领工作效果不佳，需要学校各级领导、思政课教师、专业课教师和其他同事的帮助与指导。由于工作时间和精力的限制，领导带班制的持续化和经常化并不现实，由于专业思维的束缚，思政课教师或专业课教师与辅导员结对子存在壁垒和盲区。有些学校建立了辅导员工作室或协作育人共同体，但是辅导员群体的交流更多是倾诉心声、“报团取暖”，而鲜有深度合作的教科研成果。

（四）学术上氛围不浓

职业教育的目标是培养高素质、高技能的技术应用人才，更多注重专业教师学术成果的培育，对辅导员队伍整体学术要求较低。辅导员群体工作经验提升为学术成果的转化思维和能力不足，以至于辅导员群体的学术成果较少及质量不高。辅导员队伍整体偏年轻化，流动性也较大，缺少传统教师队伍“传帮带”的梯队建设。由于没有形成“比学赶超、积极进取、勤于钻研”的学术研究氛围，在一定程度上限定了辅导员群体胜任力提升的主观意识，弱化了提升胜任力的外在保障，因此，距离“辅导员专业化建设”还有漫长的道路需要攻坚克难。综上所述，辅导员胜任力的培养与提升和组织间关系日趋密切，制度文化在很大程度上决定了组织对辅导员胜任力培养的制约，物质文化则影响辅导员胜任力的发挥，精神文化对辅导员胜任力的影响更为直接和重要。

第四节　个体因素

内因决定外因。辅导员个体是辅导员胜任力的行为人，辅导员胜任力是辅导员自身内在动机的外在表现，这份内在动机主要源于辅导员对职业的热爱、对工作职责的理解、对使命担当的认可。所以辅导员个体是辅导员胜任力提升的内在核心，辅导员胜任力取决于辅导员自身主体性的发挥，包括两方面的影响因素：一方面是辅导员具有实现自主发展的身心支持性素质，如年龄性别、知识涵养、社会阅历及情感特质等；另一方面是辅导员的内驱力，主要涵盖认

知驱动力、自我提高驱动力和附属驱动力等。

一、身心支持性影响因素

（一）人口学变量的影响

在以往研究中，有的学者得出这样一个结论：年龄大的高校辅导员比年龄小的辅导员在认知特征和专业技能方面表现得更加优秀。但是经调查，本研究发现：年龄对于高等职业学校辅导员胜任力各维度没有显著性影响。这和研究选取样本数量和代表性群体，以及胜任力维度的界定有关。本研究研究样本较大，选取群体是高等职业学校的辅导员，考量年龄对辅导员人格特质、态度特征、师德修养、育人能力四个维度胜任力的影响。

不同性别对于辅导员胜任力尤其是育人能力维度有显著差异性。这一研究结论和目前已有的相关研究结论一致。但这并不代表女性更适合做辅导员，或女性辅导员胜任力一定就优于男性辅导员，要综合考虑其他因素。

综上所述，辅导员的人口学变量不是左右辅导员胜任力的主要因素，暂且不做进一步探讨。

（二）知识结构的单一化

由《能力标准》可知，辅导员胜任力所需的知识来源于两部分：一方面是自身以往所学的系统性的专业知识，尤其是学业生涯中的各学科理论体系培养了辅导员的思维方式、学术研究能力，这些为胜任辅导员工作提供智力支持和理论基础。另一方面是入职后习得的知识，包括普适性知识和特殊性知识。普适性知识指辅导员工作常规性知识和典型性知识，特殊性知识是辅导员结合自身爱好和未来职业发展定位，根据工作经验，精雕细琢某些专业领域的知识，如心理咨询、网络思政、创新创业和突发事件应急处理等。这些入门后的习得性知识，经过长期的不断的累积，将成为辅导员胜任力的长足发展的必要保障。

现实中，高校辅导员队伍的专业背景五花八门，知识结构不合理。由于缺乏学生思想政治工作的系统知识，岗前培训和在职培训的经历较少，绝大多数辅导员只能应付日常学生事务，对深入研究学生思想问题不够深入，在处理学生突发事件时力不从心，工作效果不理想。同时辅导员专业知识的单一性，与大学生日益增长的知识、能力的多元化需求形成鲜明的矛盾。加之网络的发达，学生获取信息和知识的渠道日益丰富多元，对辅导员知识含量和更新速度的要求也越来越高。作为思想政治教育的专业人员，辅导员应该具备思想政治教育的核心知识和技能，最好与所带学生专业一致或相近，还要具备一定的学习能力，广泛涉猎多学科知识。

（三）社会阅历的简单化

绝大多数职业院校辅导员是从校门到校门，即大学毕业后进入另一所高校工作，有工作的热情和激情，但缺乏社会阅历；有自我学习能力，但缺乏行业工作经验，尤其是缺少对职业教育内涵的理解和把握，职业教育强调“校企结合”“工学结合”，但高等职业学校的辅导员一般都是普通高等学校的毕业生，知识学习是以学科体系为脉络的，见习实习也没有像职业院校那样严格规范地进企业、到一线，与实际工作场景接触不深，对学生学业规划和就业方向的指导没有实际经验可循，对企业文化和行业了解也很悠闲，导致对学生的职业素养和职业精神的培养停留在“纸上谈兵”，缺少信服度。尤其是面临“高职扩招”后，退役军人、农民工和下岗工人等人员走进校园，年长辅导员原有的工作方式不再适合这批生源，年轻辅导员面对比自己社会阅历丰富的学生产生“畏惧感”，生源变化和时代发展对职业院校辅导员胜任力提出新的要求，即需要丰富的社会阅历才能与学生平等对话，才能感染和影响学生。

（四）情感特质的特殊化

辅导员胜任力现状调研中已表明，辅导员群体情感特质的优势是“善良正直、细心耐心、庄重理智”，不足是“抗压能力差”。这种鲜明的情感特质对辅导员胜任力的影响尤为重要。一方面有助于辅导员形成适合学生思想政治教育工作的师德修养，以优秀的人格特质去影响和感染学生，对学生职业态度的形成有很重要的影响效用，尤其是“有进取心”可以激励学生向辅导员学习不断提升自我，完善自我：但另一方面也对辅导员育人能力产生了“水桶效应”，“抗压能力不足”导致一些辅导员半途而废转岗从事其他工作，或失去自我提升的信心与斗志，或产生自我认知问题，在访谈中，有几位老师明确在达因工作中学生突发事件的发生，整个处理过程中经历的困难、挫折，家长的不理解，曾

经造成很长一段时间内的情绪抑郁，影响后续的工作，甚至对人生产生怀疑。总之，因“抗压能力不足”这一短板限定了辅导员胜任力的整体水平。因此，要提升辅导员胜任力，就要最大程度地发挥情感特质的优势，尽快尽早弥补上不足之处。

二、内生动力影响因素

内驱力是指在有机体需求的基础上产生的一种内部推动力，是驱使有机体产生一定行为以达到满足需求的内部力量。辅导员为了满足个体不同层次的需要，就会有不同的内驱力来助推其行为。

（一）认知驱动力

认知驱动力是指个体与社会或其他群体关于某一职业的看法是一致的。辅导员的认知驱动力，也就是职业认同感，主要包括对该职业的性质、内容、工作方法、环境、社会价值和个人意义等，受内在经验和外在规范影响，并对其心理起到指示性或动力性影响。辅导员的职业认同感主要有三种表现形式：一是把辅导员工作当做谋生的手段，二是被动适应工作需要，三是积极主动从事辅导员工作。前两种职业认同感都会制约辅导员胜任力提升，只有第三种是职业认知感是较为理性和客观，不仅会主动提升岗位胜任力，而且会带着情感用心工作。由此可知，辅导员的认知内驱力会左右其从事工作的态度，会影响其忠诚度、向上力、成就感和事业心，是影响辅导员提升胜任力的先决性因素。

近些年，国家和社会对高校思想政治教育工作高度重视，但还是有一部分辅导员的职业认同感低、职业倦怠和发展迷茫。部分辅导员是因为在择业指出就以辅导员工作为“跳板”进入高校，时刻择机而动，对辅导员的职业态度就是“备份心理”；部分辅导员是因各种工作压力等对职业产生“恐慌心理”甚至“排斥心理”；部分辅导员是工作之初的职业认同是积极正向的，但由于学校机制等问题而在个人发展受挫后，产生“后悔心理”。这些职业认同在很大程度上制约了辅导员胜任力提升。辅导员要以积极的心态悦纳自己，正确面对工作成败，克服工作压力，挖掘自身潜能，创造出更大的个人价值和社会价值。

根据魏淑华提出的“教师职业认同，既指一种过程，也指一种状态。”辅导员职业认同感是“当下的状态”——对辅导员工作的认可，也是“过程性的发展”——在工作中逐渐建立、发展和明确的职业角色认同，因此要适当采取策略调整辅导员不恰当的职业认知，发挥其认知驱动力的优势促进胜任力提升。

（二）自我提高驱动力

自我提高内驱力是指个体通过自身的努力取得了优异的工作成绩，获得了一定的社会尊重与认可。辅导员自我提高的驱动力就是成就动机，即辅导员对自己工作领域内认为重要且有价值的工作认真完成，并获得成功或取得成就的内在推动力量，表现为个体追求其价值的最大化，或者达到最完美的状态，这种心理机制决定了辅导员的行为及思维方式、行为习惯。因此辅导员的成就动机是激发其工作积极性和主动性的直接因素，是推动其不断进步提升的核心动力。

辅导员成就动机具化为三个层次：第一层次是“无所谓”，对工作价值和自我实现的价值没有追求，工作不出错，能够承担起工作职责就是最高追求：第二层次是“保稳定”，不追求卓越，但也绝不能“拖后腿”，时刻跟住群体发展，小有成绩就陶醉于自我满足；第三层次是“促发展”，即自我激励、积极进取的且稳定的心理机制，外在表现形式为具有强烈的事业心、责任感、上进心，追求的目标是充分展示自我能力，提高社会地位。辅导员成就动机呈现“n”曲线。随着成就动机水平的提高，对辅导员胜任力提升的作用越大，但是也要把握“度”的问题，成就动机水平达到辅导员自我状态最高值之后，如果过于追求完美，过于追求自我展示，会适得其反，产生焦虑急躁情绪，阻碍胜任力的提升。

成就动机也受环境气氛和组织管理体制影响，在本研究其他部分已做详细论述。

（三）附属内驱力

辅导员的附属内驱力是指个体为了获得学生和家长的赞许或权威和同行认可，而全身心投入工作、不断提升工作绩效的心理动机。辅导员工作是思想育人、管理育人、服务育人相结合，最大的受众群体就是学生和家长，学生和家长对辅导员的评价会影响辅导员的工作热情和效果，第四章的调研数据也证

实了这一点。因此，辅导员的附属驱动力对其胜任力提升起到不可忽视的“催化作用”。

综上所述，在“立德树人”这一根本任务指引下，辅导员在工作中形成乐观向上的工作理念、积极进取的职业状态和有位有为的职业担当，对思想政治教育工作有正向作用力，是影响高校辅导员胜任力提升的主要的内生动力。因此，辅导员要根据职业要求主动调整认知驱动力、完善自我提高驱动力、发挥附属驱动力，不断优化个人内驱力，产生持久效应，持续推进胜任力的提升。

三、研究小结

本章针对访谈结果和问卷结果，结合学理分析，依据“绩效管理论”和“情境胜任力理论”对高等职业学校辅导员胜任力提升的影响因素进行了具体剖析。

（一）组织环境

组织文化主要从社会大环境和校园小环境来分析对高等职业学校辅导员胜任力的影响。理念层面的偏颇影响了辅导员胜任力提升的主观能动性，甚至影响辅导员工作的心理建设。政策层面对辅导员胜任力提升做出了一定的推动作用，但是不完善的政策机制也制约了辅导员胜任力提升的长足发展，目前已初现“瓶颈”；文化方面，各学校物质文化建设水平不一，对辅导员胜任力培育产生的效果就不同，这是显而易见的；精神文化的感召力对辅导员胜任力的影响更为直接和鲜明，需要高度重视。

（二）岗位要求

《能力标准》中已明确辅导员的岗位职责和工作内容，各学校也都依此来要求辅导员，辅导员也一直以此为判定个人胜任力的“标尺”。但从辅导员选拔到培养、考核、评价和激励，每个学校的管理机制是不一样的，这对辅导员胜任力的提升产生很大的影响。选拔机制关乎辅导员胜任力水平的基础，培训机制是制约基准胜任力的关键要素，考核、评价、激励机制则是发展鉴别胜任力的重要推动力。

（三）个人特质

辅导员自评和他评中也表明，辅导员个人特质和职业态度是最为关注的两点。其中，身心支持性素质是属于先天的能力性向，这对辅导员胜任力起到决定性作用。内驱力既受先天影响，也受后天教育、心理辅导和实践活动等影响，对辅导员胜任力起到关键的推动作用。

第八章
基于胜任力的高校辅导员工作绩效评价探索

长期以来，党和国家高度重视高校辅导员队伍建设和高校辅导员工作绩效评价的理论与实践研究。为促进高校辅导员组织和个人绩效的提升，党和国家从宏观理论层面上出台相关政策文件，从实践层面上制定实施相应的工作要求，指导促进高校辅导员组织和个人的工作绩效提升。在国家宏观政策文件及相关理论的指导下，国内各高校开展了丰富多彩、特色鲜明的高校辅导员工作绩效评价的探索与实践，为我们认识和研究高校辅导员工作绩效评价开启了多重视角，提供了多种范例。

第一节　对高校辅导员组织的绩效评价

对高校辅导员组织的绩效评价，主要是上级主管部门对下级组织的评价。笔者认为，可以划分为国家对高校辅导员组织的绩效评价、省级教育行政部门对高校辅导员组织的绩效评价和高校对院（系）辅导员组织的绩效评价三种类型。

一、国家对高校辅导员组织的绩效评价

根据我国的行政管理体制和国家对高等学校的管理体制以及管理方式等特点，国家对高校辅导员组织的绩效评价对象主要包括省（区、市）和高等学校这两个层面，并且主要可以从理论和实践两个方面进行探究。

（一）理论层面

从理论层面来看，国家对高校辅导员组织的绩效评价要求主要体现在国家及相关部门制定的政策文件之中。

党和国家高度重视大学生思想政治工作和高校辅导员队伍建设，近年来颁布实施的、具有标志性意义的政策文件主要有以下几个：分别从不同的角度或方面，规定或指明了高校辅导员组织及个人工作绩效评价的各个方面。

一是2004年的中共中央、国务院《关于进一步加强和改进大学生思想政治教育的意见》（中发〔2004〕16 号）。该文件指出：“思想政治教育工作队伍是加强和改进大学生思想政治教育的组织保证。大学生思想政治教育工作队伍主体是学校党政干部和共青团干部，思想政治理论课和哲学社会科学课教师，辅导员和班主任。”“辅导员、班主任是大学生思想政治教育的骨干力量，辅导员按照党委的部署有针对性地开展思想政治教育活动，班主任负有在思想、学习和生活等方面指导学生的职责。”“要制定完善有关规定和政策，明确职责任务和考核办法，形成教书育人、管理育人、服务育人的良好氛围和工作格局。”

该文件虽然没有明确提出要对高校辅导员（组织）进行绩效评价的概念，但是，字里行间却闪烁着对高校辅导员（组织）进行绩效评价的思想理念，主要体现在以下几点。

第一，明确指出“要采取有力措施，着力建设一支高水平的辅导员、班主任队伍”。显而易见，这里提出的“要建设一支高水平的辅导员、班主任队伍”是为了取得更好的工作绩效——进一步加强和改进大学生思想政治教育。

第二，明确规定“院（系）的每个年级都要按适当比例配备一定数量的专职辅导员，每个班级都要配备一名兼职班主任，鼓励优秀教师兼任班主任工作。”这里我们也可以明显地看出，按照适当比例配备一定数量的专职辅导员，主要目的还是为了保证高校辅导员的工作绩效。

第三，明确规定“辅导员、班主任工作在大学生思想政治教育第一线，任务繁重，责任重大，学校要从政治上、工作上、生活上关心他们，在政策和待遇方面给予适当倾斜。”我们可以明显地感觉到，学校的关心和政策待遇甚至适当倾斜是高校辅导员取得相应工作绩效的必要保障。

从高校辅导员工作绩效的角度来看，该文件为高校辅导员提升工作绩效指

明了方向路径：第一，加强和改进大学生思想政治教育是一项重大而紧迫的战略任务；第二，加强和改进大学生思想政治教育的指导思想和基本原则；第三，加强和改进大学生思想政治教育的主要任务；第四，新形势下大学生思想政治教育的有效途径，等等。

二是 2014 年的《高等学校辅导员职业能力标准（暂行）》。该标准是国家对合格高校辅导员专业素质的基本要求，是高校辅导员开展学生工作的基本规范，是引领高校辅导员专业化职业化发展的基本准则，是高校辅导员培养、准入、培训、考核等工作的基本依据。

该文件为我们研究高校辅导员绩效评价提供了以下几点启示：第一，对高校辅导员工作的绩效评价和考核，要分类实施，要根据“初、中、高”辅导员的职业等级分类进行评价考核；第二，要合理制定绩效评价标准，不能对新任辅导员要求过高，同样，在对中、高级辅导员进行绩效评价考核时，要注意有更高要求，要体现各级辅导员应具备的职业能力水平；第三，要体现中、高级辅导员对学生思想引导作用的发挥及研究水平的提升等，因为笔者认为，辅导员的核心工作还是对学生的思想引领，而研究能力是中高级辅导员做好大学生思想引领工作的必备能力。

三是 2017 年的《普通高等学校辅导员队伍建设规定》。该规定是对 2006 年《普通高等学校辅导员队伍建设规定》的传承和创新，它规定了高校辅导员的“要求与职责，配备与选聘、发展与培训、管理与考核”等，其不仅适用于普通高等学校辅导员队伍建设，更是高校辅导员（组织和个人）完成并提高工作绩效的基础和保障。该规定指出：“高等学校要根据辅导员职业能力标准，制定辅导员工作考核的具体办法，健全辅导员队伍的考核评价体系。”这为我们指明了今后辅导员队伍绩效评价的发展和研究方向。

四是 2017 年的中共教育部党组《高校思想政治工作质量提升工程实施纲要》（以下简称《纲要》）。《纲要》是“提升高校思想政治工作质量的顶层设计，是由全面施工到内部精装修的施工蓝图”，其重点从“课程、科研、实践、文化、网络、心理、管理、服务、资助、组织”十大育人体系方面，指明了高校辅导员（组织和个人）提升思想政治工作质量（工作绩效）的方向和路径，从本书研究视角来看，无疑是新时代下对高校辅导员（组织和个人）工作绩效进行评价考核的重要依据。

《纲要》指出：大力培育领军人才，在“长江学者奖励计划”中，加大对思想政治教育相关领域高层次人才倾斜支持力度。加大培养培训力度，开展高校思想政治工作队伍国家示范培训，遴选骨干队伍参加海内外访学研修、在职攻读博士学位。强化项目支持引领，实施“高校思想政治工作中青年杰出人才支持计划”，支持出版理论和实践研究专著，培育一批高校思想政治工作精品项目，建设一批高校思想政治工作名师工作室。《纲要》的这些规定，对于研究高校辅导员（组织和个人）绩效的第二个方面的意义是：进一步指明了高校辅导员队伍的建设发展方向，增强了高校辅导员队伍的士气和专业化职业化发展的信心。

《纲要》对研究高校辅导员组织绩效评价的第三个意义是：丰富了高校辅导员组织绩效评价的内容，促进了高校辅导员组织的领导体制建设、规章制度建设等。《纲要》指出，要强化组织保障：第一，成立高校思想政治工作委员会，加强工作统筹、决策咨询和评估督导；第二，设立高校思想政治工作经费专项，保证《纲要》各项目顺利实施；第三，健全高校思想政治工作质量评价机制，研究制定高校思想政治工作评价指标体系，创新评价方式，探索引进第三方评价机构；第四，强化高校思想政治工作督导考核，把加强和改进高校思想政治工作纳入高校巡视、“双一流”建设、教学科研评估范围，作为各级党组织和党员干部工作考核的重要内容；第五，各地各高校结合实际，将实施《纲要》纳入整体发展规划和年度工作计划，明确路线图、时间表、责任人。

（二）实践层面

从实践层面来看，国家对高校辅导员组织的绩效评价主要体现在国家及相关部门具体的工作要求之中。

其中最具代表性的工作是全国大学生思想政治教育测评工作。我们从 2012 年国家专门制定的《全国大学生思想政治教育工作测评体系（试行）》中可见一斑。

该测评体系由省（区、市）大学生思想政治教育工作测评体系（简称党委政府版）和普通高等学校大学生思想政治教育工作测评体系（简称高校版）构成。测评对象包括党委政府版主要用于测试省（区、市）党委、政府加强和改进大学生思想政治教育工作的进展及成效，高校版主要用于测试高校加强和改进大学生思想政治教育工作的进展及成效。测评结果评估采用“状态描述法”，

以A、B、C、D描述测评结果，分别对应为优秀、良好、合格和不合格。

该测评体系虽然是对加强和改进大学生思想政治教育工作的一种具体督促检查方式和手段，但包含了对高校辅导员组织的测评要求，因此，从本书研究视角来看，亦是对高校辅导员组织的一种绩效评价方式和手段，其包含了本书第一章中对组织评价的四个方面：领导体制建设评价、规章制度建设评价、专业队伍建设评价和工作目标落实评价。

从高校辅导员队伍建设方面来看，对省（区、市）大学生思想政治教育工作测评的要求是：

① 有组织、人事、教育等党政相关部门联合制定的大学生思想政治教育工作队伍建设文件和措施；

② 按照有关文件要求核定落实高校辅导员、思想政治理论课教师编制；

③ 对高校辅导员、思想政治理论课教师个体技术职务单列指标，单设标准、单独评审；

④ 落实高校辅导员相应职级、职数；

⑤ 将大学生思想政治教育工作队伍表彰奖励纳入各级教师、教育工作者表彰奖励体系，按一定比例评选，统一表彰；

⑥ 组织开展大学生思想政治教育工作队伍境内外培训，有实施队伍轮训的规划。

从高校辅导员队伍建设方面来看，对普通高等学校大学生思想政治教育工作测评的要求是：

① 按师生比不低于1:200的比例设置一线专职辅导员岗位，研究生配备有专职辅导员；

② 每个班级配有兼职班主任或指导教师；

③ 对辅导员专业技术职务单列指标，单设标准，单独评审；

④ 落实辅导员相应职级、职数和待遇；

⑤ 辅导员的培养纳入学校师资培训规划和人才培养计划，开展队伍轮训，享受专任教师培养同等待遇；

⑥ 有辅导员、班主任工作考核办法和年度考核结果，定期评选表彰优秀辅导员、班主任，并纳入教师表彰体系。

二、省级教育行政部门对高校辅导员组织的绩效评价

省级教育行政部门对高校辅导员组织的绩效评价主要体现在落实国家及相关部门对省属高校的要求和管理之中，也有的省级教育行政部门采取了独具特色的绩效评价形式。这些形式主要可以概括为两种。

一种是专门对所属行政区域内各高校辅导员队伍建设规定的落实情况进行检查，这种检查鲜明地体现了对高校辅导员组织进行绩效评价的特点。以江西省教育厅2007年关于对《普通高等学校辅导员队伍建设规定》贯彻实施情况进行检查的通知为例，江西省教育厅规定的检查内容主要有以下几项。

① 在思想认识方面，主要检查高校对辅导员队伍建设的重视程度，把辅导员队伍建设作为教师队伍和管理队伍建设的重要内容，积极采取有效措施加强辅导员队伍建设的情况。

② 在辅导员配备和选聘方面，主要检查各高校按师生比不低于1:200的比例设置本、专科学生一线专职辅导员岗位，辅导员的选聘坚持政治强、业务精、纪律严、作风正的标准的情况。

③ 在辅导员培养与发展方面，主要检查各高校按各校统一的教师职务岗位结构比例合理设置专职辅导员的相应教师职务岗位，专职辅导员评聘思想政治教育学科或其他相关学科的专业技术职务，根据辅导员岗位实际制定辅导员评聘教师职务的具体条件，成立专职辅导员专业技术职务聘任委员会，辅导员的培养纳入师资培训规划和人才培养计划，享受专任教师培养同等待遇，支持辅导员攻读相关专业学位，开展对本校辅导员的系统培训的情况。

④ 在辅导员管理与考核方面，主要检查各高校对辅导员实行学校和院（系）双重领导，把辅导员队伍建设放在与学校教学、科研队伍建设同等重要位置，统筹规划，统一领导，制定辅导员工作考核的具体办法，健全辅导员队伍的考核体系，考核结果与辅导员的职务聘任、奖惩及晋级等挂钩的情况。

另一种是省级教育行政部门以对属地高校开展高校大学生思想政治教育状况调查工作的形式，对辅导员组织绩效情况进行重点检查或观测。以辽宁省教育厅《关于开展高校大学生思想政治教育状况调查工作的通知》为例，2016年10月，辽宁省教育厅要求省内各高校全面梳理并系统总结近5年来本校开展大学生思想政治教育工作情况，包括典型经验和做法、存在的问题和不足、改进

的措施和办法以及相关工作建议。为此，辽宁省教育厅专门制定了《辽宁省高校大学生思想政治教育工作基本情况调查表》，其中，对辅导员、班主任队伍建设方面的观测点是：本专科生一线专职辅导员数量、师生比；研究生一线专职辅导员数量、师生比；获得全国、省辅导员年度人物（提名奖）数量；是否实现对辅导员专业技术职务单列指标、单设标准、单独评审；辅导员系列教授、副教授数量，在辅导员队伍中的占比。

通过以上两个范例，我们可以看出，省级教育行政部门对高校辅导员组织的绩效评价不但包含了对辅导员组织绩效评价的四个方面，还侧重于从高校整体上完成大学生思想政治教育工作情况等方面进行绩效评价。

三、高校对院（系）辅导员组织的绩效评价

高校对院（系）辅导员组织的绩效评价一般体现在学校层面对院（系）层面的学生工作（绩效）评价考核之中。一般从两个方面进行考察：一是从院（系）辅导员队伍建设情况方面，二是从院（系）整体学生工作完成情况方面。其中第二个方面情况的好坏和院（系）辅导员组织的绩效高低具有直接的正向关系，因为一个院（系）的学生工作，主要是由本院系的辅导员组织（很多高校都设置的院系学生工作办公室）集体完成的。因此，我们认为，这是对一线辅导员组织的绩效最直接的评价，值得重点研究。

以湖南大学为例，根据教育部简报和湖南大学新闻网，我们得知湖南大学对基层院系学生工作考核的经验做法包括以下几方面。第一，立足人才培养，科学构建工作考核体系。考核体系由规划实施成效、本科生教育、研究生教育、队伍建设、科学研究、综合管理六大板块 18 个子项组成。学生工作考核涉及 10 个一级指标、36 个二级指标、94 个观测点，学院学生工作考核和辅导员（个人）工作考核有机结合，在同一指标体系内同步考核，具体包括学院自查自评、部门考察评估等六个环节，基本覆盖学生工作各个方面。第二，坚持“三个注重”，提升学院学生工作考核内涵。一是注重考核基础工作，将学生教育管理、学风建设、资助服务、心理咨询、党团组织建设等日常工作作为考核的基础项目进行量化分解，强化过程考核。二是注重考核“显性”指标，将考研率、挂科率、按期毕业率，以及学生获省级以上的各类竞赛竞技奖项情况等作为体现人才培养质量、扩大工作影响力的显性指标，赋予不同的分值权重予以加分。

三是注重考核“底线”指标，将考试代考、安全责任事故、疏于管理的学生意外伤害等重大事件单列为减分项，分值不设上限，评优一票否决，重点考核是否存在事前预防不到位、事中到位不及时、事后处理不得力等问题。第三，突出“四个结合”，引领辅导员队伍向专业化职业化发展。一是个人考核与学院考核相结合。辅导员个人考核由个人业绩和学院学生工作贡献度两个部分组成：个人业绩占25%、学院学生工作贡献度占75%。个人业绩包括辅导员服务对象满意度评分和奖惩加减分；学院贡献度得分由学院根据每个辅导员实际工作，按照贡献度和责任度赋值评分。二是过程考核与集中考核相结合。定期检查辅导员与学生谈心交心的过程记录，以及深入学生宿舍、课堂了解学生学习生活情况等记录，强化过程考核。三是组织考察与学生评议相结合。各学工机关对辅导员工作业绩进行评价打分，同时全体学生对辅导员深入学生、开展活动等情况进行网上匿名满意度测评。四是注重考核结果与绩效评优相结合。按考核最终得分情况直接核算学院和辅导员的年终绩效，绩效分配与年终考核情况直接关联，考核结果与评奖评优挂钩。第四，在考核结果应用上，根据考评得分分为优秀、良好和合格等，考评结果向全校公布，学校进行奖励且各学院学生工作考评结果作为学生工作人员任职、岗位津贴等级确认、评优评奖及工作岗位交流的主要依据。

笔者认为，高校层面对院系层面的这种考核评价是一种很有效的工作抓手，体现了“有管理必有考核”的现代管理原理，激发了基层学院辅导员组织及个人的工作积极性，进一步提升了工作精细化和科学化水平，从而提高了人才培养质量，更好地完成了立德树人的根本任务。

第二节　对高校辅导员个人的绩效评价

在对高校辅导员个人进行工作绩效评价的时候，各高校根据各自不同的校情和辅导员队伍建设及发展情况，采取了不同的绩效评价管理模式及方法技术，并且在进行辅导员绩效评价考核的同时，实施了各具特色的制度方法，起到了良好的绩效评价考核效果，对我们认识和研究高校辅导员个人绩效评价考核起到了良好的启示和借鉴作用。

一、管理模式

各高校在对辅导员个人进行绩效评价时，采用的管理模式和方式方法不尽相同。经调查了解，笔者认为，主要有“自上而下”“自下而上”“上下结合”三种模式，各高校最常用的是“自下而上”和“上下结合”这两种模式。

（一）“自上而下”模式

这种模式的特点是：学校层面（相关部门）直接对辅导员个人进行绩效评价或考核，院（系）层面几乎不参与，这种模式一般适用于对全校辅导员进行集中统一管理的院校。目前采用这种绩效评价模式的高校不多，经调查了解，天津财经大学即采用这种模式。该校向 2001 年起实施学生工作专职化改革，将原本在各教学院系的学生工作者（含辅导员）的组织人事关系集中到学生工作部统一管理，组建了一支学生思想政治教育工作专职队伍，并且校党委将学工部和各学生办公室设在学生公寓生活区，集中统一办公。该校在对辅导员进行绩效评价考核时，采取了以下方式：第一，由学校组织部将辅导员纳入全校政工人员体系进行考核工作安排。第二，在考核内容和标准上，考核主要内容包括政工岗位人员的思想品德、专业能力、工作态度、工作业绩及参加继续教育情况等；考核标准参照各档次政工专业职务的任职条件，或对照其岗位职责标准进行考核；考核结果分为优秀、称职、基本称职和不称职四个等次。第三，在考核方法上，首先由参加考核人员进行自我总结，填写考核登记表，然后各单位召开群众评议会，评议产生考核优秀人选。各基层党委、直属党总支填写评鉴意见、书记签字并加盖公章，接着各单位将考核结果反馈给被考核人，被考核人对考核结果进行签字确认，最后审核汇总全校政工人员考核情况，考核优秀人员名单报天津市教育系统政工职评办备案。

这种集中统一管理模式下，因组织人事管理集中统一，有助于将这支队伍从其他事务性的行政工作中解脱出来，专心致志地从事和研究学生思想政治教育及管理工作，并且所有辅导员统一集中办公，每个人都对他人所做工作等相互了解。因此，该校在设计辅导员绩效考核工作时，采用的方法程序相对简单，被考核人员只要填写一张考核登记表即可，特别便于操作，体现了“大道至简”的管理智慧。当然，从另一个角度来说，这种模式也有弊端，因为这种绩效评价考核模式较为笼统，虽然整体上不会出现结果上的偏差，但是对于促进辅导员精细化教育管理及促进管理精细化恐有力所不及之处。

（二）“自下而上”模式

这种模式的特点是：高校院（系）层面直接对辅导员个人进行绩效评价或考核，考核结果报送学校层面（相关部门）备案存档或复核审批即可，一般在“校—院”二级管理体制比较成熟，特别是院（系）“人、财、物”自主权较大的高校采用较多。

经调查了解，北京大学、中国人民大学、同济大学、四川大学和河北大学等高校即实行这种绩效评价考核模式。其中，北京大学较早实行校院二级管理体制，是经验最为成熟的高校之一。在这种管理体制下，该校建立了一支专兼职结合的辅导员队伍，辅导员日常工作在院系学生工作办公室的领导下开展，因此在对辅导员进行绩效评价考核时，该校设计采用的是“自下而上”的管理模式。第一，在领导体制上，由主管校领导牵头，学工部、校团委、各学生工作业务中心、院系学生工作负责人和学生代表组成考评工作小组，组织实施考核，并且制定了统一的《北京大学辅导员考核办法（试行）》，由院系学生工作办公室具体实施。第二，在考核内容上，按照辅导员工作职责进行考核，考核内容主要包括“德、能、勤、绩、廉”五个方面，体现了一种综合的“绩效观”。其中，绩效是指岗位绩效，主要是履行岗位职责的实际情况及实际工作效果等。第三，在考核程序上，首先是辅导员个人总结，填写考核登记表，将材料交至院系学生工作办公室；其次是院系学工办组织进行学生评议，此项权重占 50%；然后是院系学工办对辅导员的综合测评情况进行评定打分，并填写《北京大学辅导员工作考核测评表（院系用表）》，院系考核权重同样占 50%；最后是院系学工办将考核结果反馈到学工部，学工部进行汇总复核，形成全校辅导员考核结果名单，报送学校辅导员考核工作领导小组审批。第四，考核结果按照考评得分分为优秀、良好、合格、不合格四档，考核结果是辅导员职称评定、职务晋升、评选先进等的重要依据。其中，北京大学、中国人民大学、同济大学等高校在对辅导员进行绩效评价考核时，唯一不同的是评价的权重中国人民大学规定了辅导员的自评、学生评价和院系评价的权重分别是 20%、40%、40%，同济大学规定了辅导员的自评、学生评价和院系评价权重分别是 10%、40%、

50%，在充分尊重学生和院系主体地位的同时，考虑了辅导员个人的自我评价得分。至于各自权重应占多少以及孰优孰劣，在此我们不做评判，各高校在具体参考借鉴上，应根据具体情况设定。

这种“自下而上”的管理模式，首先是尊重了学生的评价意见，体现了学校对学生主体地位的重视；再者是重视了院系的管理主体地位和重要作用，激发了院系的工作积极性和自主性，与校院二级管理体制充分协调配套。对于被考核者辅导员来说，只要做好个人总结并填写一张考核登记表即可；对于学校及相关部门来说，在做好复核及审批工作的同时，既发挥了监督作用，又减轻了具体组织实施工作的负担，充分发挥了现代管理学中“授权管理”的优势。当然，这种模式也有其不足之处，因为授权就要监督，一旦监督不力或不到位，院系可能会不按照学校制定的考核办法进行考核，为的是不浪费院系的优秀名额及对本院系辅导员的激励作用。采用这种模式的高校，一定要注意保留复核权并做好对院系的绩效评价考核监督环节。

（三）“上下结合”模式

这种模式的特点是：学校层面（相关部门）和院（系）均对辅导员个人进行绩效评价或考核，只是各高校在具体规定上各自权重不同而已。采用这种模式的高校最多，这不仅体现了教育部对辅导员进行双重管理的要求，更多的是各高校及相关部门和各院（系）对辅导员工作及这支队伍的重视。

采用这种模式的高校最多，如清华大学、北京师范大学、华中科技大学、中山大学、山东大学、厦门大学、华南理工大学、吉林大学、中国农业大学、中国矿业大学、中国石油大学（华东）、燕山大学、海南大学和沈阳药科大学，等等。我们在此仅以清华大学和北京师范大学为例，对“上下结合”模式的高校辅导员绩效评价考核情况进行说明。

1. 清华大学

清华大学是国内最先实行辅导员制度的高校，被誉为“国内高校辅导员制度的发源地”，在高校辅导员绩效评价考核方面也探索尝试较早。

根据 1996 年 12 月制定，2001 年、2006 年修订的《清华大学政治辅导员工作条例和考评办法》，我们得知清华大学对辅导员的工作考评最早从 1996 年开始。具体操作办法是：由校党委学生部负责组织，各院系学生组协助具体实施，每学期考评一次。考评工作采取“客观公正、民主公开、注重实效”的原则，对辅导员政治素质、思想方法、敬业精神、工作能力和业务水平等方面进行全面考核，并充分听取学生的意见，辅导员在考评时进行工作述职，结合述职和学生意见对辅导员进行思想和工作考评，全面评定辅导员的工作情况，具体如下。

（1）考评内容

根据辅导员的工作任务、职责和要求，注重对辅导员工作态度、工作水平和工作业绩等方面的综合考核。

（2）考评方式

工作日志检查、述职、笔试相结合的方式。

（3）考评程序

第一，各院系建立辅导员考评小组，由院系党委副书记担任考评小组组长。

第二，考评小组按照辅导员职责和工作要求，结合本院系该年度的具体工作实际，制定相应的管理考评细则。

第三，各院系考评细则报学生部审批，经学生部批准后开始组织实施。

第四，考评小组应首先检查辅导员工作日志的完成情况和内容，然后征求学生、班主任、导师和学生组成员等相关人员对该辅导员工作的评价意见，并形成书面材料，作为重要的考评依据。

第五，考评小组召开考评工作会议，由辅导员本人进行工作述职，并做出自评，然后在学生组全体成员中进行互评。

第六，考评小组对辅导员进行最后评价，考评结果在学生组备案，对于考评结果成绩优秀的辅导员可以申报“优秀辅导员奖”，对于考评成绩较差或不合格的辅导员，学生组应进行批评教育，仍不改进的，应免去其辅导员职务。

第七，由学生部对全体辅导员进行笔试，内容为工作中的基本知识和案例分析等。

2. 北京师范大学

北京师范大学对辅导员绩效评价考核的具体做法包括以下几方面：第一，从领导体制上，该校成立工作领导小组，考核采取校系两级评价体系。第二，辅导员的考评工作分月度考评和年度考评，月度考评于每月月底进行，年度考评于每学年末进行（这里我们重点研究其年度考评）。第三，考评内容主要包括

德、能、勤、绩四个方面，重点考核工作实绩，其中北京师范大学对“德、能、勤、绩”的说明较好地体现了辅导员工作的特点。第四，考评程序上，考核在校系两级评价体系下进行，包括个人自评、学生评议、院系考评和学校考评四部分。考评总分满分 100 分，个人自评、学生评议、院系考评和学校职能部门考评各分项满分 100 分，在总分中所占分值分别为 10%、40%、30%、20%。第五，根据各职能部门（学生处、研究生工作部、团委、就业指导中心、心理咨询中心和宿舍管理中心等）按照平时掌握的情况（如会议参加情况、工作完成情况、宿舍违纪情况、学生反映情况等）对学生辅导员进行评说，并将考评结果反馈向院系。第六，在考评等级设置上，月度考评分合格与不合格两个等级，年度考评等级分为优秀、合格、不合格三个等级，其中年度考评结果纳入辅导员奖惩依据。

《普通高等学校辅导员队伍建设规定》第十七条规定：高等学校辅导员实行学校和院（系）双重管理，学生工作部门牵头负责辅导员的培养、培训和考核等工作。按照这个规定，学生工作部门就不仅仅要牵头负责，还要具体参与。一方面，按照现代管理学观点，管理就是做考核，没有绩效考核，管理就是一句空话。基于这种理念，学生工作部门就要具体参与到辅导员的绩效评价考核中去。另一方面，实际工作中，很多具体工作任务是学校相关部门（一般是组织部、学工部、团委、就业和教务等部门）下达至辅导员直接具体开展，结果甚至是由辅导员个人直接报送相关部门特别是学生工作部门，辅导员工作完成情况如何，这些部门最清楚，因此在绩效评价考核上也应该有发言权，应该体现出自身的权重。至于权重占比例多少，还应该根据各学校的特点，根据具体情况而定。这样的绩效评价模式，充分体现了现代管理学中的“精细化管理”原则，能凝聚多部门，全方位评价主体的管理合力作用，进而促进辅导员工作绩效提升。当然，这样做可能会加重辅导员“上面千条线、下面一根针”的情况，因为哪个部门对辅导员有评价考核权，哪个部门就能对辅导员布置工作任务，而辅导员的时间精力是有限的，在有限的时间内应对多部门多方面的任务，反而可能会影响工作质量和绩效。

二、评价方法与技术

根据本书第五章，高校辅导员工作绩效评价的方式方法多种多样，有系统的 360 度绩效评价法、非系统的排序法等。下面，笔者根据调查了解，列举各高校在实践探索中是如何具体运用这些技术方法的。

（一）360 度绩效评价法

采用这种绩效评价法的高校在绩效评价模式上一般采用上下结合的模式，因为这样才能体现多主体的评价作用。不少高校对辅导员实行 360 度绩效评价法，根据调查了解，在此以集美大学为例，分析其具体探索与实践运用。

根据集美大学《关于开展 2017 年辅导员和班主任考核工作的通知》，我们得知，集美大学成立学校层面上的辅导员工作考核领导小组及各学院辅导员工作考核小组，按照以下程序进行操作。

① 辅导员自评（占 10%）。辅导员认真填写《集美大学辅导员绩效考核自评表》。

② 学生满意度测评（占 40%）。由学院考核小组负责组织学生采取不记名方式对辅导员进行测评，随机抽取不少于辅导员所带学生数 50%的学生代表参与评议，并认真填写《集美大学辅导员绩效考核学生评议表》。

③ 同行评议（占 10%）。学院考核小组统一安排时间和地点组织全体辅导员填写《集美大学辅导员绩效考核同行评议表》。

④ 学院考核（占 30%）。学院考核小组负责组织开展院辅导员评议工作，填写《集美大学辅导员绩效考核学院评议表》。

⑤ 学校评议（占 10%）。校辅导员工作考核领导小组成员分组深入学院，在听取学院党委副书记逐一对本院辅导员一年工作情况介绍后进行打分，填写《集美大学辅导员绩效考核学校评议表》。辅导员也可根据需要，自由选择是否进行 3 分钟的补充述职。

⑥ 统分和填表阶段。

⑦ 审核定级阶段。根据《2017 年辅导员绩效考核考评结果情况一览表》排名情况，学院遴选考核“优秀”推荐人。学校考核领导小组对推荐人有关材料进行审核并票选考核“优秀”候选人。

⑧ 公示阶段。考核“优秀”候选人名单报送人事处，经校内公示无异议后，定为本年考核“优秀”的辅导员。

采用 360 度绩效考核法，有几个方面需要注意：一是如何设置指标。在指

标方面，笔者建议要抓住重点，根据关键指标法进行设置（参见本章后面的关键绩效指标评价法）。二是如何设定各评价主体的权重。笔者认为集美大学的这种权重设置比较合理，因为对于辅导员的工作状况，最有发言权的是学生和负责辅导员日常管理的院系层面，虽然同行及学校相关部门也能对辅导员个人有所了解，但考虑到同行评价可能有失偏颇，笔者建议权重比例还是设置得低一点为好。至于具体的权重如何设置，可以根据学生工作及辅导员工作情况，进行仔细的调查研究科学设定，也可结合德尔菲法进行设定。三是在学生评价的环节，究竟选择多少学生参与评价为合适，集美大学设定的是 50%的学生代表参与评议，笔者所在的高校大连海事大学采用的是全员参与的办法，也有高校采用的是多少名学生参与评价的办法，这个方面，笔者还是建议各高校根据自身情况而定，全员参与应该是最理想的状态。

（二）关键绩效指标评价法

根据调查了解，厦门大学在对辅导员进行绩效评价时，采取的关键绩效评价法比较有特色。根据《厦门大学辅导员工作考核办法（试行）》及厦门大学《关于 2017 年辅导员工作考核的通知》，我们得知，厦门大学对辅导员的绩效考核内容主要包括辅导员工作关键绩效指标、辅导员工作单位量化指标和例外绩效事件三个方面，分别采取学生评议/服务对象评议、学院考评/主管单位考评、学校考核的办法进行。考核分数采用百分制，三部分考核得分比例为 40:40:20 大学在对辅导员进行绩效评价时，设计采用的是“抓重点、抓关键”关键绩效指标考核法，并且对于不同的评价主体，采用的关键指标有所不同：第一，对于学生评价主体来说，主要考察辅导员是否对学生做好了为人师表、理想信念教育、针对性教育引领、谈心谈话、课外活动及社会实践、心理健康教育、困难学生帮扶、生涯规划指导、优良班集体建设、主题教育活动、廉洁自律状况 11 类关键指标，侧重考核的是辅导员工作的共性和目标性的核心内容；第二，对于学院评价主体来说，主要考察辅导员在职业能力与绩效情况、工作制度执行情况、关键能力以及学院例外绩效的 4 个一级指标和 23 个二级指标等方面的考察，侧重于职业能力及工作完成情况的评价；第三，对于学校评价主体来讲，我们通过《厦门大学辅导员工作关键绩效指标学校考评表》考核指标的设置可以看出，主要侧重于考察辅导员对规章制度的遵守、工作任务完成情况以及学生的学风与考纪情况。

对于辅导员绩效评价的关键绩效指标如何设置，笔者认为，不同的高校有不同的发展情况及辅导员工作发展阶段，如果有的高校辅导员群体擅长于理论，则可在实际工作效果方面列入关键指标，这样就能促进理论的实践性转化。而如果有的高校学生科技创新等课外活动方面有所不足，则在关键绩效指标中加入相关选项，则无疑能促进辅导员对此项工作的重视并取得工作的进步。当然，这些关键指标的设置应该是科学、动态的，如果经过一段时间的运行后，发现某些关键指标不适应于当前的形势和任务，就一定要根据情况进行动态调整。

（三）排序评价法

从绩效评价模式，江苏大学实行的是上下结合的评价模式，但在其中院系层面的评价方法上，江苏大学实行的是排序评价法，根据排序的不同再赋予不同辅导员不同的分值，具体实践操作办法如下。

第一，学院评议由学院根据《江苏大学辅导员管理办法》设定评议标准并组织评议小组开展评议，评议小组成员应包括学院分管领导、所有兼职辅导员和教师代表。

第二，学院根据评议结果确定辅导员考核排名。学院须将本单位辅导员考核排名、学院评议小组成员名单及评议标准报学校辅导员考核工作领导小组。专、兼职辅导员分类进行评议。

第三，学院评议分的计算方法是根据学院对辅导员考核的排名确定辅导员的学院评议标准分：① 标准分计分区间为 90～100 分；② 学院所有辅导员标准分的平均分为 95 分；③ 学院排名第一的辅导员标准分为 100 分；④ 其他辅导员的标准分按等差数列在 90～100 分之间赋分；⑤ 只有一名辅导员的学院，辅导员此项得分按 95 分计。

三、辅导员特色绩效评价考核做法

对高校辅导员进行绩效评价的主要目的是提高工作绩效，可以说，评价考核不是目的，它只是一种手段。如何发挥这种手段的“指挥棒”作用，在绩效评价考核的同时促进高校辅导员工作的规范化、制度化、专业化，同时对高校辅导员起到良好的激励作用，促进其职业能力的提升，笔者总结梳理了一些高

校的典型经验做法，供大家参考借鉴。

（一）与辅导员工作制度相结合

笔者调查了解到，厦门大学、电子科技大学等一些高校制定了辅导员工作制度，并纳入辅导员绩效评价考核体系。根据《电子科技大学辅导员工作制度（试行）》，该校实行了“主题班会制、交流谈心制、定期听课制、深入宿舍制、学业分析制、家长联系制、工作例会制、工作责任制、信息档案制、工作记录制、年终述职制”11项工作制度，并要求辅导员在工作自评时对照《电子科技大学辅导员岗位工作职责（试行）》和《电子科技大学辅导员工作制度（试行）》进行自评并填写年终考核表。厦门大学在辅导员绩效评价考核时规定，各学院要认真考核厦门大学辅导员队伍建设规定（试行）中规定的辅导员“谈心制、进宿舍制、听课制、会议制、周记制、档案制”六大工作制度的完成情况。没有优秀谈心记录、优秀周记的辅导员，考核等级不能评为“优秀”。学校将对辅导员的工作制度执行情况进行抽查。

（二）与辅导员职业能力测试相结合

根据笔者调查了解，浙江大学、西安电子科技大学、青海大学、宁波大学和哈尔滨师范大学等高校将职业能力测试纳入辅导员绩效评价考核体系。其中浙江大学辅导员工作的考核主要包括单位评价、工作对象辨识、学生评议、学校考核小组评价和突出业绩与特色工作五方面，该校以工作对象辨识的形式，将职业能力测试纳入辅导员绩效评价考核体系，并且占20%的比重。西安电子科技大学的辅导员工作考核内容包括工作成效（60分）、职业知识测试（15分）、工作业务培训（15分）、参加会议和活动情况（10分）四项，分为学校、学院、学生三级评价。青海大学辅导员工作的考核主要包括单位评定、学校考核小组评定、学生评议、工作对象辨识、突出业绩与特色工作五方面，其中工作对象辨识占10%。宁波大学将辅导员年度考核分为块状考核和条状考核两部分，块状考核考察辅导员对所负责的学生群体的熟知度，条状考核考察辅导员当年度岗位职责完成情况和工作绩效。哈尔滨师范大学将辅导员职业能力量化考核纳入辅导员绩效评价考核体系，赋予了40%的权重，并且专门制定了《辅导员职业能力量化考核细则》。

笔者认为，在全国高校辅导员素质能力大赛（职业能力大赛）如火如荼开展的今天，这种做法，不仅仅是促进高校辅导员积极参加本项大赛并力争获得更好成绩，更将对提升辅导员的职业能力水平、提升辅导员的工作绩效起到积极的促进作用。

（三）与辅导员评优评先相结合

在实践操作中，一些高校如燕山大学、南京信息工程大学及大连海事大学等均将辅导员绩效评价考核和辅导员评优评先相结合，评选优秀辅导员、辅导员年度人物或“十佳”辅导员。燕山大学的做法是：学生工作部依据考核总分，对满足评选条件的辅导员依次排序，确定拟推荐为“十佳”辅导员和优秀辅导员的人选，其中前 7 名被推荐为“十佳”辅导员，之后排名位于辅导员总人数前 20%的辅导员被推荐为优秀辅导员。南京信息工程大学的做法是：各学院测评结果排名前 30%，且考核总得分 290、学生评价得分 224（折合分）、所带学生人数 2 100 的辅导员直接评定为校优秀辅导员。通过评审校优秀辅导员的方式产生校“十佳”辅导员，学生工作处组织相关职能部门负责人和有关专家，成立校“十佳”辅导员评审委员会，根据候选人的平时工作表现、申报材料进行评审，最终确定校“十佳”辅导员人选。学生工作处依据上级关于辅导员年度人物的评选条件，在已获得校“十佳”辅导员称号的人员中组织公开展示和答辩，评选出年度校辅导员年度人物（最多不超过 3 名）。

第九章 高校辅导员胜任力提升路径与机制创新

2018 年 12 月 17 日，时任教育部部长陈宝生在《人民日报》刊发的文章《中国教育：波澜壮阔四十年》中指出："中国教育 40 年，发展是跨越性的、成就是全方位的、影响是世界性的。"

"教育强国，人才兴邦；百舸争流，万校竞先"是中国及世界各国高等教育和高校辅导员的使命。

世界范围内的高等教育机构均致力于实现教育在覆盖领域、受益人群、理念方法、教学内容、育才标准、教学质量及社会效益等各方面产生积极且显著的变化，而中国则以时不我待、奋勇拼搏的精神，用 40 余年时间取得了他国百年积累的成就。中国高校辅导员作为先进知识的生产者与传播者，作为国家教育改革的实践者与推动者，其群体"胜任力"实现了我国近 100 个学科进入世界前列，承担了全国 60%以上的基础研究和重大科研任务，建设了 60%以上的国家重点实验室，获得了 60%以上的国家科技三大奖励，发表科技论文数量和获得自然科学基金资助项目均占全国 80%以上。高校哲学社会科学的队伍和研究成果均占全国总数 80%以上；教书育人的成果是，新增劳动力中接受过高等教育的比例超过 45%，平均受教育年限达到 13.5 年，高于世界平均水平。

陈宝生同志提到的"40 年来"，是改革开放以来的 40 年，也是 1980 年以来信息技术充分对人类文明产生重要影响的 40 年。这个过程，人类社会的生活方式、思维方式、经济发展方式的巨变程度前所未有，但其本质上反映的依然是马克思主义理论中一个重要的朴素命题——生产力与劳动者的关系问题。虽然两者在发展速度与高度上均是以往千年文明史的几何倍数，但两者内在互相增益这一客观关系没有改变。个体的人，既是知识的传递者，也是知识的受益对象。人才，始终是这个链条关系上的关键点。全球范围内的高等教育机构作为人才培养的重要承载者，被生产力发展需求的洪流巨浪推动产生了一轮又一轮的教育改革、培养模式改革、高校辅导员评价方式与发展方式的改革。

40 年来，世界范围内的高等教育发展恰恰伴随媒体传播方式的巨变，从未静谧无声。这个过程激荡着民众的诉求、学者的振臂、国家的博力、社会的热议。从德国的博洛尼亚计划和精英计划，英国引领全球“评估”热潮的大学教学与科研评估工程，美国以立法保障并规范教育行为的《高等教育法案》出台，韩国历时 20 年、跨越 3 个阶段的 BK21 计划等。历数中国改革开放近 40 年来高等教育的数次重大工程，虽有微瑕而硕果实丰的“985 工程”“211 工程”及“双一流”建设，卓有成效地推动中国高等教育从规模、数量、质量、世界排名影响力、中长期发展潜力上都实现了历史性变革。40 年来的多项重要教育规划，尤其是习近平总书记“四有好老师”“四个引路人”理论提出以来的多部规章制度、实施办法，明晰了我国高校辅导员队伍建设的重要标尺与准绳，形成了具有我国特色的社会主义教育方针，取得了以高校辅导员为研究对象的硕果。

师德是师能的深层发展动力，师能是以师德为精神基础的发展结果；胜任力组织支持感知正向影响胜任力提升，满意度支持感知正向调节胜任力对工作满意度的影响，高校通过组织支持、政策关怀等方式促进教师师德师能的提升。因此，一所高校应转变观念，勇于改革，从青年教师群体研究与组织支持，拓展为将全体高校辅导员的发展作为研究对象、支持对象，从理论研究拓展到一所高校的制度建设与工作机制改革，通过建立科学适度的价值观塑造、政治理论学习、专业能力培训等体系化培训机制，进行评价机制改革、组织支持氛围等管理制度更新，切实提高高校辅导员的道德修养、职业动机与专业水平，充分发挥主观能动性对胜任力提升的促成作用，实现师德师能双提升、互促进的高校人才建设总目标。

这一结论符合高校人事制度“选人、育人、用人”的传统概念结构，在这一研究过程中得出“师德水平与师德提升培训对胜任力提高有直接影响”的数据结论，帮助本研究建立起更加明晰、有力的测定要素和工作方法，在高校辅导员胜任力培育体系化工程中可以大胆明确地建立以下工作规程：选择有为有

德者组建教师队伍、设计以德促能的师资培育培训方案、落实师能发挥过程中的制度保障和服务保障，实现组织制度不缺位、组织文化不空洞、能力发挥不留余力。

围绕这一目标，本章的研究重点从师德与师能同步提升、学校与院系管理同声相和、绩效管理与组织关怀双管齐下的协调理念下，研究以下四个问题：高校辅导员胜任力内涵概念及标准如何选择、如何评价、如何建设、如何持续。

第一节　高校辅导员胜任力观念选择

高校辅导员胜任力是高等教育学研究范畴内的一个命题，也是高等教育发展改革过程中始终聚焦于“知识传播者群体”的一个研究对象。高等教育改革过程中，“实现内涵式发展”这一理念的到来，引发了最新一轮对高校辅导员胜任力的研究热点。十九大报告明确指出“加快一流大学和一流学科建设，实现高等教育内涵式发展。”因此，进行双一流建设和实现内涵式发展将是今后一段时间内高等学校的重要任务。创建世界一流大学的重要“支点”之一就是要拥有一支具备世界一流大学平均水平的师资队伍。本著作的逻辑基础正是基于高等教育内涵式发展对教师胜任力的需求及评价标准。

高等教育内涵式发展是指通过内部的深层结构与关系的改革、激发教育功能的活力、增强育人的实力、提高知识创新的竞争力，强调的是结构优化、质量提高、实力增强，最终实现实质性的跨越式发展，扩大受益人群、优化教学内容、提高教育标准、增益社会效益。由此可见，高校辅导员需要能够适应并促进高等学校实现内涵式发展，才能具备并达标“胜任力”评价要求，本节详细阐述这一概念的提出、发展。

一、胜任力的最初内涵与当前外延

（一）道德、知识、创新能力构成胜任力的测评视角

定义是“绩优者所具备的知识、技能、能力和特质”，亦可概述为“显著区分优秀绩效和一般绩效的个体特征”，即高校辅导员中职能绩效表现优异者在某一工作任务（或组织、文化）中与表现平平者相区别开来的内在深层次特征，

包括动机、特质、自我形象、态度或价值、某领域的知识、认知或行为技能——任何可以被可靠测量或计算的素质。美国心理学家戴维·麦克利兰于 1973 年提出他认为传统的智力测验及学术测验、等级分数等手段，不能有效预测其从事复杂工作和高层次职位工作的绩效或在生活中是否能取得成功。后期他对“胜任力”的描述确定为：“绩优者所具备的知识、技能、能力和特质”（1993），概述出胜任力的最初内涵。

相关研究历时已近 50 年，伴随高校辅导员岗位及任务要求的分类日益多元化，以职业胜任结构特征为分析对象的胜任力要求，首先要对教师进行角色定位、岗位分类研究。国家与社会的发展需求直接导致了“高校辅导员”这一原本单一固化的角色设定，出现了以教学为主、以学术理论研究为主、以科技发明与专利为主、以应用性咨政成果、法律法规制定及可行性方案等实践性科技文化产品为主等不同岗位身份、不同组织群体的教师。因此，与现行高校辅导员分岗位、分职级的师资评价体系相匹配的方式是——区别不同的职位并且通过观察、访谈及问卷等一系列科学的方法，清楚地确定不同学科、不同岗位、不同专业技术职务等级教师的工作内容、职位对任职者的各方面要求。

2010 年前后的 10 年时间，大多数学者是沿着潘懋元先生的理论“接着说”，胜任力的三个面向包括具备宽广、扎实的基础理论，系统、精深的学科专业知识，熟练、灵活的教育教学能力，独立、创新的科学研究能力，高尚的职业道德及价值观、健康的人格特质。

根据工作性质和内容的差别对高校辅导员进行职位分类，在力求细分角色任务的基础上获取该角色需达到的胜任特征总和。通过数据，本书得出的结论是人格特质、职业动机及师德水平等教师主观能动性直接影响着高校辅导员胜任力的提升发展，切实有效的师能与师德塑造体系化培训工作对胜任力提高及教师工作绩效发挥有显著正相关，国家政策及高校内部的职务晋升及岗位聘用等评价体系、教学科研资源支持机制、薪酬奖励分配制度、组织文化建设等外在评价激励制度本身不能直接帮助教师获得胜任力的水平提升，但如果机制体系设定科学恰当，则能发挥出提高胜任力水平的杠杆作用。

（二）师德与师能双要素在“胜任力”研究视域下的合一

作为学养深厚、数次引领教育理论创新、厦门大学教师发展中心和教师研

究院的奠基人，潘懋元先生真乃名副其实的教育学家，他的系统理论为“师德师能融合研究”准备了基础，他认为大学教师是一种学术职业，首先，应当受过良好的人文素质教育，具有良好的学术道德素养和高尚师德，具有服务精神，循循善诱、诲人不倦、敬业乐业、爱护学生、热爱教师职业；其次，具有自律精神，以身作则、“行为示范”；最后，要具有创新精神，以自己的创新精神和创造能力来引领大学生成为创新型人才，以大学的文化科学创新引领社会的文化科学发展。他认为师德意蕴中应内涵“创新精神”，将学科发展、敬业乐业、创新精神纳入教师主体自觉性、自我发展动机中考察。

以学者李国安的观点为代表的一批研究者将大学培育社会主义建设者的办学目标融入高校辅导员目标任务的考察视角，将社会主义核心价值观、爱国主义教育的理念与知识教育进行融合，言语更为朴实、考察要素更为具体，他提出新时期人民教师的师德既应有一般社会道德的共有特征，如扬善抑恶、诚信友爱等，又应该有一般职业道德所共有的特征，如爱岗敬业、忠于职守等。但除了上述共同特征外，人民教师的师德还有自己的特殊性，主要包括三个爱：爱教、爱校、爱生；三个勤：勤学、勤教、勤研；三个育人：教书育人、管理育人、服务育人和三个贡献：为人才强国、科教兴国和人民满意的教育做贡献。这一观点在一所高校具体选拔教师、培养教师、评价教师的管理实践中更具有操作性，师德与师能考察互相融合，不可割裂。

我国于 1978 年恢复高考、大学建制逐步规范，历经 40 余年达到了蓬勃发展，关于高校辅导员的研究观念逐步成熟、全面。2019 年习近平总书记在学校思政课教师座谈会上提出的观点达到了相关理论发展的高峰。他指出，思政课教师要给学生心灵埋下真善美的种子，引导学生扣下第一粒扣子，他关于思政课教师的教育引导，也是对各学科领域高校辅导员的要求，简要概况就是：第一，政治要强，让有信仰的人讲信仰；第二，情怀要深，保持家国情怀，关注社会，汲取养分、丰富思想；第三，思维要新，学会辩证唯物主义和历史唯物主义，创新课堂教学，引导学生树立正确的理想信念、学会正确的思维方法；第四，视野要广，有知识视野、国际视野、历史视野，能深入浅出；第五，自律要严，自觉弘扬主旋律，积极传递正能量；第六，人格要正，有人格，才有吸引力。这一观念是对潘懋元先生以来多位学者“教师德能合一”考察的总结，更是对“高校辅导员胜任力”考察要素的一次升华，敬业创新的能力发展是教师师德高尚、具有担当精神的表现，师德中的“自律要严，自觉弘扬主旋律”。必然要求教师要勤于进行自我知识更新与视野拓展，方能在社会发展与国际环境中保持清醒坚定与人格端正、辩证唯物。沿着这一思路，全国高校应在国家倡导下构建“三全育人”的模式，以建立“大思政”体系的标准来培育教师具有正确的政治立场、高尚的师德水平、专业的学术研究与育人水平、综合的社会服务能力。

二、胜任力的需求指向与标准

（一）谁需要高校辅导员提高胜任力

在研究高校辅导员胜任力的内涵意义、提升过程、绩效体现之前，遵循以问题为导向、以需求为动力的逻辑，“谁需要高校辅导员提高胜任力”是个值得同时研究或前置研究的问题，这决定了胜任力定义及评价标准的视角与指向。高校辅导员胜任力需求，一般分外在需求、内在需求两类视角，大多数研究成果多以外在需求的指向来开展研究，作者希望在本书中较为全面地来分析需求结构、评价指向。

胜任力最直接的外在需求者之一是科技文化产品的需求者即大学生及研究生，以及学生背后的学生家长及家庭的社会性渴望：求职的顺利、职业生涯的开展、稳定的收入，成为优秀的建设者、领导者；另一直接外在需求者是社会与国家、人类群体，即生产力发展的需求者。

胜任力实现的内在需求者是高校辅导员自身。本书第一章研究综述中开宗明义指出教育学家潘懋元先生自 2007 年提出“教师发展”与“教师培训”的差别，他认为教师培训着重从外部的社会组织的需要出发，要求高校辅导员接受某种规定的教育、培训；教师发展则着重从教师主体性出发，强调教师自我要求达到某种目标。历经 10 年，潘先生将高校辅导员发展的内涵细化为三个组成部分：学科专业水平、教师职业知识与技能、师德修养。胜任力提升及教师发展的过程，历经三个阶段，经过自我价值的追求即马斯洛“需求层次理论”的最高层次，经过发展性的自我评估与反省，进入“敬业、乐业”的职业幸福感。

（二）三全育人与“大思政”体系的师资标准

伴随高校辅导员发展中心成立的党委教师工作部拓宽了高校思想政治工作路径和渠道，形成了“大思政”格局，教师发展中心与党委教师工作部的密切配合能够实现三全育人的教育目标。党委教师工作部通过统筹、优化、整合原有的思想政治教育模式、主体、内容和方式等，强化理想信念和价值引领，突出师德考核、监督和奖惩，引导教师把“三全育人”的理念落到实处，牢固树立成为“先进思想文化的传播者、党执政的坚定支持者、学生健康成长指导者和引路人的责任”的育人理念，促进教师思想政治工作与学生思想政治工作同频共振、相互依存、相互影响，实现教师与学生这两个“大思政”间的良性互动。

职业认同和师德组织支持感知均可以通过师德素质中介影响胜任力水平。对比各自变量对胜任力的综合效应可以得出，师德素质对胜任力的影响最大，其次是人格特征。教师需要获得教师身份带来的职业认同感、职业安全感、价值实现感、经济收益满足感，即获得全面而良好的自我实现。

本书将高校辅导员的胜任力达成要素标准分为三方面，即：教学胜任力、科研胜任力、社会服务胜任力。教学胜任力测评以教学方法、教学内容和课堂组织能力为重点；科研胜任力测评以研究能力、学术创新和学术交流能力为重点；社会服务胜任力测评以沟通协助、交流表达和学习发展能力为重点。

潘懋元认为外部动力包括物质与非物质的奖与罚、行政上所制定的业绩考核与评估、职称的晋升、工资及其他待遇的提高、优秀教师的评奖及社会声誉的提高等。外部动力对教师的发展会起到推动作用，但是，如果使用不当或用力过猛，也会引起消极影响，例如重科研轻教学等有偏差的业绩考核、极易引发不良导向和内部矛盾、过于繁杂琐碎的量化考评，以及只覆盖极少数高水平教师的评奖评优，不能从根本上起到激励作用。

三、高校辅导员身份与胜任力相应标准的变迁

（一）从“管”到“管服结合”再到“发展共赢”的三阶段

大多数关于高校辅导员研究的学术成果多从高校作为管理者的视角出发，

教师胜任力的外在需求者之一的教育机构管理者思维常常进入的误区是重管理、轻服务，重要求、轻支持，重绩效、轻发展。

近 10 年来的知识创新方式带动高等教育模式发生了革命，管理者思维经历了从“管”到“管服结合”，再到“发展共赢”的三阶段。

教育部人事司前司长、教师问题研究专家管培俊先生在 2014 年发表了一系列研究成果，核心观点是从“教师身份”的分析提出“高校人事制度必须进行从行政命令式管理到人力资源管理的观念转变”，这一论点鞭辟入里。高校辅导员的身份伴随着知识创新的增速与高校教育的开放而发生改变，他们不再是“国家工作人员”或“国家干部”，不再是受高校全面呵护的“单位人”，而是具有某一学术专业领域系统知识和技能的“职业群体”，履行着高等教育教学及科研职责，同时也是能够在学术劳动力市场中自由择业的“社会人”。他认为高校人事制度改革总是与教育改革同向而行，教育质量与内涵式发展需求逐步让“教师”这一单位学术群体逐渐成为职业群体，因此，传统意义上的大学人事管理必须从行政管理、事务性管理跨越到“管理与服务”相结合，进而转向强调绩效与创新度的“人力资源管理与开发”，重点是“开发”，体现尊重、理解、信任、宽容、赏识、激励的大学组织文化特点的体制机制，做到事业留人、感情留人、待遇留人，实现教师个人发展与高校组织发展的合作共赢这一鲜明观点突破了改革过程中理论认识上的困扰与藩篱，直接影响了“胜任力”的标准、达成方式、评价方式也发生了转变。

（二）师德与师能的内在促生关系成为胜任力分析模型中的重要要素

结合教师胜任力模型，从传统的师德高尚、课堂教学、本学科领域内的科学研究这类胜任力，拓展为课程思政、价值引领与知识引领结合的师德要求，教学能力增加了在线课程、视频课程、MOOC，学术创新转化为教学内容的能力，服务社会的能力，等等。

（三）胜任力评价体系与职称评价体系的重合与差异

新中国成立后直至今日，大学里“评职称”默认成判断教师胜任力“行不行”的重要尺度之一，甚至在某种意义上是唯一尺度。毋庸置疑的是，职称评审制度与评价体系的标准是“择优”，一名高校辅导员在教学水平、科研能力和

育人理念等各方面评价良好且超过其他竞争者的绩优者，才应当获评高一级职称。以教师专业技术职务评聘及聘期考核制度为主要构成内容的高校师资评价体系，发挥着学术鉴定分级、资源配置、绩效管理、激励约束和价值导向五类功能，引导教师队伍不断以高水平的工作业绩来履职奉献、教书育人，在产生丰硕知识成果与科技文化产品的同时，产出求真务实、追求创新这一精神文明导向，可以说以职称评价为重点的高校师资评价体系是促使高校发挥社会服务、推动文明发展的制度型驱动力。

职称评价考察的是从一个专业水平（增加）层级的岗位向高一层级岗位能力提高过程中的能力测定，以发挥激励的作用；胜任力评价，考察的是“某一个岗位内履职时的能力评价”，以均衡、综合为考察重点。传统职称评价体系侧重对现有绩效的评价，而不着眼于教师以往达成胜任的职业动机、基础性投入、工作热情、奉献精神，也不注重教师今后职业生涯发展中进一步在专业能力、师德水平上的提高潜力与意愿。因此，胜任力评价，不同于职称评价体系的“竞争性选拔”目的，而是以长期、可持续发展为目标，因此引出接下来的问题：如何促使高校辅导员胜任力从“有限效益”到实现“溢出效应”。

四、组织支持与胜任力发挥

前文提到高校对教师从“管”到“管服结合”，再到“发展共赢”，高校需要为教师提供组织支持，在政策导向、工作氛围、领导关怀等方面给予教师支持与发展。分析模型数据同样显示，组织支持正向影响师德素质、正向影响胜任力发挥、正向影响教师工作满意度。建议高校从政策导向与组织情感方面提高对教师的组织支持力度。

学者刘万海认为“教师专业发展”的内涵是以教师专业自觉意识为动力，以教师教育为主要辅助途径，教师的专业技能素质和信念系统不断完善、提升的动态发展过程。突出动态性和整体性，既强调教师专业发展“习得”的过程，也着重教师专业化成长在“德”和“能”方面的成果。

高校一般采用绩效考评结果与分配制度相挂钩，工作理性价值取向凸显，而人本与共赢的价值取向不足，没有设置职业发展长期目标的引导，未将教师对学生的专业竞技及学术能力指导、指导学生参与实践实习、读书指导等育人工作纳入量化考核，在客观上造成了对教师衍生性劳动付出的忽视，长期积累则抑制教师的奉献精神与胜任力稳定发挥，实现的是“有限效益”。

高校辅导员发展亦称为“教师专业发展”，是指高校辅导员在教育制度、文化社会环境等外部环境与学校组织环境等内部环境下，通过个体努力及学校的组织支持，不断促进教师思想道德、知识学识、教学能力、科研能力及社会服务等由不成熟转向成熟的过程。教师的发展促进高校发展，高校应增加对教师职业成长的人文关怀，将“对教师的培养、引导与教育”作为组织责任，将实现学校事业发展与教师发展双赢作为目标。

助人行业是产生职业倦怠的高发行业，教师又是主要的助人行业之一，担负着教书育人、学术研究与社会服务的重担，多数教师在教书育人生涯的不同阶段都产生出不同程度的职业倦怠。职业倦怠不仅会影响教学质量、教育目标和整体的学习成就，而且也会影响教师的生理和心理健康，因此，对其职业倦怠的研究受到了教育学及心理学界学者的广泛关注，职业倦怠是胜任力研究范畴中的重要概念。

社会学家哈里森首次在 1980 年的社会胜任模式理论中提出职业倦怠与个人对工作的胜任能力的感知相关，社会胜任能力是个体如何与社会环境互动且影响社会环境的能力。当个体认为所做的是有意义的事情且可改变服务对象的生活境遇时，便引发个体对工作产生一种积极的情绪反应。职业倦怠主要有情绪衰竭、去个性化及低个人成就感三种表现。

职业倦怠问题并非从事某种职业的必然结果，而与个体的胜任能力息息相关。如果个体在工作中明确由于自身能力使服务对象的问题得以改善，则胜任感增强，进而提高其助人的动机；相反，如果未能达到预期的助人目标，则可能产生消极情绪，出现职业倦怠，并降低助人的动机。

工作资源、组织公平感和组织支持感与职业倦怠总分以及职业倦怠各因子呈显著相关；除个人成就感降低因子以外，工作要求与职业倦怠总分及各因子呈显著相关；组织公平感与个人成就感降低和职业倦怠呈显著负相关。工作资源越丰富，组织公平感越高，支持感越高，高校辅导员的职业倦怠总分越低；工作要求越高，越容易产生职业倦怠。

在对教师职业倦怠的研究中，社会学家提出“积极心理资本”这一概念，研究结果证明了积极心理资本与高校辅导员职业倦怠呈显著负相关，其中乐观维度对高校辅导员职业倦怠的相关作用最为显著。Luthans（2004）以积极心理

学和积极组织行为学的观点为基础，在分析了经济资本、人力资本和社会资本的内涵和特点后，提出了以强调人的积极心理力量为核心的“积极心理资本”概念，具体表现为符合积极组织行为标准的心理状态，它超出了人力资本和社会资本，并能够通过有针对性的投入和开发而使个体获得竞争优势（Luthans Jensen，2005）。Luthans · Avolio 和 Youssef（2007）对心理资本的定义又进行了修订与完善，指出心理资本是指个体的积极心理发展状态，包括自我效能感、希望、乐观、坚韧性四个维度。职业倦怠与心理资本为负相关关系，而与心理健康呈正相关。

本书在此节提出以组织情感融入教师队伍建设、评价与培训中，帮助教师以积极心理资本对抗职业倦怠、保障教师胜任力发挥的逻辑关系，将在第四节通过讲述教师发展中心功能的发挥来介绍如何通过系统培训、团队建设、工作氛围及领导关怀等组织支持的形式，提高教师的积极心理资本。

第二节　高校辅导员评价激励体系改革对胜任力的促进

“取乎其上，得乎其中；取乎其中，得乎其下。”实现高校辅导员的“胜任力”，则应以“胜任”之上的标准对教师队伍进行选拔、培育、评价、发展，从而实现教师队伍中的绩优者占比稳增，绩劣者占比下降，并在此基础上涌现出师德榜样与师能领军人物。本节将从评价激励体系整体设计的指导思想、评价指标的设定原则来展开论述。

目前关于教师发展的理论研究基本态势良好，研究成果丰富，研究主题集中，研究力量较大，“教师专业发展”“青年教师发展”等宏观理念已成共识，“教学中心”“教学能力”等微观层面也渐受关注，教师分类发展研究、教师发展模式研究、教师发展理念研究、教师发展因素研究是学界研究的热点领域的高频关键词，多元化成为特色与热点。

一、进行师德师能评价激励机制的整体设计

高校辅导员评价的目的之一是促进教师的可持续发展，应避免量化、趋同、失衡、物化等常见误区，避免忽视知识产品与教育效果的客观规律，以刻板的量化评价指标使教师评价演变成单纯的达标游戏；避免无视教师个体差异，不

进行分岗位、分类型、分年龄的评价；避免过于突出科研，忽视学术道德、教学作风、师德素养、育人情感和发展潜力等本质要素；避免评价管理行政化，漠视教师的主体性；避免将教师的绩效连同教师本身进行“物化”，失去对其可持续成长的关切。进行师德师能评价激励机制的全面整体设计成为亟待突破的首要任务。

胜任力模型分析提出“教学科研评价、职称评价、岗位胜任评价”不能直接提高胜任力但可以通过调节实现杠杆作用这一结论，激发教师在下一轮评价过程中实现胜任力提高，评价机制需要在一个完善、科学、关注潜力发挥的顶层设计框架内，实现教师胜任力研究的理论与实践有机结合，建立起激励教师爱岗奉献、促进知识创新的评价激励体系。

现阶段的高等教育，高校竞争与高层次人才市场的彼此促进、国家政策与前沿理论研究形成的合力、教师群体的自我发展需求与社会公众对教师专业能力输出的双向诉求，都呼唤着以“发展性师资评价体系”替代以往的“奖惩性师资评价体系”，以引导好高校辅导员这一职业群体在达到“胜任力”基准线的基础上，进一步发挥出最大的育人贡献力、学术贡献力、社会发展贡献力。所以，教育部《关于深化高校辅导员考核评价制度改革的指导意见》（教师〔2016〕7 号）提出“师资评价以师德为先，教学为要、科研为基、发展为本的基本要求，开展全面考核、分类评价，分类分层次分学科设置考核内容和考核方式，充分发挥发展性评价对教师专业发展的导向引领作用。”这一倡议得到了广大教师群体的欢迎与认同，得到了高校组织者管理者的积极支持及落地实施。教师发展中心这一实体机构成为近几年各高校争相设立的新机构。各高校开始尝试进行以师资评价激励体系为核心的人事制度改革，以“分型管理、分类评价、全面发展”为评价体系的整体理念，帮助教师群体产生更多自我认同，得到精神归属上的安顿，使职业安全感、职业竞争、危机感与进步动力之间达到合理的张力，在“分类”与“全面”的有机协调中实现胜任力的达成。

二、建立发展与奖惩兼具的复合型评价体系

发展型评价与奖惩性评价是两种较有代表性的师资能力评价方式。

出现较早且目前较为通行的是与绩效管理配套设施的奖惩性评价方式，以学校战略目标和社会通常认可的一定评价标准对教师在教学科研工作量、知识

产品质量上进行考核定级，进而做出相应的晋级、加薪、降级或解聘等决定，实施奖励或惩处。如上一节“教师身份”部分的分析中所言，在一定历史时期内，奖惩性评价在高作用，以岗位职责条款明晰了“胜任力”的基本标准和要素，切实有效地实现激励创新、鼓励贡献的作用。

发展型师资评价是一种以教师为核心，以发展教师个体为理念，依据目标，重视过程，及时反馈，以促进教师的专业发展为最终目的的形成性评价。其特点是重视培养教师的主体意识和创新精神，强调评价者在针对现有胜任结果的基础上，进一步要对教师的过去、现在做全面了解，根据教师过去的基础和现实表现，规划其未来的发展目标；评价者和教师共同协商制定达成高一级专业技术职务或发展阶段的“胜任”水平需要的发展目标，并创设条件，通过为教师搭建对口培训、参考咨询、学术交流的平台，协助教师制定个人未来的专业发展努力方向，促进教师努力达到这个发展目标。

（一）“奖惩型师资评价”及“绩效管理”的时代特点与利弊

本书第四章对绩效进行了要素分析与测算，绩效管理是通过对高校战略的建立、目标分解，对教师进行业绩评价，并将绩效成绩用于教师日常管理活动中，以激励教师持续改进业绩从而最终实现学校战略及目标的一种管理方法。绩效管理及与此配套实施的奖惩型师资评价方式是高校通过激励教师群体提高贡献力从而提升办学竞争力的有效途径，以适当的外部激励机制，激发大学教师自我价值追求的内部动力。在聘任制改革及“高校—教师”的契约式关系中，能切实提升高校辅导员队伍的效能。

但是，奖惩性评价注重对教师现有胜任力取得业绩的评价，评价主体以组织为唯一的评价者，在一定程度上导致视角有局限，容易出现晕轮效应、宽厚效应、近因效应等认知偏差，从而影响考核的全面性。绩效考评结果与分配制度相挂钩，工具理性价值取向凸显，而人本与共赢的价值取向不足，没有设置职业发展长期目标的引导，未将教师对学生的专业竞技及学术能力指导、指导学生参与实践实习、读书指导等育人工作纳入量化考核，在客观上造成了对教师衍生性奉献的忽视；缺乏对教师职业成长的人文关怀，没有将“对教师的培养、引导与教育”作为组织责任，没有明确将实现学校事业发展与教师个人发展双赢作为目标，从而实现的是“有限效益”。

奖惩性评价的不足还体现在对青年教师的影响方面。青年教师初入职时，薪酬待遇尚未提高，更愿意获得物质激励，为了达到奖惩性评价要求，会忽视中长期职业发展规划和学术方向上的深思熟虑，减少备课时间，降低课堂教学质量，削弱育人投入，在时间管理上向短期效益倾斜，不利于教学能力的提升，偏离教学的育人本职，造成教学与科研的两种胜任力之间的失衡。

（二）复合型评价机制利于实现高校中长期竞争优势

发展性评价与奖惩性评价并不是完全对立的，而是可以相辅相成的，多元的评价主体，不同的评价角度和指标可以充分将教师的显性贡献与隐性贡献体现出来，如表 8-1 所示。

表 8-1　评价机制

考核角度	奖惩型师资评价	发展型师资评价
假设前提	经济人	自我实现的人
评价方向	总结过去	面向未来
评价目的	通过对教师进行直接的奖惩以激励教师提高贡献力	促进教师专业发展的最大自我激励与诉求，实现学生、教师、学校三者的综合发展
评价类型	终结性评价制度	形成性、过程性评价制度
参与主体	单元评价主体	多元、开发的评价主体
结果运用	晋升、加薪、提高奖金解聘，降级	评价结果作为未来发展的新起点
评价模式	学校主导管理，教师被测评	教师作为评价主体参与建设评价体系、评价主体多元

发展型教学评价通过诊断和分析其教学科研实践以促进教师的成长和发展，评价主体多维，采用自我评价、同行评价、上级评价和学生评价等多种形式的综合运用，定量评价与定性评价的结合。发展型评价能较为具体地判断出教师在教学实践过程中的优势与不足，分析教师发展目标的实现程度、团队选择的匹配程度等，能够充分调动广大教师尤其是青年教师的积极性和创造力，对奖惩性评价和绩效考核结果进行追本溯源，集诊断性评价指标、过程性评价指标、导向性评价指标为一体，指标考评结果能成为教师培养、职业规划的依据，有利于改变教师在绩效管理中被动、缺乏参与热情等弊端，通过共商目标、

激发潜力、修正不足，在帮助教师改进绩效、促进发展、激励教师在实现专业成长的同时，达成高校战略目标，实现高校事业发展与教师个人发展、人才培养质量与学术竞争力“效益最大化”的双赢。

具体到一所高校开展人事制度改革，一般会兼顾新旧体制的衔接、老体制人与新体制人的标准区分，采用以绩效管理与奖惩性评价为显性评价手段，以发展性评价为辅助性评价手段，形成互相补充的复合型评价体系，将在未来较长的时间段内发挥积极作用。

三、开发可持续发展的全面评价实施方案

相比于高校进行自下而上的人事制度改革尝试，政府行为与导引在一定历史阶段对教育改革的推导是最有效率的。

伴随中共中央《关于深化人才发展体制机制改革的意见》（中发〔2018〕4号）等一系列文件的颁布实施，高校在选人用人、师资评价方面获得了更多的自主权，国内众多高校结合办学特点、发展规划及人才梯队建设方案进行着全面深入的人事制度改革，进入了力度最大的改革阶段，标志性新规则层出不穷。高校应借此东风，从管理机构主导、教师发展中心建设、二级单位及高校智库实施、综合教师专业发展平台搭建等多个角度形成合力，建立起较为完善的复合型师资评价体系及运行机制。

（一）做好激励教师长期专业发展的组织文化建设

一是合理激励，二是提前预警，从实际工作的角度来看，致力为解决部分教师师德师能发展不协调等问题提供有效预警和解决途径。

前文提到，组织支持对提升高校辅导员满意度与胜任力发挥的影响因子高于教师胜任力绩效结果对满意度的影响，简单说就是组织支持、团队文化、情感支持比结果本身带来的教师满意度、幸福指数要高。

与数据理论研究相匹配的现实趋势，也恰好是我国多数高校作为教师这一人力资源的管理机构开始进入更新观念最具主动性和主导性的积极状态，超越了“重管理、轻服务”“重奖惩、轻发展”的绩效思维导向，在选人用人、考核评价、管理服务等各个环节，都充分考虑了高校作为学术机构知识分子集中、民主意识较强的特点，变“管”为“助”，变“管”为“引”，融管理于服务之

中，融要求于支持之中，建立起适度紧张、竞争合理的激励性评价标准，开始营造尊重、信任、激励的大学组织文化，激励教师群体主动贡献、干事创业、人尽其才、人才辈出的环境，调动教师敬业爱岗的积极性与热情。

（二）做好复合型评价体系规划，完善评价主体与评价要素

1. 将教师个人纳入评价主体

在与高校辅导员进行深度访谈、座谈、问卷调研的基础上，发现从职业认同、职业动机能较为客观真实地考察出高校辅导员的主观能动性和自我评价主导性，能较大程度上影响胜任力的发挥、自我提升与激励，因此将教师个人纳入评价主体，形成完善的“发展性评价主体”结构，结构中包含的评价指标如下：

① 我适合做教师工作；

② 从事教师职业能够实现我的人生价值；

③ 我为自己是一名教师而自豪；

④ 在做自我介绍的时候，我乐意提到我是一名教师；

⑤ 作为一名教师，我时常觉得受人尊重；

⑥ 我会注意自己的言行，不损害教师形象；

⑦ 我关心社会如何看待教师群体；

⑧ 有人指责教师群体时，我感受到侮辱；

⑨ 我会积极主动地与其他教师联系，创造和谐的同事关系；

⑩ 对于规定的教师职责，我会认真对待，及时完成；

⑪ 对于未规定或未明确的教师职责，如果有利于学生发展，我会积极参与并认真对待；

⑫ 对于未规定或未明确的教师职责，如果有利于个人发展，我会积极参与并认真对待；

⑬ 我会积极思考如何更大限度地发挥我作为教师的价值；

⑭ 我认为教师职业对促进人类个体发展十分重要；

⑮ 我认为教师的工作对促进学生的成长与发展很重要；

⑯ 我认为教师的工作对人类社会发展有重要作用；

⑰ 我认为教师职业是社会中最重要的职业之一；

⑱ 我有被教师职业召唤的使命感；

⑲ 没有人逼迫我从事教师职业；

⑳ 有人生偶像吸引我从事教师职业；

㉑ 我之所以从事教育工作，是因为教育使命感的召唤；

㉒ 教育工作让我实现了人生目标；

㉓ 我认为教师职业是实现人生价值的途径；

㉔ 教师职业是我人生意义的重要部分；

㉕ 当我从教时，我努力实现我的人生价值；

㉖ 教师职业最重要的意义是让我可以帮助别人；

㉗ 我最重要的职业目标就是改变学生的人生；

㉘ 我的工作会改善这个世界；

㉙ 我经常评估我的工作对别人有多大的作用。

发展性评价应包括 4 类主体评价，即：教师自评、用人单位测评、同行评价、学生评价。通过教师自评，引导教师必须进行反思既有成绩与不足，进行自我规划与前瞻，增加对评价体系的参与感、对组织文化的认同感和向心力。

教师的自我评价过程是一个连续不断的自我反思、自我更新、激发内在动机的过程。教师的自我评价在于改进，而不在于证明，高校青年教师依托自我评价不断反思“我有什么本领，我要学什么本领，我如何学习本领”，最终通过勤于学习“练就过硬本领”。首先，依托自我评价客观认识自我。高校青年教师应该依托自我评价反观自我需要和自我价值，理解个人的需要、审视个人的不足、知晓个人的特长，这种自知之明是学习具有自主性和持续性的前提条件。《学记》中言：“知不足，然后能自反也；知困，然后能自强也。”高校青年教师通过自我评价知己不足，知己之困，然后拥有“自反”“自强”的发展意向。这也是自我评价在高校青年教师持续专业发展过程中发挥激励作用的过程。其次，依托自我评价定位自身角色。最后，依托自我评价认识自身变化。教师必须能够感受到自身能力的积极变化，或者觉得自己能胜任教师这个职业，也就是具有较高的自我效能感。取得让自己满意的成果是自身变化最为直接的表现。任务的成功作为动机的成果，将成为动机的又一个来源。这是经典的反哺现象。

2. 进一步细化教师队伍分类

进一步细化如何对教师队伍进行“分型分类分学科”政府对人才发展改革

的决心、方法与策略是师资评价与激励的有力指挥棒。

中共中央、教育部近两年内相继颁布教师队伍建设改革意见文件，在此之后，各省市分别结合各自高等教育发展程度、高层次人才发展状况进行了文件解读与方案制定。以北京市为例，2018 年 9 月，中共北京市委办公厅与北京市人民政府办公厅联合颁布的《关于深化职称制度改革的实施意见》将“分学科”进行了更为透彻的解读：对基础研究人才，重点评价其原始创新能力、成果科学价值、学术水平和影响力；对技术开发和应用推广人才，重点评价其技术创新和集成能力、解决技术应用问题的能力、取得自主知识产权和核心技术突破、成果转化和对产业发展的实际贡献等；对科技管理服务人才，重点评价其技术支持能力、服务对象满意度、行业评价认可度等；对哲学社会科学人才，重点评价其在推动理论创新、传承文明、咨政育人、学科建设等方面的能力和贡献。中共中央、国务院于 2020 年 10 月 13 日印发的《深化新时代教育评价改革总体方案》再次强调“根据不同学科、不同岗位特点，坚持分类评价”的方针。

从实际调查研究中发现，科学合理的分层分类，以恰当的岗位类型、岗位职责、职称等级、学科群特性来评价教师，才能使教师对自身的教学胜任力、科研胜任力的测评指标给出恰当的自我评价，保持信心，避免受挫，保持胜任力的可持续提高。

具体到一所高校，在对学科进行大类划分的同时，一方面，应考虑学校怎样组建“学科群”及发展规划、各学科群发展需要什么样的团队与个人去建设，进而细化具有学科特色的评价标准。另一方面，从“学科”内部，应细化到区分“专业”进行评价。例如，同样是“外国语言文学”学科，大语种与小语种、亚非语言与欧美语言在专业特点、讲授方法、与语言相关的国别文化等方面都有较大差异，由此产生的课堂质量评价标准、学术成果形式与评价标准都应体现特色。有的高校已经成功尝试将国别研究内容、思政课程与专业课融合作为小语种课程的教学评价标准，将咨政报告、对策性国别研究报告作为论文成果的补充形式，作为小语种专业教师的学术成果和“代表作”，从教学评价、科研评价两个维度体现了“分层分类分学科”尝试。

（三）理顺四方关系，建立合理的评价逻辑

发展性的自我评估不是与他人作比较的横向评比，而是对自身成长进步的

自我反省。“大学教师评价的目的是促进教师个人、学科、大学的发展，其中教师个人的发展是第一位的”（沈红，《论大学教师评价的目的》《高等教育研究》2012 年第 11 期）。笔者认为，应加上一方，即学生的发展，形成评价逻辑中的四方关系。高校辅导员评价是为了帮助教师找到自己的薄弱之处，发现自己的发展路径和努力方向，因此，应该坚持评价的发展性，以高校辅导员的可持续发展为出发点和落脚点，以努力实现高校辅导员的可持续发展和自我提升为最终目的。不可将教师视为一类可规训和塑造的客体，从而忽视了教师作为人的主体性存在这一事实。高校辅导员的职责不仅是研究学问、自我提高、实现自我发展，更重要的是教书育人，而且，高校辅导员应该深刻地认识到，教育的价值不仅仅是传授给学生知识，更重要的是让他们具备自我发展、创新的能力。

四、实现理论建设与校本研究有机结合

（一）完善适合本校教师的“代表作制”评价体系

2018 年习近平总书记在全国教育大会上指出，要深化教育体制改革，健全立德树人落实机制，扭转不科学的教育评价导向，坚决克服唯分数、唯升学、唯文凭、唯论文、唯帽子的顽瘴痼疾，从根本上解决教育评价指挥棒问题。《深化新时代教育评价改革总体方案》（中共中央、国务院 2020 年 10 月 13 日印发）强调，“淡化论文收录数、引用率、奖项数等数量指标，突出学科特色、质量和贡献，纠正以片面学术头衔评价学术水平的做法”，并且指出“要突出质量导向，重点评价学术贡献、社会贡献以及支撑人才培养的情况，不得将论文数、项目数、课题经费等科研量化指标与绩效工资分配、奖励挂钩”。

“代表作制”正是破除五唯评价桎梏、实现质量导向、帮助教师突破胜任力天花板的有效途径，其前提是前文提到的对教师按照学科、岗位分型（教学为主型、科研为主型、教学科研型、社会服务型等）、专业类别等进行科学分类，难点是依据分类后不同群体的特色，列出评价师资水平的阶梯式评价标准。

1. 代表作的形式要具有多元化与可行性

除论文、专著、译著、教材外，各高校应依据本校具有的学科群、教师分类类型、师资队伍中长期发展目标、学校中长期竞争力目标来建立多元化的“代表作”清单，将精品课程、教学课例、疑难病案、专利技术、文学作品、戏剧

影视作品、工艺作品、咨政成果、专题性研究报告、被业界采纳的高质量实施方案、法律法规及行业标准等纳入胜任力评价要素和指标体系中。

2. 代表作的评审要进一步优化“同行评议”制度

在职务晋升、优秀教师及精品课程评比、优秀科研成果奖项评选、高水平项目评审中，都涉及对教师的代表作成果进行级别评定，只有在评审中认真贯彻同行评议制度，且保障校外专家、校内专家的合理比例，设计好评审环节、评审打分要素、做好保密及程序执行的科学严谨，才能保障同行评议结果的公平公正，实现代表作成果对师资水平的真实反映。

（二）实现校系两级联动的党建引领、因材施评、倡导协同

1. 落实“双线”晋升强化党建引领作用

高校辅导员立德树人的任务内涵中明确包含对大学生的价值观的塑造与引领职责，胜任力要素中明确包含实现思想政治的先进性、合法性，并且有能力通过课程思政与知识传授落实“培养能担当民族复兴大任的社会主义建设者和接班人的根本任务”。在实际工作中落实“双线”晋升激励机制对保障高校辅导员队伍的思想政治工作确有成效。按照“双带头人”标准选优配强教学一线党支部书记，按照守信念、重品行、有本领、敢担当、讲奉献的要求，选优配强支部委员和专兼职组织人员。将教师党建工作队伍教育培训纳入学校人才队伍建设总体规划，定期开展专题培训，特别是根据支部换届情况加强党支部书记、支委的党务知识培训。推动教师党建工作队伍专业化、职业化建设，推动落实职务职级“双线”晋升办法和保障激励机制，实行职务（职称）评审单列计划、单设标准、单独评审。

2. 依据职称级别层级高低，因材施评

区分不同职级教师的考核重点，细化、优化对正高级职称专业教师的职级晋升与聘期考核标准，以考察其重大科研项目、公关项目、社会咨政服务的孵化组建作用、培养青年优秀教师、组建高水平专题团队为主，以考核其个人成果为辅。细化对副高级职称及讲师的晋升及聘期考核，在考察其个人教学能力、学术能力的同时，还能量化其对学科建设、团队建设、院系建设的贡献力，强化教师的团队建设意识和奉献精神，为实现高质量集体备课、提升人才培养的飞跃打好基础，为获取重大集体攻关项目、创新度高的国家任务及社会服务项

目做好人才资源的结构性准备。因此，需要搭建一个以学科带头人的组织能力、学科组成员的贡献度、学术平台及学科综合实力测评为三要素进行统筹管理评价的体系。

3. 将协同创新能力作为教师晋升及长期发展的考评标准

高校核心管理及决策机构应将协同创新能力的考量纳入考评要素，依靠晋升及聘期考核体系的指挥棒作用，有效拉动师资的整体水平与梯队培养，从培养优秀的教师，到培养优秀的教学团队负责人；从培养优秀学者，到培养优秀的“学术领袖”；从激励学科规划，到激励出卓越的学科构建大师即领军人物，通过对“协同创新能力”的考察，实现师资队伍整体的飞跃式发展。

（三）实现全视角评价结构

建立组织结构、教师个人、同行评议和学生评价四位一体的评价主体模型，将组织引导、尊重个体相结合，提高评价的完整全面性。

教师的不断自我持续发展才是“道德的”。教师必须在德才两方面都堪为表率，教师自身不发展无以育人立人。师德传承是教师发展的内在逻辑，是一种职业素养、职业精神，指引着教师追求师德的最高境界。

如果不注意维护教师的自我评价意识、提高自我评价比重，就会导致教师为了迎合外界评价而急于著书立说、实现数量竞争，在研究还不成熟，相关成果还没有形成体系时就匆匆出版。出现只要有课题就盲目申报，申报的课题仅仅以能立项为出发点，很少考虑自身研究领域的一贯性、连续性，无法形成致力于一生的研究领域。

如果教师丧失了评价的主体地位，也就失去了自我评价、自我提高、自我反省、自我发展的机会。更为关键的是，如果评价管理行政化将教师作为管理的对象，简单地以奖惩为目的考核教师，会严重挫伤高校辅导员科研和教学的积极性，侵占教师的自由发展空间，减弱教师教学积极性，压制教师反思意识和创新意识。毋庸赘言，教师评价是对人的评价，并且最终目的是促进人的可持续发展，而不是促使教师成为按照一定工序完成任务的“工具人”。

（四）对师德评价合理运用

将师德表现作为教师年度考核、岗位聘任、职称评审、导师遴选、课题申报、评优奖励及公派出国等工作的首要标准和依据，院（系）党组织要建立健全教师师德考核档案，完善师德评价内容和方法，实行师德“一票否决制”。对师德表现突出的教师，予以重点培养、表彰奖励；对师德表现不良的，及时劝诫、督促整改；对师德失范的，依法依规严肃处理。

实施教师党支部书记“双带头人”培育工程，定期开展教师党支部书记轮训工作，提高政治能力和政治本领。配齐建强思想政治工作队伍和党务工作队伍，完善选拔、培养、激励机制，形成一支专职为主、专兼结合、数量充足、素质优良的工作力量。坚持党的组织生活各项制度，创新方式方法，增强党的组织生活活力。

（五）形成评价理念和工作机制框架

1. 合理、均衡评价引导教师均衡发展

教师评价是调节教师专业成长的杠杆和导向，既要避免不顾教师专业成长规律，也要避免评价标准过高或在评价中实行“一刀切”的情形，防止造成部分教师放弃自身专业发展，或出现急功近利甚至有违学术道德的心态，引导教师成为学术研究上的“创作人”、教书育人上的“引路人”、道德上的“领路人”、服务社会的“实践者”，使教师的持续发展具有源头活水、根深叶茂。

2. 建立“全过程教学”评价体系

将课前准备、备课过程、授课现场、课下互动、指导实习实践和毕业论文指导作为教育教学能力评价的范围，将教师在组织课堂教学、开展课外活动、管理班集体和引导学生自我教育、自我管理、职业生涯规划等方面表现出来的组织管理能力作为综合教学能力考核要素，将教案、课例、实践实习教学报告、讲义和教材作为教学成果并纳入“代表作制”，形成“全过程教学”评价体系。

3. 形成“科研融合”考察角度的科研能力评价标准

科学研究是高校的重要职能之一。为了提高人才培养质量，学界及政府提出引导教师发展“科教融合”能力，打破了通常意义上认为“研究能力”只有科学研究和教学研究两个方面的局限。教师将前沿学科最新理论成果、研究方法、自身学术成果的研究过程与经验充实到教案、课堂教学、带领学生共同进行学术攻关等评价标准，这一评价标准将作为新型指挥棒引导教师将开拓学生的理论视野、提升学生的思维能力、培养符合现代教育目标的合格人才作为己

任，形成更为卓越的育人能力。

4. 从学科特色出发，注重溢出效益评价

高校通过教师发挥学科优势推动社会某一领域的发展来发挥高校“社会服务”这一使命。教师的社会服务能力主要包括：在校内承担的社会工作及其效率，校外承担社会兼职的社会效益和经济效益。主要评价指标可以结合指导学生社团活动、主讲的学术或拓展学生素质的相关讲座、主持或参与服务地方经济社会发展的横向项目研究及承担社会兼职履行情况等方面。社会服务能力评价将促进教师将学术研究用于相关社会领域及国家建设中，通过可以量化且可以体现在薪酬待遇上的评价体系，鼓励教师通过课堂、指导学生实习、毕业设计等方式，积极引导学生关注社会、促进社会发展的能力，帮助学生树立公德意识、服务意识、爱国意识、职业发展意识及全方位积极正向的能力素养，从而发挥出高校培养四有青年和优秀社会建设者的功能。

本节详细介绍了评价激励体系整体设计的指导思想、复合型师资胜任力评价体系的建构、教学科研胜任力要素更新的全面评价实施方案开发，结合本校情况落实校系两级联动的党建引领、因材施评，构建了较为完整、清晰的评价杠杆，接下来的一节将结合杠杆作用发挥的预期目标，详细论证如何通过学校管理层与教学科研单位等二级单位的两级联动，从选人、育人及用人等多方面的有力措施实现教师师德与师能全方面胜任力的提高。

第三节　校系（院所）两级联动提升教师胜任力的发展路径

潘懋元先生在接受《社会科学家》杂志采访时说：宏观是政策制度方面的研究。微观是教学方面的研究，主要指课程、教材、教学方法这些方面，还要研究教师的发展。教育管理部门所关心的主要是宏观的政策制度，但是真正提高教育质量是要落实到微观方面。

本书以高校辅导员胜任力为研究对象，以提出具有创新性的发展路径与实现方案为研究目标。不能按照“头疼医头、脚疼医脚”式的思维方式去分散讨论如何提高教师的育人水平、教学能力、科研能力、社会服务能力，而是从落实科教兴国、人才强国战略的高度，通过对教师直接归属的“二级教学科研单位”的权力、职责、绩效进行重新梳理，由此实现纲举目张、以点带面的人力资源两级管理改革，由二级单位依据学校的整体发展目标与政策制度要求，依托相应学科的发展规划、专业的发展目标、育人的长期计划对教师队伍的梯队层次与胜任力水平进行有理有力的组建、培育与发展。

一、从传统的“二级教学科研单位”转向“智库”视角

高校通过落实教师群体职责，达到以知识产品来培育人才、人才强国的目标，以知识生产转化为决策能力的方式来提高所属学科在推动国家建设、文明发展领域的绩效，实现出思想、出决策、出人才的综合发展之路，亦使高校在提出战略决策的同时将有效的决策研究成果回馈并补充到学科研究的内容、观点与体系中，回归到助力学科建设、推进科学研究、提高教学学术水平等高校自身的发展任务，实现“专业提高与育人结合，学术研究与学科结合，决策实践与社会服务结合，从实践再次回归理论研究上的专业与学科发展”发展闭环。从理论和现实层面，半数以上高校的二级教学科研单位已然转变并发挥着智库的五大功能，因为没有一个学科不参与国家建设与文明发展。

高校不再是传统意义上仅以培育大学生为目标的教育机构，而是实现国家战略的智库堡垒。同样，传统意义上的二级院系及科研院所，也不应是任务单一的“教学科研单位”，而应向校级智库转变乃至独立发展为国家级研究重镇、国家级智库，以整体战略发展的视角，在专业与学科发展的视域下进行人才培养，在人才培养过程中提炼升华知识创新能力，以“智库”建设的视角来定义二级机构的责任，以智库人才的标准来更新高校辅导员的胜任力要素。

二、从“教书育人”单一身份转向“智库型复合人才”

中国传统的知识教育与学术传承主流观点，从来不是倡导“为了学术而学术”“为了育人而育人”，而是提倡“仕而优则学，学而优则仕”（《论语·子张》），鼓励“经世致用”，追求“成圣成贤”，学者以能够获得“治世”的贤德与贤能为荣。中国及世界范围内的高校辅导员、高层次知识分子通过参与教育法律法规、学历学制研究、人才培养规律及实施方案、学科发展规划纲要对教育发展的顶层设计体现出高屋建瓴之功，科技创新、行业革命、社会制度文明建设、

政治经济政策及微宏观调控等关系国家命运的重大举措亦是诸多高校教师的扛鼎之作。因此，相当比例的高校辅导员已经成为或正在成为着智库型复合人才，这一新的使命身份转变可以更快速、更明确、更主动一点。

近 10 年来，高校辅导员的身份与能力，均出现了多元化趋势，虽依然有以讲课教学为专长的“教学型”教师，但是越来越多的高校辅导员成了既能站好讲台、教书育人，又能著书立说、咨政建言，还能胜任行业协会职务等社会兼职，在人事关系上属于某个二级院系，在学科群关系上堪当该高校甚至该地区的翘楚，在合作关系上属于某一领域或某几个领域的专家，在地域关系上可以知名于国内乃至全球。这使得现代大学也呈现了中国式的“治学”与“入仕”模式，相当比重的高校辅导员发展成为能胜任“知识—决策—国家治理”的智库型复合人才、国际化人才。

中国对“治学”与“入仕”密切关联的研究与社会实践，早在春秋时期即已开始，绵延数千年，有许多可借鉴之处。无论是以教学、育人为侧重点的二级院系，还是以科研、咨政为重点二级科研院所，当代高校辅导员均应重新审视自己的身份与角色定位，有充分的民族自信与文化自信，从管仲（《管子》）、王安石（《临川先生文集》）、王阳明（《王文成公全书》）至梁启超等近代多位著名的学者型政治家、政治家型学者都汲取治学智慧、入仕勇气，利用信息科技与决策平台、发布与传播评价、人才培养平台，将知识与学术研究的对策研究功能发挥到最大功效。

正如现在对“生态文明”的研究借鉴中国传统文明中“人与自然”的和谐相处智慧一样，中国式的“治学”与“入仕”，始终体现着“德治”与“仁治”的政治智慧，彰显“内圣外王（自身达成高尚的道德与智慧，实现社会理想与治理）”的政治主张，即实现人格理想、社会理想的统一，达成经世致用、教育兴邦的国家战略。因此，高校选人、用人也应当始终坚持对“正义”的价值理性与追问，坚持社会主义核心价值观和政策主张，坚持正确的文化立场、政治立场、价值理念，是高于学术评价之上、构成学术评价基础和重要内容的基本原则，应始终坚守牢固的政治立场、民族立场、文化自信立场，同时以开放的学术心胸、广阔的学术视野、践行扎根于国家需求的学术知行观。接下来的一节将详细分析并建立选人育人指标体系。

三、选人育人“胜任”标准要素的上下两级贯通

（一）选人阶段

师德师能从严从紧，不以短期效应与应急心态选人。

1. 师德评价标准从高，意识形态把关从严

从无数背离师德要义、背离国家与人民、给社会造成严重危害的负面案例教训中，国家与高校开始更为有力地落实高校辅导员思想政治工作，明明白白抓党建，坦坦荡荡谈方向。在 2016 年 12 月召开的全国高校思想政治工作会议上，习近平指出加强高校师德师风建设要坚持“四个统一”，即“坚持教书和育人相统一、坚持言传和身教相统一、坚持潜心问道和关注社会相统一、坚持学术自由和学术规范相统一”。教学和科研是高校辅导员教育实践的两大重点领域，前两个“统一”是在教学方面的要求，后两个“统一”是在科研方面的要求。“四个统一”是教师的思想、道德、学识、作风在这两大领域的具体体现。

学校及院系党组织应不断提高政治站位，从推动党建全面进步、全面过硬的高度，准确把握选人、用人的师德师风考核工作定位，正向激励，严格师德师风考核，有效凝聚师德建设合力，扛起师德师风建设的主体责任，将发挥院系党组织政治核心作用落到实处，坚持党对高校师德建设工作的全面领导，始终坚持正确方向，充分发挥党建引领师德建设的能效。加强党对教育工作的全面领导，坚持社会主义办学方向，确保教师在落实立德树人根本任务中的主体作用得到全面发挥。

2. 借鉴“旋转门制度”，杜绝“走马灯现象”

如前文提及，日常多谈及“学而优则仕”，因为这是“士之常”，即学者成为参政议政、参与社会实践建设，最常见的路。完整出典是“仕而优则学，学而优则仕”中，还提到在政府、企业、行业历练获得提高之后，也可以进入教育机构成为教师，即“仕而优则学”。“优”并不是“优秀”之意，朱熹与钱穆先生的注解均指“有余力”。治学与从政发挥良性互动的前提必须是“有余力”，才能做到“仕而学，所以资其仕者益深。学而仕，所以验其学者益广”。

常见于美国高校的“旋转门”制度指因政府换届等原因而实现官员与智库

建设人员在独立智库或高校智库与政府之间进行交流、轮转，在研究者与执政者之间进行角色转换。“旋转门”机制使得智库的舆论影响力渗透到政策制定的方方面面，智库作为政府人才供应场的作用在很大程度上是行政精英渗透的结果，保持着知识生产与社会权力、学术与政策之间的一致性、传承性。

因此，在“筹智”即高校内某一院系、学科、科研院所在遴选教师或研究人员时，应将“有余力”“有充足的时间保障”投入教书育人与学校科研任务当作首要的评价标准，杜绝选人用人出现“走马灯”现象，禁止为了获得更多资金支持与政策支持、实现高校发展的短期效益，从政府官员、业界精英、国内外学界领军人物中“拉人头”“建山头”“挂名头”。

3. 以善于进行合作研究、具备开放的合作心态为胜任标准

较为直观的描述是，有良好的合作意识与合作能力应是选拔教师的标准之一，具备良好学术合作口碑并按期结项的省部级及国家级项目的建设经验、具备组建并保持良好合作与创新态势学术团队的经验应是实践层面中选拔高校辅导员、学科带头人、专业带头人的评价标准。

4. 以“接地气”“出成效”为胜任与绩效考核标准

“接地气”，一是指能深入浅出传授知识，帮助大学生、研究生掌握前沿知识并形成能力，不能只固守于个人的教学习惯而不能实现以学习者为中心，不能只专注于个人研究兴趣而不能将学科知识转化成育人实效；二是指没有哪一个学科可以脱离国家需求与社会文明发展需求，教师开展学术研究应以国家及所在城市的综合治理与建设来开展。尤其是首都、直辖市和省会城市等大城市，是高质量人才和高品质智库汇聚之所，多元化、多层次的人才结构，更呼吁科学的成果评价制度出台，强化决策人才的实践精神、激励对于城市建设做出突出贡献，“接地气、出成效”，才能产出重大决策性成果。因此，选人环节应注重考查教师的前期研究习惯、研究导向，将投入国家及城市建设、实现学科的社会服务功能作为选人标准与胜任标准。

5. 建立师德舆情反应机制，建立师德重大问题报告制度

对于师德建设中出现的热点难点问题，要及时应对并有效引导。组建校、院（系）两级师德舆情监测信息员队伍，通过各种渠道全面收集学校师德舆情信息，及时了解和掌握学校师德舆情动向。对于舆情反映的突发性师德重大问题，校院（系）两级上下联动，迅速启动应急预案，认真调查核实。如情况属

实，按照规定程序严格查处，尽快消除负面影响；如与事实不符或者出入较大，要及时予以澄清说明。基层单位发现师德重大问题，要在第一时间调查核实并按权限做出处理或提出处理建议，并及时向党委教师工作部和相关部门如实报告，不得迟报、漏报、瞒报、谎报。

（二）用人阶段

将知识产品转化能力作为用人考察的胜任标准。

高校及二级单位应对“成果转化”进行广义理解，不断丰富其评价指标，将学术及战略性对策产品在发挥“决策影响力”“人才培养功能”“传播与普及功能”“舆论引导”及“公共外交”等方面的贡献，作为教师胜任力可量化的评价指标。

1. 保持用户导向为主，立足知识评价为辅

与科技知识的实践应用不同，人文社会科学知识加工为战略性决策后的社会推动力，可以体现为以下三种形式：一是工具性运用，即实质性地服务于特定问题的决策；二是符号性运用，即用研究结论为某种政策立场提供注解；三是概念性运用，即运用理论或假设，为重新界定问题提供新的思路。

因此，对于人文社科学科群为主的高校，以政府、大型企事业单位等决策性思想产品的用户评价体系为主，在选拔高校辅导员时，应注重考察其是否关注自身知识产品的合理性、恰当性、改善力度及改善时效等指标，是否具有主动关注学校整体发展战略、学科建设的前瞻性、预测性。

2. 评价导向上下一致，做到人才合理流动与补充

学校组织管理层面与二级单位应该做到在评价标准、评价理念、评价口径上的上下一致、同心同德，以人才分类发展、分类管理、分类评价制度建设为重点，完善岗位管理和聘用制度改革，形成人尽其才、人岗相适、人事相宜的良好用人氛围。优化流动岗位设置，吸引国内外优秀人才到学校兼职，支持孔子学院教师和援外教师成长发展。以聘期考核为导向，探索短聘与长聘相结合的聘任制度，做到能上能下、能进能出，实现教师队伍的有效更新、密切合作、绩效发挥最大化。

3. 将具备积极正向的公众形象、注重成果传播与公众引导作为胜任标准

无论是个人，还是作为机构的高校，公众形象的树立都需要长期的努力并

依循传播科学的策略，而一旦有损也需要非常多的公关努力、持久的时间才能消除不良影响。

当前中国高校较为普遍存在的问题是与媒体、公众的距离较远，对开展知识产品的传播、舆论引导的意识不足、力度不大。走上媒体、走进公众、扩大传播，打造高端发布平台，是未来高校建设的重要方向之一，因此对高校辅导员的胜任力要素评价中，应充分考虑选拔招聘的教师是否具备积极正向的公众形象，具有良好的沟通、表达、影响发挥等媒体公关能力。同时，发表科研论文、提出对策性思想产品，不应该成为教师与科研人员开展研究的终点，而应该是实现多种成果转化、将之通过媒体传播、引导公众舆论、融入人才培养过程、经过社会实践验证又回归到学术研究、学科建设这一新的循环过程的起点。因此，对包括学术研究成果、对策性思想产品，在上述体系中的贡献均给予不同侧重的量化考核、激励评价，建议根据传播效果、影响力、媒体规模等量化标准，

4. 多层次、多形式地输出成果，提升国内、国际的影响力纳入评价标准

学校与二级单位应形成并完善在全球媒体上的成果发布机制，为参与行为与贡献给以量化评价提供基础，注重高校智库与媒体的互动，构建政策效果和社会影响反馈机制。要根据研究成果的不同属性，以内部决策专报、公共学术报告、报纸、电视、电台、网络与自媒体等不同形式扩大成果的影响力。

5. 强化青年教师后备培养

学校着眼师德建设与能力提升相结合，教师成长与学校发展相结合，骨干培养与整体提升相结合，着手制定《关于加强青年教师队伍建设的实施意见》，制定配套文件《新教工人校教育管理办法》《青年骨干教师培育计划实施办法》等，着力完善体制机制，为教师全方位发展提供制度遵循。以社会主义核心价值观为引领，推动青年教师开展多种形式的学习考察、调查研究及志愿服务等，选拔选派优秀青年教师校内外多渠道挂职锻炼，搭建平台、建立基地，着力强化青年教师服务社会尤其是服务首都“四个中心”建设的使命感、责任感，探索建立跟踪培养机制，发现培养一批骨干教师干部后备人才，构建后备人才库。

四、实现薪酬体系与支持体系的合理杠杆效益

薪酬体系的搭建与改革是人事制度改革的难点，也是最终发挥激励作用、

实现改革效果的环节。一般高校都会采取增量改革，以知识价值为导向，减少改革阻力，学校做大“蛋糕”的同时又分好“蛋糕”，让教师在改革过程中收益上升，间接激励教师发挥主观能动性进行自我职业发展提升与胜任力水平。建立起与复合型师资评价体系相匹配的薪酬设计方案，能实现教师发展与学校发展的双赢。

推进高校辅导员薪酬制度改革也是《关于全面深化新时代教师队伍建设改革的意见》提到的关键问题，建立体现以增加知识价值为导向的收入分配机制，扩大高校收入分配自主权，在核定绩效工资总量内自主确定收入分配办法，科技成果转化为奖励收入，不纳入单位工资总额基数，且不断完善适应高校教学岗位特点的内部激励机制。

发展性评价体系关注教师当前的利益、未来的薪酬奖励利益，更容易得到青年教师的接受与支持。结合本文第二部分提到的将建立“全过程教学”评价体系、“代表作制”、体现科教融合创新力的评价要素等评价标准，应将以下两方面进行量化体现在薪酬评价中。

1. 量体裁衣、阶梯定价，将发展性教学质量评价的结果引入绩效工资的分配

高校辅导员职业是建立在高校辅导员的教学能力、学术能力、合作能力之上的，由教师教学能力所衍生出的课程成果、教学奖励、优秀教材，由学术能力发展出的学术竞争力、自主发展进程、重要研究成果、社会服务是具有个性化特点、岗位特点、学科特点的，其所产生的个人学术职业价值和学术产出价值是因人而异的。高校要为不同岗位级别、岗位分型、学科大类的教师建立梯度合理、评价科学、激励适度的薪酬制度。

发展型师资评价将教案质量、课后指导、指导学生实习实践、指导毕业论文及设计，作为课堂质量评价的补充，纳入教学质量评价体系后，体现在教学质量评价结果与排名中，部分高校已经开始尝试进一步量化到薪酬梯级的设定中，采用课时费阶梯定价的方式。对于教学质量评价排名前 10%、前 20%、前 30%的教师，采用按相应比例提高的课时费标准，对教学质量排名后 10%的教师，适当减少每课时的课时费，以促进教师从数量和质量上完善教学工作，实现薪酬和教学的“质”挂钩，而不是和“量”挂钩，从而起到从根本上提升教学质量的目的。

2. 科学评价，关注后期

为学校和教师带来持久声誉的是科研成果与社会服务的创新性、有效性、引领性。因此，将科研成果在一定期限内的被引用次数、社会服务产品的后期效应与社会反响、对国家重大问题进行对策性研究的咨询成果作为教师胜任力评价的标准，形成以评价体系改革落实“组织支持”，这一组织支持可以提高教师满意度，从而持续激发教师提高社会服务绩效。

参考文献

[1] 任静静，董方超. 基于 AHP 的高校辅导员团队胜任力的评价研究 [J]. 邢台职业技术学院学报，2021，38（06）：46-51.

[2] 任静静，董方超. 高校辅导员团队胜任力评价模型构建 [J]. 南京广播电视大学学报，2021（02）：46-50.

[3] 郑勇军，陈浩彬. 高校辅导员胜任力结构模型研究[J]. 心理学探新，2021，41（02）：169-175.

[4] 赵兴联. 基于胜任力的高校辅导员 360 度评价研究 [D]. 镇江：江苏大学，2010.

[5] 梁青青. "双一流" 背景下高校辅导员胜任力素质评价指标体系研究 [J]. 华北理工大学学报（社会科学版），2019，19（02）：80-87.

[6] 徐松伟，刘兵勇，许贝贝. 高校辅导员胜任力评价指标体系研究——基于国内 12 所重点高校的调查 [J]. 高校辅导员，2018（05）：76-80.

[7] 卢志同. 高校辅导员胜任力评价指标体系研究 [D]. 北京：中国石油大学，2010.

[8] 余慧玲，胡海滨. 基于属性识别模型的高校辅导员胜任力综合评价 [J]. 成都中医药大学学报（教育科学版），2018，20（02）：75-78.

[9] 徐蓉. 基于层次分析法的高校辅导员职业胜任能力综合评价体系研究 [J]. 吉林省教育学院学报，2018，34（04）：41-43.

[10] 姜晶晶，王磊. 高校辅导员胜任力视角下的评价模式分析 [J]. 现代职业教育，2017（27）：206.

[11] 高月娥. 旅游景区职业经理人胜任力评价研究[D]. 青岛：中国海洋大学，2010.

[12] 吕云超. 基于胜任力模型的高校辅导员职业能力评价 [J]. 中国行政管理，2016（05）：84-87.

［13］朱庆峰. 基于 WPCA 法的高校辅导员角色胜任力评价体系设计研究——以南京某高校为例［J］. 价值工程，2013，32（36）：269-271.

［14］刘地松. 高校辅导员胜任力评价研究——基于胜任力模型视角［J］. 普洱学院学报，2013，29（05）：125-128.

［15］郭胜忠，高朕栋. 心理学视角下的高校辅导员职业能力竞赛探析［J］. 高校辅导员，2013（04）：23-26.

［16］秦蔚蔚. 高职院校任课教师胜任力评价体系研究［D］. 南京：南京农业大学，2012.

［17］麦林. 高校辅导员绩效评价体系研究［J］. 黑河学刊，2012（04）：124-126.

［18］孙德芬，徐锋. 高校辅导员发展性评价体系研究：以胜任力模型为基础［J］. 中国职业技术教育，2011（36）：96-99.

［19］陈岩松. 基于胜任力的高校辅导员绩效评价研究［D］. 南京：南京航空航天大学，2011.

［20］王静. 以胜任力为导向的高校辅导员绩效评价研究［D］. 南京：南京航空航天大学，2010.